마지막 피정

어느 젊은 사제의 영적 유언

HASTA LA CUMBRE
Testamento Espiritual

Pablo Domínguez Prieto

© SAN PABLO 2009 (Protasio Gómez, 11-15. 28027 Madrid)
© José Manuel Domínguez Rodríguez - María del Pilar Prieto Duplá, 2009
Korean translation copyright © 2023 by ST PAULS, Seoul, Korea

마지막 피정
어느 젊은 사제의 영적 유언

초판 발행일 2023. 10. 4
1판 4쇄 2024. 4. 9

글쓴이 파블로 도밍게스 프리에토
옮긴이 강기남
펴낸이 서영주

펴낸곳 성바오로
출판등록 7-93호 1992. 10. 6
주소 서울특별시 강북구 오현로7길 20(미아동)

취급처 성바오로보급소 **전화** 944-8300, 986-1361
팩스 986-1365 **통신판매** 945-2972
E-mail bookclub@paolo.net
인터넷 서점 www.paolo.kr

책값은 뒤표지에 있습니다.
ISBN 978-89-8015-947-5
교회인가 서울대교구 2023. 5. 18 SSP 1090

성경 ⓒ 한국천주교중앙협의회, 2023.

• 이 책은 저작권법의 보호를 받으므로 무단전재와 무단복제를 금합니다.
이 책 내용의 전부 또는 일부를 재사용하려면 반드시 저작권자와 성바오로출판사의 동의를 얻어야 합니다.

마지막 피정

어느 젊은 사제의 영적 유언

파블로 도밍게스 프리에토 글
강기남 옮김

주님 안에서 한 형제로서 여러분에게 감사의 편지를 보냅니다. 이 편지를 마치기 전에 거룩함으로의 마지막 부르심, 모든 사람들 가까이에 있는 그 부르심에 대해 언급하고 싶습니다. 바로 죽음에 대해 말씀드리려고 합니다. 죽음이란 신랑이신 그리스도와의 영원한 포옹이요, 사랑하는 그분과의 만남입니다. 우리 한 사람 한 사람에게는 전능하신 아버지 하느님만이 아시는 그날과 그 시간이 있습니다. 그래서 저 자신에게 묻습니다. '하느님과 만나는 그 죽음의 날, 우리가 맞이할 그 은총의 시간을 한결같은 열정으로 열망하고 경외하며 기다려야 하지 않을까?' 그리고 죽음의 결정적인 마지막 순간에 갖게 될 그 마음과 시선으로 지금 이 순간의 삶을 바라볼 수 있도록 성령께 간청합니다. 죽음의 순간에 중요한 것이 바로 지금 이 순간에 진정으로 중요한 것입니다. 죽음의 그 순간 부차적인 것은 지금 이 순간에도 부차적입니다. 결정적으로 중요한 것은 오직 그리스도, 그분만이 중요합니다. 그리스도의 사랑, 그것만이 중요합니다. 여러분이 혼란과 당혹감에 휩싸일 때 이것을 기억하십시오. 중요한 것은 오직 그리스도와 그분의 사랑입니다. 그러면 거짓 사랑이라는 가면을 쓴 악마의 세력들이 우리를 결코 유혹할 수 없을 것입니다. 오직 그리스도와 그분의 사랑만이 우리에게 생명을 주실 것입니다.

파블로 도밍게스 프리에토
(2008년 12월 레르마Lerma 관상 수녀원에 보낸 편지)

추천사

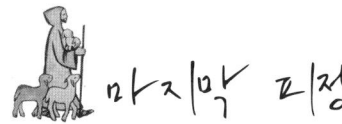

"마지막 피정"이라는 제목으로 파블로 도밍게스 프리에토 신부님의 책을 강기남 신부가 번역해서 갖고 왔다. 처음에 읽을 땐 그다지 감명을 받지 못하였는데, 이는 번역서가 갖는 한계 때문인지 파블로 신부님의 영적인 깊이가 크게 다가오지 않았다. 그러고 나서 몇 달이 지나 강 신부가 원고를 정성스럽게 수정한 편집본을 다시 읽게 되었는데, 파블로 신부님의 하느님에 대한 열정과 사랑이 느껴지면서 감동이 밀려왔다. '나도 한때는 파블로 신부님 같은 열정과 믿음이 있었는데…' 하는 옛 감정이 올라왔기 때문인지도 모르겠다.

사제품을 받을 때 "우리를 위하여 자신을 깨끗한 제물로 봉헌하신 대사제 그리스도와 날로 더욱 깊이 결합하여, 여러분도 자신을 인류 구원을 위하여 하느님께 봉헌하겠습니까?"라는 교구장 주교의 질문에 "예, 하느님의 도우심으로 봉헌하겠습니다."라고 분명하게 답했던 순간이 책을 읽으면서 생각났다. 그런데 하느님의 도움을 믿고 살아온 삶보다 자신의 능력으로 해결하려 했던 순간이 많았기에 이렇게 울퉁불퉁 살아왔는지도 모르겠다.

파블로 신부님은 시토회 수녀원 피정을 마치고 몬카요산을 등반하였고, 산 정상에서 미사를 드리고 하산하던 중에 빙판길에 미끄러지며 깊은 계곡으로 떨어져 일찍 하느님 품으로 가셨다. 신부님의 마지막 순간을 기억하셨던 수녀님들이 피정 강론을 엮어 만든 책이 바로 『마지막 피정』이다. 이렇게 생동감 있는 피정 강의를 하시다 마흔셋의 젊은 나이로 떠나신 신부님의 죽음은 안타깝기 그지없다. 그럼에도 신앙 안에서 위로를 받듯이 슬픔을 넘어서는 그 무엇이 파블로 신부님의 말씀을 통해 전해진다. 주된 내용은 우리에 대한 하느님의 사랑이다. 우리가 얼마나 사랑받으며 살아가고 있는지, 그러면서도 얼마나 방황하고 있는지 파블로 신부님의 생생한 증언들은 우리의 신앙생활을 일깨우기에 충분하다고 생각한다.

책 첫머리에서 파블로 신부님의 죽음에 대한 생각을 읽을 수 있다. "죽음이란 신랑이신 그리스도와의 영원한 포옹이요, 사랑하는 그분과의 만남입니다. 우리 한 사람 한 사람에게는 전능하신 아버지 하느님만이 아시는 그날과 그 시간이 있습니다. 그래서 저 자신에게 묻습니다. 하느님과 만나는 그 죽음의 날, 우리가 맞이할 그 은총의 시간을 한결같은 열정으로 열망하고 경외하며 기다려야 하지 않을까? 그리고 죽음의 결정적인 마지막 순간에 갖게 될 그 마음과 시선으로 지금 이 순간의 삶을 바라볼 수 있도록 성령께 간청합니다."

우리 신앙생활의 종착지는 하느님 나라에서 하느님을 만나는 일이라고 강론한 적이 있다. 하느님을 만나러 가는 여정이 길 수도 있고 짧을 수도 있지만, 파블로 신부님처럼 온전히 믿고 따르면서 살아온 삶이라면 인간적으로는 아쉽지만, 하느님이 주시는 영원한 삶으로 들어가셔서 영원한 안식을 누리리라 믿는다. **"죽음의 순간에 결정적으로 중요한 것은 오직 그리스도 그분만이 중요합니다."** 라는 파블로 신부님의 유언은 그분의 그리스도에 대한 사랑과 확신을 알게 하고, 신앙인으로서 삶에 대한 의미와 방향성을 분명하게 한다.

언젠가 특강 중에 지금 하느님이 부르신다면 "예, 주님. 제 영혼을 받아 주십시오."라고 말할 수 있을 것 같다고 한 적이 있다. 그동안 베풀어 주신 하느님의 사랑을 되돌아보면 더 이상 여한이 없다고 생각하기 때문이었다. 사실 지금 사는 삶도 하느님의 도구로서 하느님이 허락하신 그 순간까지 최선을 다하며 성실하게 살아갈 뿐이다.

스페인의 파블로 신부님의 삶을 통해 내 삶을 되돌아볼 좋은 기회가 되었다. 이 책은 성직자와 수도자뿐만 아니라 지상을 순례하며 치열한 삶을 살아가는 평신도들에게도 좋은 영적 길잡이가 되리라 생각한다.

광주대교구 교구장 **옥현진 시몬 대주교**

차례

추천사

프롤로그　15
영신 수련　27
  1. 하느님을 발견하는 것은 경이로운 일이다 • 29
  2. 유혹들 • 55
  3. 하느님의 선물에 감사하기 • 83
  4. 우리의 일치를 회복하는 구원 • 86
  5. 죽음 : 일치의 기쁨으로 들어가는 문 • 114
  6. 하느님께 사랑받고 있다는 사실을 아는 것,
     그것이 가장 큰 기쁨입니다 • 147
  7. 성체성사, 일치의 신비 • 151
  8. 순례자인 교회와의 일치 : 하나 됨과 형제애 • 176
  9. 복음을 선포하기 위해 황홀경 안에서 살아가기 • 197
  10. 성인들의 통공 • 202
  11. 하느님의 사랑 관상하기 • 216

에필로그

파블로 도밍게스 신부의 죽음 • *243*

장례 미사 강론 • *250*

가족 안에서 파블로 도밍게스 신부의 삶 • *261*

옮긴이의 글

프롤로그

마드리드 대교구의 파블로 도밍게스 프리에토Pablo Domínguez Prieto 신부님은 툴레브라스Tulebras의 시토회 수도원에서 영신 수련 피정을 지도했습니다. 신부님은 정확히 2009년 2월 11일부터 15일까지 우리 수도원에 머물렀습니다. 2월 15일은 신부님이 돌아가신 날이기도 합니다. 그날은 주일이었고, 신부님은 오후 3시(예수님 자비의 시간)에 귀천하셨습니다. 암벽 등반 전문가였던 신부님은 몬카요 산Moncayo에서 내려오는 길에 사고를 당하셨습니다.

이 책은 영원한 생명의 만물이 되신 신부님이 생생한 목소리로 봉쇄 수녀원 수녀님들에게 전하신 영신 수련 피정 강의를 그대로 옮겨 적은 것입니다. 맑은 영혼의 신부님은 항상 쇄신하는 사제의 삶을 사셨습니다.

신부님은 산 다마소 신학교Teología San Dámaso 학장이셨고, 그곳 신학생들이 강의를 옮겨 적고 편집하여 이 책을 만들었습니다. 신부님의 기도와 묵상 안에 언급된 지상의 생명과 영원한 생명의 경계가 마치 하늘과 땅이 경이롭게 만나는 장면처럼 통합되어 있는 책입니다. 이 책에서 도밍게스 신부님은 죽음 또는 은총을 천국의 열쇠로 설명하고 있습니다.

신부님과의 만남

모든 만남은 나름의 크고 작은 흔적을 남깁니다. 고통스럽고 슬픈 상처를 남겨 의기소침해지는 만남도 있고, 공허함만 남아서 마치 아무 일도 일어나지 않은 듯 존재의 흔적마저 사라지는 만남도 있습니다. 그런가 하면 영혼이 기쁨과 충만함으로 차올라서 내면으로부터 가장 좋은 것을 끄집어내어 하느님께 인도해 주는 만남도 있습니다. 우리 수도 공동체와 파블로 도밍게스 신부님의 만남이 바로 그런 만남이었습니다. 짧지만 강렬한 만남이었지요. 그 만남의 기억은 우리의 마음속에서 결코 사라지지 않을 것입니다.

2009년 2월 10일이었습니다. 성무일도 끝기도가 끝나자마자 전화벨이 울렸습니다. 파블로 도밍게스 신부님의 전화였습니다. 그분은 영신 수련 피정 강의를 해 주실 사제였습니다. 신부님은 다른 업무로 인해 더 빨리 도착하기는 힘들겠다고, 그래도 어떻게든 많이 늦지 않도록 최선을 다하겠다고 하셨습니다. 다행히 공동체에 큰 문제가 될 정도는 아니었습니다. 신부님은 수도원으로 들어오는 방법을 몰라 문 앞에서 기다리고 계셨습니다. 그래서 문지기 수녀와 손님 담당 수녀가 그분을 돕기 위해 나갔습니다. 신부님과의 첫 대면이었습니다. 훤칠한 키에 친절했으며 미소를 짓고 계신 젊은 신부님의 첫인상은 무척 다정해 보였습니다. 그렇게 첫인사를 나눈 뒤, 저녁을 들기 위해 손님 식당으로 신부님을 모셨습니다. 원장 수녀(Madre Abadesa)가 그곳에서 신부님을 기다리고 있었습니다. 원장 수녀는 이미 며칠 전 트라피스트 수도회 회의에서 신부님을 만났습니다. 그 회의는 산 다마소 신학대학과 우리 수도원 관련의 연구 계획을 세우는 모임이었습니다. 그 모임에 신부님도 함께했습니다. 원장 수녀는 그 모임에서 신부님이 열정적인 사제라는 첫인상을 받았고, 주어진 일에 깊은 관심을 갖고 최선을 다해 해결책을 찾는 분이라고 느꼈습니다. 또 최대한 많은 이들에게 좋은 교육의 혜택을 주려는 열망으로 가득한 헌신적인 분으로 기억했습니다.

다음 날 미사 때 전체 공동체가 파블로 신부님을 만났습니다. 신부님은 우리 수도원 성당을 찾은 것이 두 번째라고 했습니다. 타라소나Tarazona의 원죄 없으신 성모님 신학교에서 학사 과정 종합 시험을 마친 다음, 아주 잠깐이었지만 수도원을 방문했답니다. 산 다마소 신학교에서 공부했던 우리 수녀와 인사를 나누기 위해 기차를 타고 투델라Tudela까지 왔는데, 동료 수녀들 덕에 처음으로 이곳 봉쇄 수녀원에 들어올 수 있었답니다. 신부님이 성당을 둘러보고 있을 때 마침 영신 수련 피정 지도를 위해 한 번 더 방문해 달라는 부탁을 받으셨고, 고민하면서 성당을 둘러본 뒤 이렇게 말씀하셨답니다. "다시 방문하겠습니다. 언제가 될지는 모르겠지만 제가 꼭 다시 방문하겠습니다." 사실 여러 가지로 바쁜 신부님이 피정을 위해 며칠 동안 자리를 비우고 다시 이곳을 찾기는 쉽지 않아 보였습니다.

우리 수도회는 사라고사Zaragoza에서 가까운 나바라Navarra 남쪽의 작은 마을 툴레브라스에 있는 '사랑의 성모 마리아 수도원'*입니다. 이곳의 공식적인 인구는 백 명이 조금 넘지만 대부분 실제로 살고 있지는 않습니다. 툴레브라스는 투델라와 타라소나 사이에 있는 마을로 몬카요산이 병풍처럼 두르고 있어 멋진 장관을 이룹니다. 오랫동안 눈이 내리지 않았는데, 올 겨울에는 산 전체가 눈으로 덮였습니다. 퀘일레스Queiles 계곡에 자리 잡은 툴레브라스는 어디서나 산이 보입니다.

루르드의 복되신 동정 마리아 축일인 2월 11일, 성모님의 보호 아래 영신 수련 피정을 시작했습니다. 파블로 신부님은 매우 특별한 성모 신심을 가지셨고 피정 기간 내내 성모님과 함께하셨습니다. 강의마다 어머니의 전구를 청하는 기도와 함께 성모송으로 마무리하셨습니다. 또한 신부님은 단순한 염경 기도가 아니라 주님과 대화하듯이 시작 기도를 바치셨습니다. 신부님의 기도는 삶의 내적 모습이 우러나오는 기도였습니다.

....

* Santa María de la Caridad – 그 기원이 1147년으로 거슬러 올라간다. 가르시아 라미레스García Ramirez 왕이 프랑스 파바흐Favars에 있던 Lumen Dei 수도원의 수사들을 초대해 나바라 지역에 수도원을 창립하도록 요구했다. 그들은 투델라에 처음으로 수도원을 세웠다. 하지만 얼마 안 있어 1156년경에 보다 인적이 드문 곳인 툴레브라스로 수도원을 옮긴다. 그리고 이 수도원이 바로 스페인에 처음 생긴 시토회 여자 수녀원이다. 창립일부터 지금까지 툴레브라스에서 수도원 공동체가 계속 살아가고 있다. 비록 재정적으로는 힘든 상황이지만 영적으로는 수도원의 정신(카리스마)을 풍요롭게 이어 가고 있다.

피정 첫 순간부터 신부님은 우리 공동체와 하나 되어 강의를 이어 갔습니다. 우리는 모두 신부님의 소통 능력에 놀랐습니다. 당신 앞에 앉아 있는 청중에 맞추어서 단순하고 다정하게 강의하셨습니다. 신부님은 스스로를 드러내는 데는 관심이 없었습니다. 오직 그리스도만을 선포하셨고, 열정적이면서도 기쁘게 심오한 말씀을 나누어 주었습니다. 그 강의 덕분에 많은 수녀들이 마음에 내적 열정이 살아나고 쇄신되었다고 고백했습니다. 신부님과의 개인적인 만남이나 영신 수련의 만남을 통해, 우리는 그분의 인품 속에서 특별한 면들을 발견했습니다. 우리가 '파블로'라고 부른 신부님은 소박하면서도 겸손했고 누구에게나 친근했습니다. 신부님은 우리를 편안하게 만드는 동시에 내적 힘을 얻게 해 주었습니다. 무엇보다 믿음에 확신을 갖게 했으며 희망을 갖고 살아가게 해 주었습니다. 이 젊은 신부님 특유의 유머 감각 덕분에 심각해 보이는 일들조차 단순하게 바라볼 수 있게 되었습니다. 어느 날은 신부님이 죽음에 대해 말하면서 우리를 한바탕 웃게 만들었는데, 이런 주제로 웃음을 자아내게 하는 사람은 처음이라며 놀라워하는 수녀들도 있었습니다. 신부님은 죽음 너머의 영원한 생명, 곧 하느님을 열망하도록 용기를 북돋아 주었습니다. 어린이나 젊은이, 어르신에 관한 예화들을 통해 신부님은 자신에게 다가오는 이들뿐만 아니라 당신이 다가가고자 하는 이들에게도 아무 조건 없이 내어 주는 분임을 알 수 있었습니다. 언제나 섬기는 삶을 사신 것입니다. 하느님께서는 모든 사람들이 신부님에게 다가가도록 하셨고, 그분은 자신에게 다가오는 이들을 결코 거부하지 않았습니다. 신부님은 하느님의 자녀로서 자유로우면서도 존경받는 삶을 사셨지만, 모든 사람이 당신을 좋아할 수는 없다는 사실을 잘 알고 계셨고 이에 대해서도 언급하셨습니다. 하느님의 심오한 기쁨을 투명하게 다른 이들에게 드러내셨으므로, 신부님의 두 눈에서 반짝이는 하느님의 기쁨을 숨길 수 없었습니다. 그것은 사랑에 빠진 사람이 느끼는 기쁨이었고 활력이 넘치는 강렬한 기쁨이었으며, 성령으로 가득한 기쁨이자 온전히 신뢰하는 사람의 기쁨이었습니다. 그것은 애타게 우리를 찾으며 부르시는 하느님을 알고 있는 사람만이 느낄 수 있는 그런 기쁨이었습니다.

하지만 무엇보다도 파블로 신부님은 사제요 하느님의 사람이었습니다. 그분은 하느님만을 열망하였고, 그러기에 하느님에 대해 그토록 열정적으로 말할 수 있었던 것입니다. 그분의 바람은 오직 예수 그리스도를 선포하는 것뿐이었습니다. 신부님은 말했습니다. "가장 아름다운 일은 그리스도를 선포하는 것입니다." 그리고 그분은 말뿐이 아니라 삶으로 그것을 보여 주셨습니다. 신부님의 기도하는 모습과 미사를 집전하는 모습은 그야말로 가장 멋진 이콘화 그 자체였습니다. "성체성사는 그리스도인 삶의 절정이요 극치입니다. 성체성사는 하늘나라의 영광을 미리 앞당겨 체험하는 하늘나라의 예표입니다." 이후 하신 말씀처럼 신부님은 매우 특별한 성체성사 신심으로 깊이 잠심한 채 온 정성을 다해 겸허하게 깊은 신앙과 성령에 가득 차서 미사를 봉헌하셨습니다.

피정 중에 신부님은 틈틈이 산책을 하셨습니다. 주로 타라소니카Tarazonica 숲길을 거닐었는데, 오래전 투델라 마을과 타라소나 마을을 잇는 기찻길이 있던 곳입니다. 가끔 투델라의 이웃 마을인 카스칸테Cascante 방향으로 걷기도 했습니다. 그 길에서 몬카요산을 바라보며 산책하곤 했습니다.

2월 15일 주일 아침, 신부님은 우리와 함께 아침 기도를 바쳤습니다. 성무일도가 끝나자마자 감실 앞에 머물면서 기도했습니다. 신부님은 이런 말도 했습니다. "영성 생활은 우리의 성체 신심에 비례합니다. 그래서 성체께 흠숭을 드리고 성체성사 안에 계신 그리스도를 간절히 열망하는 것은 매우 중요합니다." 그 후 아침을 드셨습니다. 우리는 신부님에게 점심 도시락도 챙겨 드렸습니다. 도시락에는 초콜릿이 빠질 수 없었습니다. 신부님이 초콜릿을 너무 좋아했기 때문입니다. 초콜릿을 보고 기뻐하며 감사했기에 그걸로 농담을 주고받기도 했습니다.

신부님은 영적 양식도 요청하셨습니다. 산 정상에서 미사를 봉헌하기 위한 제병과 포도주도 청했던 것입니다. 그리고 나서 신부님과 마지막 인사를 나누었습니다. 이곳 툴레브라스에 초대해 준 수녀님들에게 너무 고맙다면서 신부님은 계속해서 진심으로, 특별한 눈빛으로 감사를 전하셨습니다. 그때 갑자기 한 수녀가 앞으로 신부님을 위해 기도할 수 있도록 허락해 달라고 직접 청했습니다. 곧 신부님을 위해 기도하게 될 것을 그 수녀는 이미 알았나 봅니다. 그녀는 주일 내내 신부님을 기억하면서 그분에게 무슨 일이 일어나지 않을까 걱정했습니다. 나중에 그녀가 말하기를, 그날 오후 마음이 갑자기 편안해지면서 이런 생각이 들었다고 합니다. '이제 파블로 신부님은 하늘나라 집에 계시겠구나. 아무 일도 일어나지 않았어.' 이미 파블로 신부님은 우리의 진짜 집인 하느님 아버지의 품에서 영원한 기쁨을 누리고 있었음이 틀림없습니다. 다른 수녀와 작별 인사를 나누면서 신부님은 이런 농담도 했습니다. "수녀님, 수녀님이 탄 기차가 탈선하지 않거나 제가 산에서 실족하지 않으면 화요일에 신학교에서 다시 봅시다." 이 농담이 예언처럼 그대로 이루어지리라고는 그 누구도 생각하지 못했습니다. 수도원 문을 나서는 신부님이 뒤돌아보면서 배웅 나온 수녀들을 향해 되풀이한 마지막 말은 바로 "(다시) 돌아올게요."였습니다.

2월 16일 월요일 오후 3시경에 타라소나 주교관에서 전화가 왔습니다. 파블로 신부님이 돌아가셨다는 소식이었습니다. 성무일도 구시경을 막 시작하려던 때에 원장 수녀가 그 소식을 전했습니다. 모든 수녀들이 깜짝 놀랐습니다. 너무 괴로운 마음에 눈물이 흐르고 목이 메어 말이 나오지 않아서 성무일도를 간신히 마쳤습니다. 신부님의 삶처럼 그분의 죽음은 우리에게 큰 충격이었습니다. 하지만 파블로 신부님 자신에게는 별로 놀라운 소식이 아니었을 겁니다. 파블로 신부님은 평소에도 늘 하느님 안에서 하느님을 위해 사셨고, 애타게 사랑하는 하느님을 만나기를 간절히 바라셨기 때문입니다. 피정 중에 우리에게 말했듯이 기쁘고 행복하게 주님께 나아갔을 것입니다. 소식을 들은 많은 이들이 우리에게 전화를 걸어 그분의 마지막 며칠에 대해 알고 싶어 했습니다. 특별히 신부님이 지도해 준 마지막 피정에 대해 정말 많은 이들이 궁금해 했습니다.

그렇게 우리는 파블로 신부님이 많은 이들에게 여러모로 참 특별한 분이었다는 것을 알게 되었습니다. 그분은 누군가에게는 상담자였고, 누군가에게는 영성 지도자였으며, 또 누군가에게는 친구였습니다. 그리고 무엇보다 그들 모두를 하느님께 인도해 주는 사람이었습니다. 사실 우리가 신부님과 함께한 기쁨의 시간은 며칠뿐이었습니다. 하지만 "그들의 자손은 영원히 존속하고 그들의 영광은 사라지지 않으리라."(집회 44,13)는 성경 말씀처럼 그분에 대한 기억은 영원할 것입니다. 파블로 신부님은 이미 우리의 삶에 큰 흔적을 남겼습니다. 그 흔적은 죽음으로 지워지기는커녕 오히려 더 커질 것입니다. 우리의 상상과는 다른, 너무도 오묘한 방법으로 "다시 돌아올게요." 하신 신부님의 말이 실제로 이루어졌습니다. 우리는 지금 신부님의 현존을 느끼고 있습니다. 많은 수녀들에게 몬카요산을 바라보는 것은 파블로 신부님을 기억하는 것입니다. 그때마다 신부님을 하느님께 맡겨 드립니다. '파블로'라는 사람 때문에, 그의 아름다운 삶 때문에, 그의 사제직 때문에, 그를 알게 된 행운 때문에, 그에게 영신 수련 피정을 받으며 느낀 그 기쁨 때문에, 그리고 무엇보다도 그의 지상 여정 중 마지막 한 주간을 우리 수도원에서 함께할 수 있었던 그 소중한 시간들 때문에 하느님께 진심으로 감사드립니다.

우리 모두에게는 오직 하느님만이 아시는 그날과 그 시간이 있습니다. 그분의 죽음은 너무도 갑작스러웠지만, 삶의 본질에 집중하며 온전히 하느님께 봉헌하는 충만한 삶을 살도록 우리를 초대하는 죽음이었습니다. 그것은 마치 우리에게 이렇게 말하는 것만 같습니다. "누군가를 위해 자기 목숨을 바칠 준비가 되어 있지 않다면 살아야 할 의미가 없습니다." 파블로 신부님은 그것을 가르쳐 주었고 그런 삶을 직접 사셨습니다. 그러므로 파블로 신부님과 하나 되어, 모든 좋은 것을 우리에게 주시는 하느님께 우리의 입술과 삶으로 찬미와 찬양을 드립니다. "그분께 영원토록 영광이 있기를 빕니다."(로마 11,36)

툴레브라스의 시토회 사랑의 성모 마리아 수도원 수녀들의 이름으로

필라르 헤르만Pilar Germán 수녀

영신 수련

1. 하느님을 발견하는 것은 경이로운 일이다

"너희는 이렇게 기도하여라. '하늘에 계신 저희 아버지….'"(마태 6,9)

먼저 초대해 주셔서 진심으로 감사드립니다. 여기 이렇게 와 있는 것이 제게는 너무 큰 기쁨입니다. 앞서 말씀드린 것처럼 사실 두려운 마음으로 이곳에 왔습니다. 관상 수도회 공동체 앞에서 우리 주님이신 하느님에 대해 어떤 말을 하러 와 있다니, 거의 무모한 도전 같은 느낌입니다. 그렇지만 계속 두려워하는 것도 겸손이 아니라 어리석은 모습이기에, 지금부터는 편안한 마음으로 말씀드리도록 하겠습니다. 그리고 저는 친애하는 이 공동체에 대해 하느님께 감사를 드리고 싶습니다. 이름을 언급하지는 않겠지만 몇몇 수녀님 덕분에 이곳에 대해 이미 알고 있었습니다. 교회와 많은 사람들을 대신해 여러분께 진심으로 감사드립니다. 우리는 모두 관상 수도자들의 기도로 살아가고 있기 때문입니다. 이 관상 수도원은 의심할 여지없이 교회의 기둥입니다.

이 피정에서 제가 할 일은 저의 '하느님 체험'을 숨김없이 말씀드리는 것뿐입니다. 그것 말고는 아무것도 없습니다. 우리는 함께 하느님 체험을 나눌 것입니다. 그래서 이치를 따지는 경우에도 학문적 이론이나 지적인 표현은 피하겠습니다. '하느님 체험'은 너무나 심오합니다. 그것은 우리의 존재, 즉 전인적 차원에서 나타나는 일입니다.

우리는 주님 안에서 형제자매이며 그분과의 일치 속에서 이러한 체험을 공유할 수 있습니다. 그러면 이제 여러분에게 어린이와 같은 탐험가가 되어 보자고 제안하고 싶습니다. 이것은 매우 중요합니다. 왜냐고요? 어린이는 모든 것을 경이로워하고 놀라워하기 때문입니다. 반면 우리는, 심지어 거룩한 일에도 너무 익숙해져서 무감각하게 살아갑니다. 어린이에게는 모든 것이 새롭습니다. 그 어떤 것에도 어린이는 경이로워합니다. 하지만 우리는 지극히 거룩한 것도 평범하고 무미건조하게 여기며 살아가고 있습니다.

얼마 전 젊은이들과 피정을 했는데, 강의실에 들어서자마자 저는 무언가에 감동을 받아 놀란 표정으로 자기소개를 했습니다. 그리고 그들에게 말했습니다. "지금 경당 안에서 벌어진 일을 여러분은 상상도 못하실 겁니다! 하느님께서 나타나셨어요!" 그러자 젊은 이들이 서로 바라보면서 "대체 신부님이 뭐라고 하시는 거야?" 하더군요. 하느님께서 나타나셨다고 다시 이야기하며 주님을 만나러 가자고 초대하자, 젊은이들 가운데 한 명이 결국 "정말이요? 진짜요?" 하며 의아해했습니다. 제가 말했습니다. "정말 저곳에 하느님이 계세요. 동정녀 마리아께 잉태되어 나시고 십자가에 못 박혀 돌아가시고 부활하신 예수 그리스도께서 저곳에 계십니다." 그러자 모두들 놀라서 어리둥절해하더군요. 그래서 제가 덧붙였습니다. "자, 여러분! 이제 다 함께 예수님을 만나러 갑시다!" 하지만 아무도 저를 따라가려고 하지 않았습니다. 그래서 제가 다시 이렇게 말했습니다. "여러분! 우리가 모두 하느님의 친구라면, 그래서 지금 이 피정에 와 있다면 모두 일어나 저와 예수님을 만나러 갑시다." 그러자 모두 일어나서 경당으로 들어갔습니다. 경당 안에 들어서자마자 다들 서로 쳐다보기만 할 뿐이었습니다. 경당 안에는 아무도 없었거든요. 그 순간, 제가 바로 감실을 가리키면서 이렇게 말했습니다. "여기 감실 안에 예수님께서 계십니다." 젊은이들의 얼굴엔 실망한 기색이 역력했습니다. "에이, 맙소사! 깜짝 놀랐잖아요."

 이러한 반응이야말로 신앙에서 심각한 문제입니다. 가장 위대한 것조차 평범하고 무미건조해 보이는 것, 가장 놀라운 것도 일상적이고 지루하게 여기는 것 말입니다. 사실 영성 생활과 내적 삶을 싱싱하고 새롭게 만들어 주는 것은 다름 아닌 어린이의 마음으로 살아가는 것입니다. 하느님의 위대하심이라는 놀라운 소식을 처음 들으며 체험했을 때 지닌 경이로움을 잃지 말고 매일 새롭게 어린이의 마음으로 살아가야 합니다. 그래서 오늘은 믿기 힘든 놀라운 발견이자 참으로 위대한 진리 세 가지를 여러분과 함께 되새겨 보고자 합니다.

먼저 제가 사제품을 받은 지 얼마 되지 않았을 때 만난 어린이들에 대한 이야기를 할까 합니다. 신부가 되어 처음 본당에 갔을 때 주임 신부님은 제게 주일 학교 교리 수업을 맡기셨습니다. 백여 명의 학생들을 그룹별로 나누고 교리를 시작하기 전에, 저는 기도하려고 경당으로 갔지요. 경당은 마치 '별들의 전쟁'이 벌어진 듯했습니다. 한쪽에서는 휴지를 던지고 다른 쪽에서는 말다툼을 하고, 난리도 그런 난리가 없었습니다. 저는 진지하고 근엄한 표정으로 아이들에게 말했습니다. "여러분은 신부님이 들어왔는데도 보이지 않나요? 그리고 지금 여기에 누가 계시는지 모릅니까?" 그러자 한 아이가 되물었습니다. "우리 말고 누가 또 있나요?" 저는 감실을 바라보며 말했습니다. "여기 감실에 지금 예수님이 계십니다. 성모님께 잉태되어 나시고 물 위를 걸으신 예수님이 감실 안에 계세요! 빵 다섯 개와 물고기 두 마리로 오천 명을 배불리 먹이신 분이 감실 안에 계십니다. 죽은 라자로를 살리셨고 십자가에 못 박혀 돌아가신 지 사흘 만에 부활하시어 전능하신 성부 오른편에 앉아 계신 그분이 지금 감실 안에 참으로 계십니다." 그러자 아이들은 모두 믿지 못하겠다는 듯 감실을 바라보았습니다. 한 아이가 손을 들어 정말이냐고 물었고, 저는 자신 있게 그렇다고 대답했지요. 그 아이는 다시 이렇게 묻더군요. "그럼 저 상자(감실)를 열어 보면 어때요?"

어떻게 보면 저와 함께하는 이 피정으로의 초대는 '상자'를 여는 것입니다. 지극히 평범해 보이지만 가장 인상 깊은 '상자'를 여는 것이지요. 이후 여러분이 저를 내쫓지 않는다면 저는 모든 것을 이루었다고 봅니다.

창조주 하느님 : 존재하는 것의 위대함

첫째 발견은 하느님을 발견하는 것입니다. 어떤 이들은 '아하, 그거!'라고 생각할 수 있습니다. 그렇습니다. 하느님을 발견한다는 것은 위대하고 초월적인 무한의 창조주 하느님을 발견하는 일입니다. 이 세상의 창조물에 대해서만 생각해도 정말 화려하고 흥미진진합니다. 모든 존재에 대해 의식하는 일, 즉 지금 이 순간 우리가 존재한다는 사실을 의식하는 일, 우주의 존재에 대해 의식하는 일, 태양계와 은하계의 오묘한 질서와 시스템에 대해 의식하는 일, 그야말로 존재하는 모든 것에 대해 사고하는 일은 경이롭고 믿기지 않을 정도로 너무도 놀랍기만 합니다. 지금 우리가 탐구할 수 있는 영역은 원자 영역입니다. 원자의 구조가 의미하는 것을 생각하면서 우주의 무한함을 바라보면 더더욱 존재의 신비가 우리를 경이롭게 합니다. 아무리 하찮은 것이라도 살아 움직이는 모든 존재 안에 있는 DNA의 사슬을 생각해 보면, 세상의 모든 피조물이 너무도 경이롭고 감동적입니다. 그것은 하느님께서 우주 만물을 창조하셨기 때문입니다. 하느님께서 창조주이시기 때문입니다.

가톨릭교회 교리서는 이렇게 가르칩니다. "영원하신 하느님께서 존재하는 모든 것에 시작을 주셨습니다. 다시 말해 모든 것은 하느님께서 창조하셨기에 존재하는 것입니다." 이 세상에 존재하는 모든 것은 그 존재를 허락하신 창조주 하느님 덕분에 존재할 수 있다는 말입니다. 하느님께서 모든 존재의 지속을 허락하셨기에 피조물이 그 존재를 유지하고 있는 것입니다. 그러므로 지혜서는 세상의 피조물들 안에서 하느님의 흔적을 볼 수 있다고 말합니다. 하느님을 보려고 하지 않으면서 피조물을 제대로 바라본다는 것은 불가능하다는 뜻입니다. 하지만 창조주이신 하느님을 볼 수는 없습니다. 하느님께서는 무한하시기 때문입니다. 그래서 모세도 감히 하느님의 얼굴을 직접 뵙기를 원하지 않았습니다. 왜 그럴까요? 아마도 모세 스스로 이렇게 말했을 겁니다. "나같이 입술이 더러운 사람이 어떻게 하느님의 얼굴을 뵐 수 있겠는가?"(탈출 3,1-7 참조) 하느님께서는 위대하시고 무한하십니다. 예루살렘의 거룩한 대성전의 지성소에 대사제가 들어가기 위해서는 엄격한 정화 과정을 거쳐야 했습니다. 그 순간에는 누구도 그와 동행할 수 없었습니다. 그래서 대사제는 쇠사슬로 몸을 묶고 지성소로 들어갔습니다. 지성소에서 느껴지는 하느님의 엄청난 현존 앞에 쓰러질 위험이 있었기 때문입니다. 지성소 안에서 대사제가 쓰러지면 다른 사람들이 그 쇠사슬을 끌어당겨 그를 지성소 밖으로 꺼냈습니다. 그렇습니다. 하느님께서는 그토록 위대한 분이십니다.

제 생각에 지금 우리 시대에는 참으로 위험천만한 일이 벌어지고 있습니다. 하느님에 대해서, 그리고 하느님에 대해 말하는 것에 대해서 너무 익숙해지고 무뎌지고 무감각해져 버린 것입니다. 다른 많은 철학자들이나 사색가들처럼 칸트는 매우 흥미로운 사실을 말했습니다. 경이로움을 느끼게 만드는 것들에 대해서 말하는 일은 그에게 마치 자유의 문제와 같은 것이라고 했지요. 내가 가진 자유는 나를 감동시킵니다. 하느님의 현존 또한 나를 감동시킵니다. 하느님께서 참으로 현존하신다는 이 사실은 너무도 흥미진진하고 멋지고 감동적인 일입니다. 그러기에 하느님께서 참으로 계시다는 것을 잠시라도 생각하는 일은 너무도 좋은 일입니다. 사실 우리의 첫 번째 조상이 저지른 죄악의 핵심은 "내가 곧 하느님이다."라고 말했던 것입니다. 그러기에 우리는 가끔씩 거울을 바라보면서 스스로에게 이렇게 말해야 합니다. "나는 하느님이 아니다." 조금 이상하게 느껴지실지 모르지만, 이렇게 하다 보면 참으로 마법 같은 일들이 벌어지게 될 것입니다. "나는 하느님이 아니야! 하느님은 분명히 존재하셔! 내가 나를 스스로 창조한 게 아니니까! 그러기에 내 인생의 주인은 내가 결코 아니야! 하느님은 너무도 크신 분이지!" 그러므로 잘 짜인 전례나 성체 현시, 성시간과 같은 행위들은 하느님의 현존 앞에서 우리의 감동을 표현하는 일입니다. 그리고 바로 이것이 창세기 첫 부분에서 우리가 접하는 것입니다. 즉, 창조란 첫 번째 위대한 순간입니다.

실존주의 철학자 하이데거는 참 인상적인 표현이 섞인 질문을 던집니다. "도대체 왜 아무것도 없지 않고 무언가가 존재하고 있는가?" 다시 말해 무언가가 왜 존재하고 존재의 이유가 무엇인지에 대해서 묻는 것입니다. 확실합니다! 틀림없이 이 질문은 하느님에 대한 질문입니다. 하느님은 참으로 존재하십니다. 하느님은 언제나 그리고 영원히 존재하십니다. 하느님은 무한하십니다. 하느님은 위대하십니다. 하느님은 그야말로 하느님이십니다.

유다인들은 'Yahveh'라는 하느님의 이름을 발음하는 것조차 꺼렸습니다. 그래서 그들은 그냥 'YHWH'라는 자음만 적고 그분의 이름을 부르지 않기 위해 '주님'이란 뜻인 아도나이(Adonai)의 모음을 합쳤습니다. 이처럼 'Yahveh'의 자음에 'Adonai'의 모음을 합쳐서 나온 단어가 바로 야훼라는 이름입니다. 그러나 그것은 하느님의 이름을 부르지 않기 위한 방식이었습니다. 하느님의 이름을 불러서도, 입에 올려서도 안 되었기 때문입니다. 그런데 우리에게 하느님은 지나치게 익숙해져서 이제는 무뎌지고 무감각해 보입니다. 그러므로 우리의 첫째 발견은 하느님이어야 하고, 우리는 그 발견으로 말미암아 감동받아야 할 것입니다. 첫 번째 발견 후 비로소 두 번째 발견에 도달할 수 있기 때문입니다.

아버지이신 하느님 : 자녀가 된다는 것

하느님께서 우리 아버지이심을 아는 일이 바로 두 번째 발견입니다. 하느님께서 누구신가라는 질문 앞에서, 그분은 나의 아버지라는 깨우침은 틀림없이 우리에게 엄청난 감동을 줄 것입니다. "오! 세상에, 하느님께서 나의 아버지시라니! 오! 하느님께서 나의 아버지시라니!"라고 말할 것입니다. 공관 복음서, 특히 마태오 복음서 6장 9절에서 예수님은 당신 제자들에게 기도하는 방법을 가르쳐 주시면서 "그러므로 너희는 이렇게 기도하여라. 하늘에 계신 저희 아버지…."라고 하셨습니다. 주님의 기도의 이 시작 말씀은 우리를 놀라게 합니다. "세상에, '아버지'라니? 하느님은 전능하신 분인데, 세상에! 유다인들은 그분의 이름조차 발음할 수 없는데, 예수님! 당신께서는 우리에게 하느님을 '아빠(Abba), 아버지'라고 부르게 하시네요."라고 생각할 것입니다. 하느님께서 참으로 계시다는 첫 번째 위대한 발견을 한 사람만이 하느님께서 나의 아버지시라는 두 번째 발견을 할 수 있습니다. 이 위대한 발견 앞에서, 즉 하느님께서 우리의 아버지시라는 사실에 참으로 놀라게 됩니다. '오, 세상에! 하느님께서 나의 아버지시라니!'

사도 요한이 하느님의 이 신비 앞에서 깜짝 놀랐듯이, 우리 역시 하느님의 부성이란 위대한 발견 앞에서 기겁하듯 놀라게 될 것입니다. 저는 사도 요한에 대한 특별한 신심을 가지고 있습니다. 그래서 그분의 모든 말씀을 그대로 다 받아들입니다. 사도 요한의 말씀에는 놀라운 신선함이 있습니다. 사도 요한은 열두 사도 가운데 가장 젊었으므로 특별한 생기와 예민함으로 모든 것을 바라보았습니다. 사도 요한은 이렇게 말합니다. "아버지께서 우리에게 얼마나 큰 사랑을 주시어 우리가 하느님의 자녀라 불리게 되었는지 생각해 보십시오. 과연 우리는 그분의 자녀입니다."(1요한 3,1) '하느님의 자녀, 아버지의 사랑'이란 표현들은 정말 너무나 감동적입니다. 자신을 향한 하느님 아버지의 이러한 사랑을 진정으로 깨우치는 사람은 마치 왕이나 여왕처럼 자기의 인생을 살아갈 수 있게 됩니다. 하느님 아버지의 이토록 크신 사랑! 그 이상 더 바랄 게 뭐가 있겠습니까!

부제 시절 캠프 때 일입니다. 본당에서 귀걸이를 하고 '닭 벼슬' 같은 헤어스타일의 독특한 모습 때문에 알게 된 프랑스 청년 한 명이 함께 있었습니다. 하루는 이 청년이 조금 우울한 모습으로 나타났습니다. 온 세상 사람들이 자기를 조롱하는 것 같다면서, 심지어 가족들조차 자신을 좋아하지 않는다고 말했습니다. 그래서 제가 이런 농담을 던졌습니다. "이 친구야! 외모가 그 모양이니까 그렇지." 그런데 이 청년의 이야기가 참 아름답습니다. 18세에서 20세쯤으로 보이는 이 청년이 하느님에 대해서 알아야겠다고 결심했다는 겁니다. 그때까지도 이 청년은 세례를 받지 않았습니다. 그래서 청년 캠프에 참가해 교리 교육을 받도록 초대했습니다. 교육 중에 '세례'에 대한 주제가 나왔는데, 우리가 세례성사를 통해서 '하느님의 자녀'가 된다는 것을 이렇게 설명했습니다. "우리가 하느님의 자녀가 되었을 때 우리에게 도대체 무슨 일이 벌어지는지 꼭 알아야 합니다. 하느님의 자녀가 되면 아들이 늘 아버지와 함께 있듯이 하느님께서는 언제 어디서나 우리와 함께 계십니다. 하느님께서 우리 가까이 계시다는 것은 달리 말하면 아버지가 자녀를 사랑하듯 그 친밀감이 항상 우리 안에서 이어진다는 것입니다." 그 청년은 눈이 휘둥그레져 놀라면서도 이 말을 그대로 잘 받아들였습니다.

마지막 날 밤에 캠프파이어를 하려는데 이 친구가 없었습니다. 다들 그가 어디 갔는지 의아해했습니다. 제가 그 프랑스 청년의 이름을 부를 때마다 그는 어색한 제 발음을 교정해 주곤 했는데, 하도 안 되니까 그냥 '닭 벼슬'이라고 편하게 부르기로 했거든요. 그날 밤 모두 "닭 벼슬이 없네요. 대체 어디 있는 걸까요?" 하고 물었습니다. 결국 저는 걱정이 되어서 야영장의 텐트로 갔습니다. 청년은 침낭 안에 있었습니다. "왜 여기 혼자 있는 거니? 무슨 일 있니?" 그러자 그가 대답했습니다. "아니요. 별일 없어요. 열이 조금 나서 누워 있었어요." "이 친구야! 여기 혼자 있으려면 그전에 나한테 얘기를 좀 하지 그랬어?" 했더니 그가 "저는 혼자 있는 게 아니잖아요! 하느님께서 늘 저와 함께 계시잖아요. 부제님은 그걸 모르셨어요?"라고 말했습니다.

세상에! 정말 이 청년은 제대로 교리 교육을 받은 겁니다! 저는 "그래, 맞아! 여기 그대로 있으럼. 나도 너를 방해하지 않을게."라고 대답할 수밖에 없었습니다. 그 청년은 3년 전쯤 파리 교구에서 사제품을 받았습니다. 신선했던 그와의 대화가 여전히 기억납니다.

어린이들은 모든 것에 신나 하고, 놀라운 것들을 이야기합니다. 한번은 미사 중에 '하느님께서는 언제나 우리와 함께 계신다.'라는 주제로 아이들에게 말한 적이 있습니다. "하느님께서 지금 이 순간에도 우리와 함께 계시기에 우리는 하느님께 시간을 내어 드려야 하고, 하느님을 위한 '공간'을 마련해 드려야 한다."고 이야기했습니다. 어쩌면 이런 말이 어린아이들에게는 추상적인 표현일지도 모르겠습니다. 그런데 그때 갑자기 한 아이가 의자에서 거의 떨어질 것 같은 자세를 취하지 뭡니까? 그래서 그 아이에게 지금 뭐하는 거냐고 물었습니다. 그 아이는 의자 끝에 걸치고 앉아 이렇게 대답했습니다. "하느님께서 제 '자리'에 앉게 해 드리려고 의자 끝에 앉아 있어요." 이렇게 어린이들은 참 순수합니다. 순수한 아이들은 기막히게 멋진 것들을 여러분에게 말해 줄 겁니다. 하느님께서 우리의 아버지시고, 우리와 항상 함께 계시다는 것은 분명한 진리입니다. 그런데 어떻게 하느님의 자녀임을 계속해서 알아차리지 못할 수 있겠습니까? 참으로 우리는 하느님의 자녀입니다. 이에 대해 사도 요한은 이렇게 말했습니다. "우리를 향한 하느님의 사랑이 얼마나 위대하고 큰지 알아차리십시오." 하느님께서 우리를 극진히 사랑하시고 우리 아버지시기 때문에 지금 이 순간 우리는 존재할 수 있는 것입니다. 이는 그야말로 경이로운 일입니다. 그러므로 하느님께서 창조주이시고, 나아가 아버지라는 이 사실을 깨닫는 것이 바로 두 번째 감동적인 발견입니다.

지극히 친밀하신 하느님 : 우정의 삶

이제 세 번째 발견에 나설 차례입니다. 이는 보다 경이로운 도약입니다. 우리는 단순히 하느님의 피조물이 아닙니다. 또한 하느님의 자녀만도 아닙니다. 하느님의 순수한 사랑 덕분에, 그리고 그분이 순수하게 거저 주시는 은총 덕분에 우리가 아주 특별하고 독특하게 그리고 너무도 배타적인 방식으로 당신과 친밀하고도 내밀한 관계로 초대받고 있음이 바로 세 번째 발견입니다. 이 사실을 잘 이해해야 합니다. 사도들이라고 해서 예수님의 다른 제자들보다 더 특별한 무언가를 지니고 있지는 않았습니다. 예수님의 다른 제자들 역시 그분을 만났던 수많은 사람들 이상의 특별한 존재가 아니었다는 겁니다.

복음서에서 이 사실은 아주 의미심장합니다. 공관복음서의 시작 부분들, 특히 각자의 성소와 관련된 내용들을 살펴보면 레위의 부르심이나 열두 사도의 부르심에 관한 부분이 있습니다. 예컨대 마태오 복음서의 시작 부분에서 예수님은 이렇게 말씀하십니다. "나를 따라오너라. 내가 너희를 사람 낚는 어부로 만들겠다."(마태 4,18-23) 그렇습니다. 예수님께서는 당신이 원했던 사람들을 부르셨습니다. 왜냐하면 예수님이 원하셨기 때문입니다. 그 부르심은 거저 주어진 것입니다. 왜 우리를 부르셨을까요? 하늘나라에서 영원히 현존하게 될 그 사랑을 바로 지금 여기서 실천하도록 부르신 겁니다. 이것이 바로 종말론적으로 영원을 미리 앞당기는 일입니다. 이것이 바로 거룩함으로의 부르심, 즉 성소입니다. 종말론적으로 미리 앞당기는 일, 다시 말해서 모든 이들이 하늘나라에서 영원히 살도록 부르심을 받았다는 것을 지금 이 순간 이 지상에서 실현시키는 것입니다. 이러한 맥락에서, 축성된 사람이 있는 장소는 하느님의 특별한 사랑이 가시화 되고 종말론적으로 미리 앞당겨 드러나는 장소가 되는 것입니다. 하지만 축성된 삶이 아닌 다른 형태의 삶이라고 해서 악하거나 열등하다는 것은 결코 아닙니다. 축성된 삶은 하느님의 영원한 사랑과 그분만을 향한 배타적인 사랑을 종말론적으로 미리 앞당겨 살아가는 삶입니다. 이것이야말로 참된 생명입니다. 이 생명에 관해 주님께서는 이렇게 말씀하셨습니다. "영원한 생명이란 홀로 참하느님이신 아버지를 알고 아버지께서 보내신 예수 그리스도를 아는 것입니다."(요한 17,3)

그렇습니다. 아버지 하느님, 당신을 아는 것이 바로 영원한 생명입니다. 봉헌의 삶을 살아가는 우리는 저마다 거룩함 안에서 하느님과 아주 특별한 친밀감을 느끼며 영원 속으로 들어가게 된 것입니다. 하느님과의 친밀감 안에서 영원히 살아가도록 우리 모두가 하느님께 부르심을 받았다는 것을 새롭게 깨닫는 일은 각자의 성소를 초월적으로 강하게 만들어 줍니다. 전능하신 하느님이자 우리의 아버지이신 바로 그분께서 나를 거룩함으로 부르고 계시기 때문입니다.

오늘 어린아이처럼 감동적으로 세 가지 발견을 이루어 내는 것이 얼마나 중요한지 모릅니다. 이제 어린이의 마음으로 우리가 모두 알고 있는 세 가지를 다시금 발견하게 되었으니 오늘은 참으로 경이로운 날입니다. 그러나 주의하십시오. 아시다시피 우리는 너무도 자주 이런 중요한 발견들과 깨우침을 일상적인 것으로 간주해 버리고 무뎌져서 쉽게 지나쳐 버립니다. 그 소중한 것들을 가치 없는 것으로 여겨 버리기 때문입니다.

놀라우신 하느님의 형언할 수 없는 경이로움

하느님과의 만남은 그야말로 흥미진진하고 스펙터클한 역사입니다. 특별히 이 피정을 하고 있는 오늘 하느님과 만나게 해 달라고 성령께 간절히 청해야겠습니다. 우리는 모든 것을 스스로 이룰 수 있다고 생각했던 펠라기우스Pelagius 이단이 아니기 때문입니다. 그러므로 아주 특별한 방식으로 하느님을 만나고 체험할 수 있도록 무엇보다도 먼저 성령께 간절히 기도해야 합니다.

첫 번째로 전능하신 창조주 하느님을 만나야 하고, 두 번째로는 나의 아버지 하느님을 체험해야 합니다. 세 번째로는 천국에서 누리게 될 그리스도 안에서 이루어지는 하느님과의 온전한 일치를 이 세상에서 미리 느끼게 되는, 다정한 신랑 같으신 하느님 체험을 해야 합니다. 언젠가 천국에서 그리스도 안에서 하느님과 완전한 일치를 이루게 될 것이기에 그분은 우리의 영적 신랑이신 겁니다. 이런 주제로 이미 우리가 수없이 묵상했던 것들을 이 피정을 통해 다시금 함께 생각해 볼 수 있을 것입니다. 그리고 보면 피정은 참으로 달콤하며 행복하고 좋은 시간입니다. 하지만 결코 잊지 마십시오! '오늘'이라는 시간은 절대로 다시 돌아오지 않는다는 사실을! 매일 주어지는 시간이라 할지라도 '오늘'이라는 시간만큼은 결코 똑같이 반복될 수 없는 아주 특별한 시간입니다. '오늘'이라는 이 시간을 통해서 하느님께서는 당신의 그 한없이 달콤하신 친밀함 안에서 우리에게 아주 특별한 은총을 주십니다.

작곡가 헨델의 일화를 소개하겠습니다. 헨델은 런던에서 단 한 곡도 작곡할 수 없는 지독한 슬럼프에 빠져 있었습니다. 시인이나 화가처럼 음악가에게도 창조적인 능력을 발휘할 수 없는, 황량한 불모지와 같은 시기가 있습니다. 글을 쓰는 것이 직업인 사람들, 예컨대 신문 기자들은 이렇게 말할 겁니다. "글이 술술 잘 나올 때도 있지만, 단 한 줄도 나오지 않는 순간도 있습니다." 그 시절 헨델은 작곡가로서 그 무엇도 할 수 없는 혹독한 시련을 겪으면서 지독한 우울증에 빠져 있었습니다. 나중에 헨델이 직접 말한 바에 따르면 영적인 면에서는 더더욱 힘겨운 시절이었다고 합니다. 게다가 집까지 무너져 막막하기만 하던 시간이었습니다. 하루는 처참한 마음으로 늦은 밤까지 런던의 길거리를 배회하고 있었는데, 한 골목으로 들어서자마자 몸을 움직일 수 없을 정도로 놀라운 일이 그에게 벌어졌습니다. 어느 집의 작은 방에서 너무도 감미로운 소프라노 음성의 노래가 흘러나오는 것이었습니다. 헨델은 그대로 멈춰선 채 그 노래를 듣고 있을 수밖에 없었습니다. 그 노래는 광야를 건너면서 자신들의 구세주를 애타게 기다리는 이스라엘 백성의 역사를 담고 있었습니다. 마치 성경 구절로 하느님을 찬양하고 있는 것만 같았다고 하더군요. 그야말로 노래를 통해서 기도하고 있었던 셈입니다. 헨델에게 그 순간 들려왔던 소리는 단순한 음악이 아니라 음악을 통해서 전달되는 하느님의 목소리였습니다. 누구든 하느님의 목소리를 들으면 그 사람의 인생은 완전히 바뀌게 됩니다. 단순히 하느님에 대한 말을 듣는 것으로 그런 일이 벌어지지는 않습니다. 하느님께서 직접 말씀하시는 음성을 들었을 때만 그 사람의 인생이 완전히 바뀌게 되는 겁니다. 마치 어떤 사람이 성경을 읽으면서 하느님의 말씀을 직접 듣는 것과 같은 일입니다. 그 순간에는 타오르는 불덩어리가 그 사람 안으로 들어오는 것처럼 느껴집니다. 헨델에게도 이런 일이 벌어진 겁니다. 그것을 체험하자마자 헨델은 집으로 돌아가 작곡을 시작했습니다. 무려 22일 동안 집에만 틀어박혀 곡을 써 내려갔습니다. 그렇게 탄생한 곡이 '메시아'입니다.

우리는 '메시아'보다 더 위대한 작품을 만들어야 한다고 저는 확신합니다. 우리 각자의 인생은 하느님께서 소중하게 여기시는 진정한 그분의 모상이기 때문입니다. 그러나 먼저 하느님의 말씀이 우리 안으로 스며들어 내면을 비옥하게 만들도록 해야 합니다. 그러기 위해서 우리는 하느님을 반드시 만나야 하고, 그분의 경이로움을 체험해야 합니다. 다시 말해서 소소한 일상을 통해 지나가는 사건들과 사물들을 주의 깊게 살펴보며 그 안에서 하느님을 체험해야 합니다.

얼마 전에 뉴욕에서 아주 흥미로운 연구가 있었습니다. 세계 최고의 바이올린 연주자 중 한 사람에게 비용을 지불할 테니 어떤 실험에 참여해 달라고 요청했습니다. 그는 최고의 바이올린 중 하나인 '스트라디바리우스'를 가지고 수천 명의 관객 앞에서 성황리에 뉴욕 공연을 마친 사람이었습니다. 가장 위대한 바이올리니스트가 세상에서 가장 좋은 바이올린으로 연주한다는 소식에 공연장은 사람들로 가득 찼고, 그는 우레와 같은 박수갈채를 받았습니다. 그런 그가 참여한 실험에서 전달받은 요구 사항은 특별했습니다. 누더기를 입은 채 뉴욕의 어느 지하철역에서 공연 때와 같은 곡을 연주해 달라는 것이었습니다. 그 바이올리니스트는 누더기를 입고 지하철역에서 스트라디바리우스 바이올린으로 연주했습니다. 마지막에 모아진 돈은 고작 30달러였습니다. 단 두 사람만 몇 분 동안 멈춰서 연주를 들었을 뿐, 대부분 무심하게 지하철을 타러 내려가기에 바빴다고 합니다. 뉴욕의 큰 공연장에서 비싼 돈을 지불해야만 들을 수 있었던 그 위대한 연주가 지하철역에서는 30달러에 불과했던 겁니다. 그 이상은 원치 않았던 것이지요. 이 흥미로운 실험에서 우리는 아주 중요한 교훈을 하나 얻을 수 있습니다. 아무리 아름답고 특별한 것이라도 우리 곁을 무의미하게 지나가 버릴 수 있다는 겁니다. 그것을 알아볼 능력이 부족하면 아무리 위대한 것이라 해도 무심히 흘려보내게 됩니다.

지금은 크라쿠프Kraków 대교구의 교구장이신 지비쉬Dziwisz 추기경님은 한때 요한 바오로 2세 교황님의 비서 역할을 하셨습니다. 불과 58세의 나이에 베드로 사도의 후계자로 뽑히신 요한 바오로 2세 교황께서는 활력이 넘치는 분이었습니다. 스포츠를 무척 즐기셨는데 특히 등산을 좋아하셨습니다. 그리고 시간이 날 때마다 스키를 타곤 하셨답니다. 요한 바오로 2세 교황께서 선출되신 지 얼마 안 되어서 벌어진 일입니다. 하루는 교황께서 비서인 지비쉬 몬시뇰에게 갑자기 이런 말씀을 하셨습니다. "우리가 변장하고 스키를 타러 가면 어떻겠습니까?" 몬시뇰은 흔쾌히 찬성하셨고, 다른 비서 신부님과 함께 바티칸 시국에 있는 차 중에 하나를 골라서 무작정 로마 근처의 스키장으로 향하셨습니다. 교황님은 얼굴을 가리기 위해 로세르바토레 로마노 L'Osservatore Romano 신문 한 부만을 챙겨서 나오셨다고 합니다. 처음에는 모든 것이 순조로웠습니다. 평소 스키를 좋아하셨던 교황님은 신나게 즐기셨지요. 유리 감옥 같은 교황청에서 스포츠를 즐긴다는 것은 쉽지 않습니다. 그러니 스포츠 마니아였던 교황님에게는 너무도 행복한 순간이었을 겁니다. 그런데 리프트를 타고 올라가기 위해 줄을 서서 기다리고 있을 때 결국 사고가 터지고 말았습니다. 교황님이 무심결에 고글을 벗어 버리신 겁니다. 그 순간 교황님 앞에 있던 한 아이가 그분의 얼굴을 알아보고 바로 엄마에게 이렇게 말했습니다. "엄마, 저 분 교황님이셔." 그러자 엄마는 쓸데없는 얘기하지 말라며 아이를 다독였지요. 그래도 소용없었습니다. "엄마, 저 분 진짜 교황님이라니까." 그 모습을 보신 교황님은 놀라서 즉시 고글을 고쳐 쓰셨습니다. 지비쉬 몬시뇰도 당황해 하고 있었는데 다른 비서 신부님이 그 아이에게 다가가 이렇게 말했습니다. "말도 안 되는 소리야." 하지만 교황님이 여기 계신다고 아이가 소리라도 지르면 큰 혼란이 일어날 수도 있기 때문에 교황님은 서둘러 교황청으로 돌아가야만 했습니다. 그때 그 스키장에서 교황님을 알아보기 위해서는 어린이의 마음이 되어야만 했습니다. 그때 거기에서 어른들은 이렇게 생각했을 겁니다. '말도 안 돼! 교황님이 어떻게 이곳에 오실 수 있겠어. 교황님을 닮은 거겠지. 교황님을 꼭 닮은 사람이었겠지.'

생각지도 못한 것을 기대하기 : 기적의 진실

사실 이런 일은 우리 삶에서도 그대로 벌어지고 있습니다. 그런데 우리는 하느님의 말씀에 감동받도록 내어 맡기는 법을 잘 모르고 있습니다. 믿기지 않을 정도로 놀라운 일들, 즉 기적을 알아보는 능력이 우리에게는 너무도 부족합니다. 지금으로부터 2600년 전에 살았던 헤라클레이토스는 보기 드물게 매력적인 철학자입니다. '어둠의 철학자'라는 별명을 지닌 그는 '로고스logos'에 관한 관상을 하기 위해 귀족 지위마저 사촌에게 양보한 채 홀로 산에서 지냈습니다. 그의 수많은 어록 중에서 제가 특히 좋아하는 명언이 있습니다. "기대할 수 없는 것을 기대하지 않는 자는 결코 그것을 만나지 못할 것이다." 불행하게도 우리는 기대할 수 있는 것만을 기대하며 살아갑니다. 이런 성향은 우리가 힘겹고 어려운 상황에 놓였을 때 더욱 도드라집니다. 함께 기도하자고 말은 하지만 확신이 없습니다. 도대체 왜 기대할 수 없는 일을 기대하지 못하는 걸까요? 인생에서 기적이 일어날 수도 있다는 사실을 왜 기대하지 않는 걸까요? 만약 어떤 사람이 이렇게 말했다고 가정해 봅시다. "그거 아세요? 그 남자가 아내를 버리고 집을 나가 버렸답니다. 우리 모두 그 가정을 위해서 기도합시다." 그러면 누군가 이렇게 말할지도 모릅니다. "기도해 봤자 소용없어요." 하지만 우리는 기대할 수 없는 일을 기대하며 살아가야 합니다. 기대할 수 없는 일을 기대하지 않는다면 정말로 그런 일들은 절대 일어나지 않을 것이기 때문입니다. 모든 것은 변하지 않는다고, 일상에서 특별한 일은 일어나지 않는다고 우리는 너무도 쉽게 단정해 버립니다. 그런 특별한 일들은 예상할 수 없는 일들이기 때문입니다. 그러나 우리는 예상할 수 없는 일들을 기대하면서 살아가야 합니다. 특히 우리의 내면에서 먼저 그런 기대를 품으며 살아가야 합니다. 우리가 예상할 수 없는 일을 기대하지 않는다면 정말로 그런 일들은 절대 일어나지 않을 것이기 때문입니다.

앙드레 프로사르André Frossard의 삶을 살펴보겠습니다. 그는 프랑스 공산당의 중요한 지도자의 아들이었습니다. 그래서 어릴 때부터 그리스도인들의 하느님에 대해서 아예 들어 보지 못한 채 자라났습니다. 심지어 부모로부터 들은 얘기도 전혀 없었습니다. 프로사르는 자신의 회고록에서 특별한 체험을 고백했습니다. 어느 날 파리의 거리를 걷다가 갑자기 성당의 아름다움에 매료되어 안으로 들어가게 되었습니다. 살면서 처음 들어가 본 성당이었습니다. 때마침 성당 안에는 성체가 현시되어 있었습니다. 그 모습을 본 그가 이렇게 말했습니다. "그 순간 저는 하느님의 현존에 완전히 사로잡혀 멍하니 서 있었습니다. …… 그 성당에 들어갈 때 저는 무신론자였지만, 나올 때는 그리스도인이 되어 있었습니다. 그 짧은 시간 그곳에서 내가 무엇을 경험했는지 설명할 수는 없지만, 삶을 변화시키는 어떤 체험을 했다는 것만은 분명합니다."

　가끔씩 우리는 다른 사람들의 삶을 통해 많은 것을 배우면서 살아갑니다. 겉보기에 하느님과 멀리 떨어져 살아가는 사람같이 보일지라도, 어쩌면 우리와 전혀 상관없는 사람처럼 보이더라도, 경이로운 신비 앞에서 놀랄 수 있는 능력은 그들에게도 있을지 모릅니다. 전혀 예상할 수 없던 일을 기대할 수 있는 능력으로 하느님 체험에 열려 있기에 하느님에 의해 사로잡힐 수 있는 사람들이 분명 있습니다. 우리의 아버지이시고 우리를 거룩하게 만드시는 하느님께서는 실제로 지금 이 순간 우리 모두와 함께 현존하시기 때문입니다. 그러므로 우리는 반드시 하느님과 만나야 합니다. 하느님에 대해서 이야기하거나 듣는 것만이 아니라 실제로 하느님과 만나야 합니다. 그분 앞에서 하느님의 얼굴을 관상하는 삶을 살아가야 합니다. "주님, 제가 당신 얼굴을 찾고 있습니다. 당신 얼굴을 제게서 감추지 마시고…"(시편 27,8-9)라는 말씀처럼 말입니다. 이것이 바로 이 피정의 가장 근본적인 메시지입니다. "주님, 제가 당신 얼굴을 찾고 있습니다. 주님, 당신을 참으로 뵙고 싶습니다. 저는 당신의 경이로움으로 깜짝 놀라고 싶습니다. 주님, 당신을 통해 경이로움과 감동을 체험하게 해 주소서."라고 기도해야겠습니다. 하느님을 발견하려는 탐험가의 옷을 입는 것은 바로 어린이의 마음이란 옷을 입는 것입니다. 하지만 우리가 어린이처럼 되지 않는다면 그 무엇도 할 수 없을 것입니다. 그러기에 어린이처럼 탐험가처럼 성령께 간절히 청해야 합니다. 성령의 신비 속으로, 그 심연 속으로 깊이 들어갈 수 있도록 성령께 우리의 간절한 바람을 아뢰어야 합니다. 우리는 모두 더더욱 관상적인 삶을 살아가야 합니다. 하느님을 관상할 줄 알아야 합니다. 그러기 위해서는 결코 하느님을 화석으로 만들면 안 됩니다. 그분에 대해 무감각해지면 안 됩니다.

경이로움에 익숙해지지 않기

어린이처럼 단순한 마음을 지닌 사람들은 우리에게 큰 가르침을 줍니다. 어느 성주간 때 겪었던 일입니다. 그 시절 성주간이 되면 저는 시골 공소에 들어가서 전례를 담당하곤 했습니다. 그때 제가 있던 본당에는 사제가 두 명이었고, 구역을 나눠 서로 협력해서 사목 활동을 했습니다. 하루는 어떤 자매님이 저를 집에 초대하셨는데, 거실에 들어서자마자 한 액자가 보였습니다. 그 안에는 얼룩 묻은 손수건 한 장이 있었습니다. 무슨 손수건이기에 액자에 고이 모셨냐고 물으니 보물이라고 하더군요. 실제로 그 액자 앞에는 꽃이 장식되어 있었습니다. 자매님은 그 손수건의 역사에 대해 설명해 주셨습니다. 몇 년 전 그 자매님이 아는 어떤 사제와 관련된 일이었습니다. 그는 중요한 것도 별로 염두에 두지 않고 무심하게 여기는 사제였다고 합니다. 갑작스러운 사건이 생기기 전만 해도 그 손수건은 평범한 손수건이었지요. 하루는 그 사제가 미사 중에 양형 영성체를 집전하고 있었는데, 실수로 성혈 한 방울이 바닥에 떨어지고 말았습니다. 자매님은 바로 성혈을 닦아야 한다고 사제에게 말했지만, 그는 정 원하면 당신이 하라고 무뚝뚝하게 대답할 뿐이었습니다. 자매님은 가지고 있던 손수건으로 바닥의 성혈을 조심스럽게 닦은 다음, 그 손수건을 사제에게 주려고 했습니다. 그런데 그 사제는 아무렇지도 않게 원하면 그 손수건을 가져가라며 무심히 말했고, 결국 자매님은 그 손수건을 집에 가져오게 되었다는 겁니다. 성혈을 닦았던 손수건이기 때문에 너무도 귀중한 보물이라서 자매님은 바로 액자에 모셨습니다. 그 자매님에게 그 손수건은, 십자가를 지고 가시는 예수님의 얼굴을 닦아 드렸던 베로니카 성녀의 수건과 똑같은 가치가 있다고 했습니다. 저에게는 매우 감동적인 이야기였습니다. 신앙 안에서 무엇을 소중히 여겨야 하는지 아는 사람만이 느낄 수 있는 그 섬세함이 참으로 인상 깊었습니다. 저는 주님께 이런 마음을 달라고 간절히 청합니다. 주님의 신비 안에 들어갈 수 있는 신앙을 오늘 우리에게 주시기를 간절히 청합시다.

특별히 루르드의 성모님께 우리를 위해서 간구해 달라고 청합시다! 루르드는 수많은 병자들이 치유를 위해 기도하는 아름다운 곳입니다. 루르드의 성모님은 단순한 병의 치유보다 훨씬 더 중요하고 위대한 일들을 우리를 위해 해 주고 계십니다. 실제로 많은 병자들이 루르드에서 치유되었습니다. 그 수많은 경이로운 이야기들 중에서도 저를 유독 감동시켰던 이야기가 하나 있습니다. 애석하게도 전신마비가 오고 있었지만 그것을 받아들이지 못하던 아들을 둔 어느 어머니의 이야기입니다. 어느 날 이 꼬마가 루르드에서 병자들이 치유되는 기적이 일어나고 있다는 얘기를 듣습니다. 아이는 즉시 어머니에게 루르드로 데려가 달라고 부탁했지요. 아들과 루르드로 가는 열차에서 어머니의 마음은 근심 걱정으로 가득 찼습니다. '이미 모든 방법을 다 써 봤는데 루르드의 성모님마저 내 아들을 고쳐 주시지 않으면 어쩌지? 아들이 또 얼마나 많이 상심하게 될까?' 루르드에 도착했을 때, 병자 축복식이 있는 성체거동을 하면서 수많은 병자들이 묵주기도를 함께 바치고 있었습니다. 성체가 이 아이 앞을 지나가면서 성체 강복을 받는 그 순간, 어린 아들은 갑자기 이런 말을 했습니다. "엄마, 나 기도했어요." 여전히 휠체어에 앉아 있는 아들을 바라보면서 어머니는 물었지요. "뭐라고 기도했니?" 아들은 답했습니다. "저 대신 저쪽에 앉아 있는 저 아이를 낫게 해 달라고 기도했어요. 저 아이의 얼굴 좀 보세요. 저보다 훨씬 더 많이 아프고 고통스럽게 보이잖아요." 그 순간 어머니는 루르드의 성모님께서 아들에게 진정 엄청난 기적을 베풀어 주셨음을 깨달았습니다. 늘 자기밖에 모르던 아들이 그 순간부터 완전히 바뀌어 버렸으니까요. 이기심이란 병이 치유된 겁니다. 그때부터 아들은 자신의 병을 받아들이기 시작했습니다. 이런 것이야말로 진짜 위대한 기적입니다.

여전히 영적인 소경으로 살아가고 있는 우리에게도 성모님의 치유 기적이 필요합니다. 너무도 완고해서 지금도 닫힌 마음으로 바보처럼 살아가는 우리 영혼의 상태를 바라볼 수 있어야 합니다. 참으로 소중한 것들을 하찮게 여기고 귀중한 것들을 귀하게 바라보지 못하는, 영적인 소경으로 살고 있는 우리를 성모님께서 치유해 주시도록 청합시다. 영적인 소경은 중요한 것들을 하찮게 만들어 버립니다. 그런데 이런 일이 우리 주변에서 너무 자주 벌어지고 있습니다. 무의미한 갈등과 어리석은 일들에 갇혀 살아가고 있는 우리의 모습을 제대로 바라보고 깨달을 수 있게 해 달라고 청합시다. 또한 보다 더 중요한 것을 바라볼 수 있기를 청합시다. 보다 더 빛나는 긍정적인 것들보다는 어둡고 부정적인 것에 더 집중하는 모습이 우리 주변에서 자주 목격되기 때문입니다. 그러니 우리의 영적인 눈을 뜨게 해 달라고 성모님께 간절히 청해야 합니다. 그리하여 위대하신 하느님 안에서 살아갈 때, 우리의 삶도 얼마나 위대해지고 아름다워지는지를 깨우칠 수 있도록 성모님께 간절히 기도해야 합니다.

2. 유혹들

"그때에 예수님께서는 성령의 인도로 광야에 나가시어, 악마에게 유혹을 받으셨다."(마태 4,1)

주님과 만나기에 참으로 좋은 시간입니다. "우리가 주님과 만난다."는 표현보다 "주님께서 우리와 만날 수 있도록 온전히 내맡긴다."는 표현이 더 낫겠습니다. 우리와 만나 주시는 분은 바로 주님이시기 때문입니다. 이것은 아주 중요한 사실입니다. 만남에서는 하느님께서 항상 주도권을 가지고 계시기 때문입니다. 그러므로 우리의 잘못된 사고방식을 좀 바꿀 필요가 있습니다. 습관적으로 우리는 늘 자기중심적으로 생각합니다. 예컨대 우리가 하느님을 찾는다고 생각하기 쉽습니다만 사실은 그렇지 않습니다. 하느님께서 우리를 찾으시는 겁니다. 우리는 다만 하느님께 발견되는 존재입니다. 그렇습니다! 참으로 그렇습니다! 하느님은 우리를 발견하시는 분입니다. 하느님께서는 지금도 우리를 발견하기 위해 노력하시는 분입니다. 그러기에 하느님께서는 항상 우리를 놀라게 하십니다. 이것 역시 아주 중요한 사실입니다. 하느님께서는 항상 우리를 놀라게 하시고, 이것을 분명히 받아들이고자 하는 이를 놀라게 하는 분이십니다.

수많은 이단들이 있습니다만, 그중에서도 펠라기우스 이단은 정말이지 진부하고 지루하기 짝이 없는 이단이었습니다. 모든 것을, 심지어 구원조차도 스스로 이룰 수 있다고 생각했던 사람들이니까요. 이거야말로 이단들 중에서도 진짜 지루하고 따분한 이단 아니겠습니까? 인생에 하느님을 허용하지 않기 때문입니다. 너무도 경이로운 방식으로 이루어진 우리네 인생에 하느님이 개입하실 수가 없다는 겁니다.

미래를 이미 다 알고 있는 영혼만큼 슬픈 영혼도 없을 겁니다. 무슨 일이 벌어질지 이미 다 알면서 이렇게 말한다면 참으로 서글픈 일입니다. "난 말이야, 오늘 벌어질 일을 이미 다 알고 있다네. 내 동생은 나에게 이런 말을 할 거고, 여동생 A는 항상 그랬듯이 이렇게 말할 거고, B는 늘 그랬듯 이것을 바라볼 것이고, C는 어깨를 움츠리면서 위축되어 있을 것이고, D는 이런 말을 할 거라네…. 결국 다른 날도 그럴 거야…." 이것 참 너무도 지루하지 않습니까? 어떤 이는 이렇게 말할 수도 있습니다. "이봐요! 지금 하느님께서 보이진 않지만 우리 가운데에서 엄청나게 위대한 기적을 행하신다면? 오늘 피정 강의 때 들었던, 루르드의 그 어린 아들의 경우처럼 말입니다." 다른 예를 들자면, 음… 하느님께서는 바닥에 넘어진 책상을 세우는 기적을 일으키실 수도 있는 겁니다. 지금까지는 단지 기도 시간을 위한 분위기를 만들기 위해서 말씀드린 겁니다. 기도 시간에 하느님께서 원하신다면 우리 안에서 엄청난 것을 이루실 수도 있으니까요. "나의 하느님, 당신께서 원하시는 대로 이루어지소서."라고 기도하면서 주님께 온전히 맡겨 드려야 합니다.

하느님께서 하시는 대로 내어 맡기기

우리 모두 주님과 함께하는 시간을 잠시라도 가져 봅시다! 주님과 함께 있기 위해서 반드시 타보르산으로만 가야 하는 것은 아닙니다. 루카 복음서에 따르면, 예수님이 타보르산에서 영광스러운 모습으로 변모하셨을 때(루카 9,28-36) 사도 베드로가 이렇게 말합니다. "저희가 여기에서 지내면 좋겠습니다."(루카 9,33) 하지만 이런 일이 계속해서 벌어지는 것은 아닙니다. 물론 우리는 살면서 항상 주님과 동행해야 합니다. 그러나 타보르산에서처럼 주님의 현존을 강렬하게 체험하는 순간도 있지만, 때로는 골고타에 가야 하는 경우도 있습니다. 주님과 함께 골고타 언덕으로 가서 잠시나마 기도해야 하는 경우도 있다는 겁니다. 어떨 때는 병을 치유하시고 기적을 행하시는 주님과 함께하기도 합니다. 지금은 광야로 가시어 유혹을 받으신 예수님과 함께하는 시간을 가져 보도록 하겠습니다. 이 또한 참으로 놀라운 사건입니다. 우리의 주님이신 예수 그리스도께서 마귀에게 유혹을 받으셨다는 겁니다. 자, 그럼 관련된 성경 구절들을 천천히 살펴보도록 하겠습니다. 너무도 아름답고 소중한 말씀들입니다.

이제부터 마태오 복음서 4장의 말씀들을 한번 살펴보도록 하겠습니다. 진짜 멋지고 놀라운 말씀들입니다. 첫 구절은 이렇습니다. "그때에 예수님께서는 성령의 인도로 광야에 나가시어, 악마에게 유혹을 받으셨다."(마태 4,1) 시작부터 놀랍지 않습니까? '성령의 인도로' 광야에 가셨다는 사실이 참으로 중요한 겁니다. 예수님이 직접 광야로 가신 게 아니라 '성령의 인도로' 가신 겁니다. 우리도 마찬가지입니다. 정말 중요한 일들은 우리가 원해서 이루는 것이 아니라, 하느님께서 이루시도록 내어 맡겨 드려야 합니다. 지금 국어 시간은 아닙니다만, 문법적으로 표현하자면 '나는 ~이다.' 혹은 '나는 ~을 한다.'는 식의 능동적인 목소리는 중요하지 않습니다. '나에게 ~ 이루어졌다.'는 식의 수동적인 목소리가 훨씬 더 중요하다는 겁니다. '내가 ~을 한다.'가 아니라 '나에게 ~이 이루어졌다.'가 더 중요한 것입니다. 하지만 여기서 잊지 말아야 할 사실이 하나 있습니다. 수동태에는 항상 '행위자'가 필요하다는 겁니다. 나에게 무슨 일이 이루어졌을 때 그 일이 도대체 누구에게서 비롯된 것입니까? 바로 '하느님'에 의해서 이루어진 일이라는 겁니다. 그러므로 복음서에서도 예수님께서 인도를 받아 가셨다고 말하는 겁니다. 어떤 분의 인도로요? 바로 '성령의 인도'로 광야에 가셨습니다. 이 말은 곧 성령께서 확실히 존재하신다는 겁니다. 어떤 이들은 이렇게 말할지도 모릅니다. "좋아요! 하지만 그건 이미 제가 알고 있는 사실입니다." 그런데 어쩌지요? 그렇게 말하는 사람들이 정작 성령께서 존재하지 않는 것처럼 살아가고 있으니 말입니다. 그런 이들에게는 하루하루가 지루하기 짝이 없습니다. 성령께서 참으로 존재하신다는 것, 내 인생을 활기차게 해 주시는 분이 바로 성령이라는 것을 매일 인식하고 고백하면서 살아가지 않는다면, 엄청나게 지루한 나날이 계속될 것입니다. 반면에, 누구든 성령께서 존재하심을 고백할 수 있을 때 그에게는 참으로 감동적인 일들이 벌어지게 될 것입니다. "오늘은 어떤 멋진 일이 일어날까?"라고 생각하며 기대할 수 있기 때문입니다.

혼자 떠난 여행이 지루하게 여겨질 때 아주 특별한 사람과 함께하게 된다면, 어느 날은 환상적인 놀이처럼 여겨질 것이고, 어느 날은 배움을 얻는 날이 될 것입니다. 그렇다면 이 얼마나 멋진 일입니까! "오늘은 어떤 멋진 일이 생길까?" 하고 기대할 수가 있는 겁니다. 사실 이런 일들은 어린이들에게 항상 벌어지고 있습니다. 어린이들은 늘 예측할 수 없기 때문입니다. 본당에서 지낼 때 저는 아이들에게 주려고 캐러멜과 사탕을 늘 주머니에 넣어 다니곤 했습니다. 하루는 어떤 자매님이 단단히 화가 나 있는 아이를 제 앞에 데려왔습니다. 순간 저는 이런 생각을 했습니다. "이 아이의 마음을 사로잡아 보자." 그래서 큰 캐러멜 봉지를 통째로 가져와서 그 아이에게 내밀며 말했습니다. "자, 제일 맛있는 걸로 골라 봐요." 그러자 아이는 하나를 골랐고, 옆에 있던 어머니가 고맙다는 대답을 유도해 보려고 이렇게 말했습니다. "자, 이제 신부님께 뭐라고 말해야 하지?" 그런데 그 꼬마는 제게 이렇게 대답하더군요. "구두쇠~." 그 녀석은 제가 캐러멜을 한 봉지 다 줄 거라고 예상했나 봅니다.

어떤 사람이 성령의 인도에 따라 살기 위하여 자신을 온전히 내맡긴다면 매일 그에게 생각지도 못한 일들이 벌어질 수 있습니다. 그럼에도 불구하고 우리는 성령께 온전히 모든 것을 내맡겨야 합니다. 그렇게 살면 틀림없이 놀라운 일들이 펼쳐질 것입니다. 이러한 사실을 믿으며 살아간다면, 성령께서 당신에게 말씀해 주시고 넌지시 암시해 주심을 알아차리게 될 것입니다. 성령께서 다른 사람들 안에서 활동하시는 것을 보게 되고, 당신 안에서도 어떻게 활동하시고 무엇을 말씀하시는지 보게 될 것입니다. 이 얼마나 경이롭고 놀라운 일입니까! 우리가 기도할 때마다 성령께서는 놀라운 방법으로 활동하십니다만, 특히 아주 강렬하게 기적적인 방식으로 활동하는 순간이 있으니 바로 미사 때입니다. 그러므로 우리의 삶은 참으로 아름답고 감격스러우며 열광할 만한 것입니다.

예수님께서 유혹을 받으신 이유 : 하느님께 항상 "예."라고 말씀드리기 위해서

자, 지금까지 예수님이 유혹을 받기 위해 '성령의 인도'로 광야에 가게 되었다고 말씀드렸습니다. 이 사실이 조금은 이상하게 느껴졌을지도 모릅니다. 어쩌면 이렇게 생각해 왔을지도 모르지요. "저는 지금까지 누군가 유혹받기 위해 광야로 끌려간다면 그것은 마귀에 의해서라고 생각했습니다." 사실 그렇게 생각할 수도 있습니다. 이렇게 마태오 복음서 4장의 시작은 파격적이고 놀랍습니다. 유혹받는 것 자체가 나쁘지는 않습니다. 나쁜 것은 그 유혹에 떨어지는 것입니다. 오히려 유혹은 우리가 하느님을 다시 한 번 선택할 기회가 될 수 있습니다. 이 얼마나 멋진 일입니까! 참으로 굉장합니다. '다시 한 번 하느님을 선택할 수 있는 기회'라는 사실이요!

유혹을 받을 때 우리는 주님께 이렇게 기도해야 합니다. "나의 하느님! 다른 그 무엇보다도 저는 주님을 가장 사랑합니다. 저는 주님을 온전히 믿습니다." 저 같은 경우 서품식 때, 수녀님들 같은 경우에는 서원식 때 "예."라고 고백했습니다. 혹시 지금 그때의 "예."라는 서원이 조금은 지루하게 느껴지진 않는지요? "당신의 '예.'라는 서원은 지금 어떤 상태에 있습니까?" 이 질문 앞에서 어떤 이들은 이렇게 답할지도 모릅니다. "아하! 음… 그러니까 지금으로부터 한 20년 전에, 아니면 30년 전에, 혹은 40년 전에, 80년 전에, 200년 전에, 1000년 전에 제가 그렇게 얘기했지요. … 그때 이미 그렇게 얘기했으니까 지금은 더 이상 필요 없습니다." 그렇지 않습니다. 절대 그래서는 안 됩니다. 우리는 매일 새롭게 하느님께 "예."라고 말씀드려야 합니다. 매일 하느님께 "예."라고 고백할 수 있는 기회가 주어지기 때문입니다. "주님, 저는 당신을 선택합니다. 오직 당신만을 선택합니다."라고 말씀드릴 기회가 바로 오늘이라는 시간이기 때문입니다.

키케로가 늘 옳진 않지만, 지금 이 순간 인용하기에 좋은 말이 있습니다. 키케로는 '종교religion'가 'religere'라는 단어에서 나왔다고 설명했습니다. 그 단어는 "다시re 선택한다legere"는 뜻입니다. 하지만 'religare'라는 단어가 어원이라는 의견도 있습니다. 이 단어는 "일치되다"라는 뜻입니다. 두 가지 버전 모두 참 좋습니다. 'religare'라는 단어가 '종교'의 어원이라면, 종교란 '하느님과의 일치'를 추구해야 한다는 것을 의미합니다. 'religere'라는 단어에서 종교가 유래했다는 의견은 '하느님을 다시 선택'하는 것이 종교라는 뜻입니다. 그런데 우리에게 확실한 사실이 하나 있습니다. 성령의 인도로 매일 다양한 환경에서 유혹을 받으며 살아가는 우리는 계속 하느님을 선택하면서 살아야 한다는 겁니다. 이 얼마나 가치 있고 소중한 일입니까! 우리가 유혹을 받는 순간, 그 유혹을 거부하면서 하느님을 한 번 더 선택할 수 있는 기회가 우리에게 주어진다는 사실이 얼마나 경이롭고 놀랍습니까! 우리는 늘 많은 유혹을 받고 있습니다. 이 시간에는 그 수많은 유혹들을 크게 세 가지로 정리해서 묵상해 보도록 하겠습니다. 물론 유혹들은 너무도 다양합니다만, 예수님이 광야에서 받으신 세 가지 전형적인 유혹들 안에 수많은 유혹들이 다 포함되어 있다고 볼 수 있습니다. 사실 인생은 그야말로 선택의 연속입니다. 그러므로 우리는 매일 하느님께 "예."라고 계속 말씀드려야 합니다. 수많은 유혹 속에서 오직 하느님만을 선택하며 살아가야 한다는 뜻입니다. 화가 머리끝까지 치미는 날이어도 주님께 이렇게 말씀드려야 합니다. "주님, 오늘 제가 너무 화가 나지만 주님께서 저를 용서하셨듯이 저 또한 용서할 수 있도록 이끌어 주십시오."

다른 유혹도 있습니다. 예컨대 우리는 게으름이라는 유혹에 빠질 수도 있고 정반대로 일중독이라는 유혹에 빠질 수도 있습니다. 그 어떠한 경우에도 우리는 오직 하느님만을 선택하고 또 선택해야만 합니다. 마리노 성인의 일화를 소개하겠습니다. 로마 제국 시대에 마리노 성인은 매우 중요한 전투에서 승리를 이끌어 낸 유능한 로마 장교였습니다. 그리스도교가 한참 박해받던 시절에 살았던 분입니다. 솔직히 말해, 마리노 성인이 로마의 군인으로서 한창 전투 중이었을 때는 성인이 아니었습니다. 태어나면서부터 성인인 사람은 없다는 얘기입니다. 그런데도 우리는 종종 성인은 태어나면서부터 훌륭할 거라고 생각합니다. 절대 그렇지 않습니다. 성인들도 우리와 똑같은 죄인들이었습니다. 마리노 장군이 전투에서 큰 승리를 거두자, 황제는 그에게 로마 군인으로서 받을 수 있는 가장 큰 훈장을 수여하기로 마음먹었습니다. 로마인으로서는 가장 영예로운 일이었습니다. 마리노 장군에게 승리의 영예로운 훈장이 주어지려던 그때, 군중 가운데 한 사람이 이렇게 외쳤습니다. "마리노는 그리스도인입니다!" 한순간 정적이 흘렀습니다. 여러분도 다 아시겠지만, 그 시절에 그리스도인이라는 게 밝혀지면 그 자리에서 사형을 당했습니다. 그래서 황제는 즉시 정말 그리스도인이 맞느냐고 물었지요. 마리노 장군은 조금도 망설이지 않고 대답했습니다. "예." 마리노 장군이 그리스도인임을 계속 고집한다면 죽일 수밖에 없기 때문에 황제는 믿음을 포기하라고 간청했습니다. 그를 살리고 싶었으니까요. 살기 위해 믿음을 포기할 것인지 믿음을 위해 목숨을 포기할 것인지 선택해야 하는 상황이 된 겁니다. 천상의 승리를 위해 죽는 게 옳을까요? 아니면 지상의 승리를 축하하는 훈장을 위해 믿음을 포기하는 것이 옳을까요? 사실 너무도 단순한 선택이었습니다. 하지만 황제는 마리노 장군을 너무도 아꼈기에 그를 살리기 위해 고민할 시간을 하루 더 주었습니다. 마리노는 몰래 주교님을 찾아가서 이 상황을 의논했습니다. "주교님! 어떤 선택을 해야 할지 갈피를 못 잡겠습니다! 만일 제가 '예'라고 대답했는데 부활의 영광이 없다면…. 혹 제가 '아니요'라고 대답했는데 부활의 영광이 사실이라면 어쩌지요?" 주교님은 묵묵히 바닥에 떨어진 그의 망토를 집어 십자가의 예수님을 덮어 드린 후, 칼을 집어 십자가 옆에 두면서 이렇게 말씀하셨습니다. "이 둘 중에 하나만 선택하세요. 하늘나라의 영광을 선택하든지 지상에서의 영광을 선택하든지, 영원한 영광을 선택하든지 언젠가는 없어질 영광을 선택하든지." 마리노 성인은 망설이지 않고 대답했습니다. "하늘나라의 영광을 선택하겠습니다." 그리고 전쟁의 승리를 기념하는 행사를 성대하게 준비 중이던 왕궁으로 가서 단호히 외쳤다고 합니다. "저는 그리스도인입니다!" 마리노 성인은 그 자리에서 순교하셨습니다. 이 얼마나 아름다운 이야기입니까! 우리도 비슷한 고민을 할 때가 많습니다. 하느님을 선택해야 할지, 세상의 영광을 선택해야 할지…. 그때마다 우리는 오직 하느님만을 선택하며 살아가야 합니다.

자, 다시 복음서로 돌아갑시다. 예수님은 무려 40일 동안 밤낮으로 단식하셨습니다. 그리고 우리처럼 육체적인 배고픔을 느끼셨습니다. 이 사실은 저로 하여금 또 다른 묵상을 하게 만듭니다. 단식은 육체적인 단식만을 의미하지 않습니다. 여러 방식으로 단식할 수가 있습니다. 예컨대 어떤 이들은 자선을 베풀면서 단식을 실천할 수 있습니다. 그러나 우리는 참 약한 존재들입니다. 이틀만 단식해 보면 우리가 얼마나 나약한지 알게 됩니다. 여섯 시간 정도만 안 먹어도 우리는 배고파 안달복달하면서 단식을 포기해 버릴지도 모릅니다.

우리의 나약함을 보여 주는 단식

작년에 강의를 하려고 며칠 동안 일본에 머문 적이 있습니다. 지금 일본 신학교에는 교수가 많이 부족합니다. 저도 그 때문에 일본까지 가게 됐지요. 일본에는 그리스도인들이 아주 적습니다. 전체 인구의 5%에 불과하고 그중 단 1%만 가톨릭 신자들입니다. 그때 방문한 신학교는 일본에서 제일 큰 세 섬 중 하나에 있었습니다. 일본에는 수천 개의 섬들이 있는데 큰 섬은 단 세 개뿐입니다. 그 신학교는 백만 명이 조금 넘는 사람들이 살고 있는 섬의 한가운데에 지어져 있었습니다. 그곳에 일주일 정도, 정확히는 재의 수요

일부터 사순절 첫 주간 금요일까지 머물렀습니다. 그런데 재의 수요일에 어떻게 단식해야 할지 고민이 되었습니다. 신학교에 도착했을 때 마침 점심시간이었습니다. 모두 식당에서 식사를 시작했는데, 제겐 작은 빵만 주더라고요. 손가락으로 집어먹어야 하는 무척 작은 빵이었습니다. 그런데 세상에나! 그 뒤에 아무 음식도 안 주는 겁니다. 그 작은 빵이 점심 식사 전부였습니다. 그렇게 작은 빵을 먹으면서도 토마스 아 켐피스의 「준주성범」을 일본어로 들어야 했습니다. 저는 일본어를 몰랐기에 영문판을 읽으면서 식사를 했습니다. 토마스 아 켐피스와 함께 딱딱한 빵 한 조각을 먹는 데 들어간 시간은 30분이나 되었습니다. 이후 식당을 나오자마자 마주치게 된 위기는 정말 믿기 힘들 정도였습니다. 즉시 끔찍한 배고픔이 몰려든 겁니다. 오죽하면 제 방의 벽이라도 먹고 싶을 정도였습니다. 언제쯤 저녁을 먹을 수 있는지, 뭘 먹게 되는지만 생각했습니다. 그런데 세상에나! 저녁에는 그 딱딱한 빵도 없이 「준주성범」만 읽어야 했습니다. 그때 알았지요. 제가 얼마나 나약한 존재인지. 이런 식으로 조금이라도 단식을 시도해 보면, 그때 비로소 우리는 알게 됩니다. 우리가 얼마나 나약한 존재인지를! 단식하면 배고픔에 지쳐서 폭식하고 싶어지고 안절부절못하면서 짜증을 부리게 됩니다. 단식 하나에도 이토록 허약하기 짝이 없는 우리. 얼마나 허망하고 보잘것없는 존재입니까! 단식을 통해 이런 사실을 깨우친다면 그 단식은 참으로 우리에게 유익한 것이 됩니다. 그런데 예수님은 무려 40일 동안 밤낮으로 계속 단식하셨습니다. 그리고 예수님도 우리처럼 배고픔을 느끼셨다고 복음서는 분명히 밝히고 있습니다. 그렇습니다. 예수님도 우리처럼 배고픔을 확실히 느끼셨습니다. 배고픔을요!

이렇게 우리가 약해졌을 때, 즉시 유혹자가 다가옵니다. 우리를 유혹으로 넘어뜨리기에 가장 이상적인 순간이기 때문입니다. 이처럼 어떤 사람에게 나쁜 일들이 벌어지게 되면 그때에도 역시나 유혹자는 그 사람에게 가까이 다가갑니다. 유혹자는 항상 두 눈을 부릅뜨고 우리 안으로 침투할 기회를 호시탐탐 노리면서 곁을 맴돕니다. 그리고 우리가 약해졌을 때 유혹자는 그 찰나의 기회를 한껏 이용하려 듭니다. 예를 들어 어떤 사람이 당신에게 모욕감을 느낄 만한 무례한 짓을 했다면, 그 즉시 유혹자는 당신에게 이렇게 속삭일 겁니다. "너도 똑같이 그에게 복수해서 모욕감을 줘야 돼." 또 당신이 불쾌할 만한 사건이 벌어졌다면 금세 유혹자는 당신에게 다가와서 이렇게 말할 것입니다. "모든 사람들이 널 싫어해. 네가 하는 일에 반대하고 있어." 불안해지고 우울해지는 이런 유혹 앞에서 우리는 쉽게 넘어집니다. "그래, 맞아. 모두가 날 싫어해." 하고 수긍하면서요. 이처럼 유혹자는 삶의 고난과 어려움까지 이용해서 우리를 넘어뜨리려고 합니다. 유혹자는 광야에서도 이런 식으로 예수님을 흔들었습니다. "당신이 하느님의 아들이라면 이 돌들에게 빵이 되라고 해 보시오."(마태 4,3) 이 얼마나 간악하고 교활한 말입니까? 마치 이렇게 말하는 것 같습니다. "당신은 하느님의 아드님이니 아주 강력한 힘을 지닌 분이지 않소. 지금 당신이 배고픔을 느끼고 있다면 그 강력한 힘으로 즉시 배고픔을 해결해 버리시오." 이 유혹의 말에는 다음과 같은 뜻이 숨어 있습니다. "하느님 아버지께서는 당신에게 아무것도 해 주시지 않소. 그러니까 지금 당장 당신의 그 강력한 힘으로 이 문제를 해결해 버리시오."

하느님께서 안 계시는 것처럼 살아가기

도대체 무엇이 유혹이란 말입니까? 마치 하느님께서 안 계시는 것처럼 살아가는 것이 유혹입니다. 하느님의 섭리를 외면한 삶이 바로 유혹입니다. 나의 문제들을 내 힘으로만 해결하려고 하는 것, 내 힘만이 가치 있다고 생각하며 살아가는 것이 유혹입니다. "이봐요, 도대체 왜 계속 배고파 하는 겁니까? 당신 스스로 해결해요. 당신은 저 돌들도 빵으로 바꿀 수 있는 능력을 가진 사람이잖아요." 이렇게 교활한 유혹 앞에서 예수님은 어떻게 말씀하셨습니까? "사람은 빵만으로 살지 않고 하느님의 입에서 나오는 모든 말씀으로 산다."(마태 4,4) 예수님은 유혹자에게 이렇게 말씀하신 거나 다름없습니다. "명심하여라. 나에게 가장 기본적인 양식은 오직 하느님의 뜻이다. 내 아버지의 뜻만이 나의 양식이다. 나는 이 양식으로만 존재할 수 있다. 지금 이 순간 내가 배고픔을 견디는 것이 아버지 하느님의 뜻이라면, 그것이 바로 내 양식이다." 결국 우리에게 유혹이란 인생을 자신의 힘으로만 해결하려고 드는 겁니다. 하느님께 호소해야 할 아주 특별한 순간이 있습니다. 그런데 정작 그 순간 우리는 습관적으로 하느님께 매달리기보다는 자신의 힘만으로 충분히 해결할 수 있다고 생각합니다. 이는 하느님과 멀어진 채 살겠다는 뜻입니다. 또한 이러한 태도는 하느님의 뜻은 안중에도 없다는 것과 똑같습니다.

첫 번째 유혹이 안 통하자, 유혹자는 그다음에 어떻게 합니까? 유혹자는 스스로에게 속삭였을 겁니다. '좋아! 옆구리로 침투할 수 없다면 정면 돌파를 해야지. 하느님께 온전히 의탁한다니까 그 마음을 이용해서 유혹해 보자.' 유혹자는 두 번째 유혹을 위해 예수님을 거룩한 도성으로 데려갑니다. 그리고 예수님을 성전 꼭대기에 세운 다음 이렇게 얘기합니다. "당신이 하느님의 아들이라면 밑으로 몸을 던져 보시오. 성경에 이렇게 기록되어 있지 않소? '그분께서는 너를 위해 당신 천사들에게 명령하시리라.' '행여 네 발이 돌에 차일세라 그들이 손으로 너를 받쳐 주리라.'"(마태 4,6) 이 유혹의 속뜻은 이러합니다. "자, 그렇다면 좋소! 당신이 그토록 하느님께 온전히 의탁하고 있다니까, 당신 자신을 낭떠러지로 내던져 보시오! 그러면 틀림없이 당신이 그토록 의지하는 하느님께서 구해 주실 테니까." 그야말로 교활하기 짝이 없는 제안입니다. 예수님은 이렇게 답하셨습니다. "성경에 이렇게도 기록되어 있다. '주 너의 하느님을 시험하지 마라.'"(마태 4,7) 두 번째 유혹의 핵심은 나에게 전혀 자유가 없는 것처럼 살라는 것입니다. 모든 것이 하느님께만 달려 있으니, 나는 그분이 하라는 대로만 하면 된다는 식의 유혹입니다. 하느님께서 안 계시는 것처럼 살아가도록 만드는 것이 첫 번째 유혹이었다면, 두 번째 유혹은 나에게 자유가 하나도 없는 것처럼 살아가도록 만드는 유혹입니다. 이 두 가지 사실은 우리의 삶에서 아주 중요합니다. 첫 번째는 하느님의 은총, 그분의 뜻에 관한 문제입니다. 두 번째는 나의 자유에 관한 문제입니다. 이 두 가지가 서로 조화를 이루어야 합니다. 어떤 이들은 이렇게 생각할 수도 있습니다. "내가 원하지 않기 때문에 일어나지 않는 것들이 많이 있잖아요." 이는 사실 극단적으로 이야기하는 겁니다. 실제로는 우리가 자유롭다고 말하는 것입니다.

선물이면서도 위험하기도 한 자유

그러고 보면 자유라는 것은 신비입니다. 동시에 자유는 소위 '왜냐하면주의(esqueísmo, 핑계대고 변명하는 습관)'의 위험이 있습니다. 변명과 핑계를 대면서 자신을 정당화하는 행위인데, 일종의 병리 현상 같은 것일 수도 있습니다. 무슨 일이 벌어지든 간에 우리는 늘 변명과 핑계를 대기 바쁩니다. 가령 한 어린이에게 "주일 미사에 왜 안 갔니?"라고 묻는다면, 이렇게 대답할지도 모릅니다. "아~ 그날 할 일이 너무 많았어요." 세상에나! 24시간 내내 바빴다는 겁니까? 또 다른 예로 어떤 이에게 "당신은 왜 바닥에 떨어진 것을 줍지 않았나요?" 하고 묻는다면 수많은 변명과 핑계가 뒤따를 확률이 높습니다. 이런 변명과 핑계들은 그야말로 '왜냐하면병'과 같은 것입니다. 사실 그 행동들의 밑바닥에는 하기 싫다는 생각이 있을 뿐입니다. 달리 말해서 우리가 자유로운 존재이기에 벌어진 일일 뿐입니다. 그럼에도 우리는 쓸데없는 변명과 핑계만 늘어놓는 경우가 많습니다. 이런 식으로 우리의 자유를 축소시키려 하다가 벌어지는 일들이 비일비재하지요.

자유의 단점은 그 뒤에 항상 책임을 져야 한다는 겁니다. 우리는 자유로운 존재이기 때문에 책임도 져야 하는 존재입니다. 이 말은 너무도 강력한 메시지를 담고 있습니다. 예컨대 누군가 당신에게 "이 모든 게 당신 탓이에요!"라고 말한다면, 참으로 두렵게 느껴질 것입니다. 사실 내 탓으로 벌어진 일도 많습니다. 그리고 내가 원하지 않았거나, 게으름이나 허영심이나 교만함 때문에 실행하지 않아서 생긴 내 잘못들도 분명 있습니다. 하지만 두 번째 유혹은 내 탓이 아니고 오직 남 탓이라고 생각하는 겁니다. "주님, 이 세상의 모든 죄인들을 용서해 주십시오."라고 기도하면서도 정작 자기 잘못은 없다고 여기는 겁니다. 그런 사람들은 성모송도 이렇게 바꿔서 읊어야 할 겁니다. "이제와 저 죄인들이 죽을 때 저 죄인들만을 위하여 빌어 주소서." 또한 그렇게 생각하는 이들은 예수님의 십자가 앞에서도 주님께 이렇게 말씀드려야 할 겁니다. "주님, 당신은 지상의 수많은 죄인들을 위해서 십자가에 못 박혀 돌아가셨습니다. 하지만 저는 그 죄인들처럼 그렇게 큰 죄를 짓지 않았습니다. 그러니 굳이 저를 위해 십자가에서 돌아가실 필요까지는 없으셨습니다. 저를 위해서는 다른 방법이 있었을 텐데요. 다른 방법이요! 그래요! 물론 이해는 됩니다. 저 끔찍한 죄인들과 저 사람을 위해서, 특히 제 이웃에 사는 저 끔찍하게 못된 인간을 위해서라면 어쩔 수 없으셨겠지요! 제 말을 잘 기억해 주시길 빕니다." 이처럼 자유의 실재는 너무도 압도적이고 엄청난 것입니다. 우리는 자유로운 존재이긴 하지만 결코 전능한 존재는 아닙니다. 그러므로 우리는 하느님의 뜻에 따라서 살아가야만 하는 것입니다. 하느님의 말씀에 귀 기울이면서 그분의 뜻대로 살아가야 하는 것입니다. 그렇다면 자유는 도대체 무엇을 의미합니까? 자유를 어떻게 사용해야 할까요? 자유는 하느님의 뜻을 찾아내어 받아들이고 그분의 뜻대로 살아가기 위해서 사용되어야만 하는 겁니다. 이것이 바로 이 두 가지의 유혹을 거부하고 이겨내는 방법입니다. 하느님께서 나에게 자유를 주셨다는 것을 받아들이면서 그 자유를 하느님의 뜻을 신뢰하는 데 사용하는 것입니다. 그렇습니다. 자유, 나의 자유입니다. 하지만 하느님의 뜻을 행하기 위한 자유입니다. 이렇게 하느님의 뜻을 신뢰하는 데 우리의 자유를 사용하게 되면 유혹자는 사라져 버립니다. 왜냐하면 아무런 소득이 없기 때문입니다.

이제 유혹자는 세 번째 유혹을 가지고 또다시 나타났습니다. 장소는 매우 높은 산입니다. 거기서 예수님께 세상의 모든 나라와 그 영광을 보여 주며 이렇게 말합니다. "당신이 땅에 엎드려 나에게 경배하면 저 모든 것을 당신에게 주겠소."(마태 4,9) 그리스도께서는 이미 온 우주의 왕이십니다. 그런데 왜 예수님께 '그것들을 모두 당신에게 주겠다.'고 했을까요? 유혹자의 말에 숨겨진 의도에 대해서 리옹의 성 이레네오께서는 이렇게 풀이하셨습니다. "보시오, 내가 당신에게 십자가 없는 세상의 모든 영광을 주겠소." 이 말을 달리 표현해 볼까요? "당신은 굳이 골고타의 십자가를 받아들일 필요가 없소. 십자가 없이도 세상의 모든 영광을 차지할 수 있소. 그저 나에게 경배만 하면 이 세상의 모든 영화와 영광을 손쉽게 얻을 수 있소."

지름길을 찾는 것은 좋은 일이 아닙니다 : 거짓 우상들

우상이란 거짓된 잡신입니다. 우리는 자신이 경배하고 있는 거짓 하느님들을 통해서 행복을 얻을 수 있다고 착각합니다. 하지만 참된 행복은 십자가라는 더 비싼 값을 치르고 난 후에 오직 하느님만이 우리에게 주실 수 있는 것입니다. 그러나 우리는 다른 지름길을 찾으려고만 합니다. 이것이 바로 세 번째 유혹입니다. "지름길 만세!"라고 부를 만한 유혹입니다. 세 번째 유혹은 우리에게 이렇게 말합니다. "이봐요! 당신은 굳이 비싼 값을 치르는 생고생을 할 필요가 없어요. 너무도 쉽게 당신이 원하는 행복을 가질 수 있소." 예를 들어 볼까요? 10일 만에 영어를 배울 수 있다는 어학 광고를 보신 적이 있습니까? 저는 '노력 없이 배우는 독일어'라는 광고를 보고 강좌를 신청한 적이 있습니다. 강좌를 다 마친 후 당당하게 독일을 방문했는데 깜짝 놀랐습니다. 알아들을 수 있는 독일어가 하나도 없는 거예요! 어느 가게에 들어갔는데 종업원의 말을 한마디도 알아듣지 못했습니다. 그래도 알아듣는 척 웃었지요. 그나마 다행스러운 것은, 그 종업원이 자기 친구에게 하는 말은 전부 똑똑히 알아들을 수 있었습니다. 그 종업원은 저를 가리키면서 이렇게 말하더군요. "저 친구, 독일어를 하나도 모르는구만."

우리는 '지름길의 문화' 속에서 살아가고 있습니다. 모든 것을 노력 없이 얻으려고만 합니다. '어떤 노력 없이도 세상의 모든 것을 다 가질 수 있다.'고 유혹하는 문화입니다. 사실 노력 없이 얻어지는 것은 큰 가치가 없습니다. 그렇다면 진정으로 가치 있는 것은 뭘까요? 공부, 기도, 형제애, 사랑 등등이 참으로 가치 있는 것들입니다. 그런데 이런 것들을 얻으려면 반드시 그만한 노력을 해야 합니다. 우리 문화는 '노력 없이도'라는 슬로건을 내걸고 무언가를 팔아먹고 있는데 다 거짓말입니다. 마귀도 예수님께 이런 식으로 제안합니다. "당신은 틀림없이 온 세상을 다스리게 될 것이요. 그러나 하느님께서 가르치신 방식 대신 내가 당신에게 하라는 대로만 하시오. 그러면 내가 당신에게 온 세상을 다스릴 권한을 주겠소. 하느님께서 당신에게 뭘 하라고 했소? 그것과 정반대로만 하시오. … 그러면 당신이 좋아하는 것을 보게 될 것이고, 당신은 참된 행복을 누리게 될 것이오." 이것이 바로 우상이요, 유혹인 겁니다.

우리는 누구나 이 세 가지 유혹을 받으며 살아갑니다. 첫 번째는 하느님이 없는 것처럼 살아가는 유혹이고, 두 번째는 나에게 자유가 없는 것처럼 살아가는 유혹입니다. 마지막 세 번째는 지름길을 찾는 유혹입니다. 예수님이 광야에서 유혹을 받으신 이야기는 복음서에서 다음 문장으로 끝납니다. "그러자 악마는 그분을 떠나가고, 천사들이 다가와 그분의 시중을 들었다."(마태 4,11) 천사들이 그분의 시중을 들었다고 합니다. 천사들은 하느님이 파견하신 분들입니다. 이와 같이 하느님께서는 항상 당신의 뜻을 선택하며 살아가는 이들을 위로해 주십니다. 우리도 복음서의 이 장면과 같은 삶을 매일 살아가고 있다고 저는 생각합니다. 유혹자들은 우리에게 이렇게 속삭이고 있습니다. "자네는 혼자만의 힘으로 일상의 모든 문제들을 해결해야 할 걸세. 하느님께서는 심각하고 어려운 문제들이 생길 때만 나타나시거든. 그러니까 평상시에는 자네 혼자 힘으로 일상의 문제들을 해결하면 되는 거야." 이런 식으로 살아가는 것은 참으로 서글픈 일입니다. 하느님께서 당신에게 아무런 말씀도 안 하시니까요.

두 번째 유혹은 일상에서 당신에게 이렇게 속삭입니다. "만일 더 잘해야 한다면 더 노력해야 해. 그렇게 할 수 없다면 다른 것을 하면 돼." 예컨대 학생인 경우에 기말고사 전날 이렇게 생각할 수 있습니다. "나는 지금 도대체 뭘 해야 할까? 아무리 공부해도 전혀 모를 것 같은 이 주제에 대해 계속 공부를 해야 할까? 아니면 20단 묵주 기도를 할까?" 세상에나! 만일 공부를 전혀 안 하고 20단 묵주 기도만을 바친 뒤 시험을 본다면, 하느님께서 틀림없이 '낙제'라는 '선물'을 주실 겁니다. 참 신심 깊은 낙제생이겠네요. 하지만 낙제는 낙제일 뿐입니다. 낙제를 당한 후에 또 이렇게 외칠지도 모르지요. "나의 하느님! 저에게 어떻게 이러실 수가 있습니까? 저에게 이러시면 안 되지요. 제가 시험 잘 보게 해 달라고 묵주 기도를 20단이나 바치지 않았습니까?" 하느님께서는 이 학생에게 당신의 뜻을 실천하도록 자유라는 선물을 분명히 주셨습니다. 이건 분명하지요! 그런데 기말고사 전날 이 학생에게 하느님께서 원하셨던 것은 공부입니다. 물론 묵주 기도를 바치는 것은 참 좋은 일입니다. 하지만 공부를 한 뒤 기도 시간에 해야겠지요.

세 번째 유혹은 지름길을 찾는 것입니다. 보다 쉬운 길만을 선택하고 그것이 자신에게 행복을 준다고 확신하면서 보상만을 바라는 그릇된 태도입니다. 세 번째 유혹은 당신에게 이렇게 속삭일 겁니다. "나는 기도가 나에게 행복을 준다는 사실을 알고 있잖아. 다른 사람들을 용서하는 일이 행복을 준다는 사실도 알고 있고! 겸손 또한 내게 행복을 준다는 것을 알고 있어! 하지만 나에게 너무도 버거운 일들이야. 그러니까 그런 것들보다는 좀 더 단순하고 쉬운 것들, 즉시 나에게 행복을 줄 수 있는 그런 것들을 더 선호해야겠어!" 우리는 매일 이러한 유혹에 노출되어 있습니다. 마귀들이 좋은 거라고 우리에게 속삭이는 대로 해 버리고 싶은 유혹 속에서 살고 있는 겁니다. 마귀들은 아주 교묘하게 숨어서 우리를 유혹하고 있습니다. 그야말로 숨바꼭질의 대마왕들이지요. C. S. 루이스 Lewis가 쓴 「스크루테이프의 편지」라는 책을 보면, 마귀가 자기 조카에게 보낸 편지에서 인간을 유혹하는 데 가장 중요한 원칙에 관해 이런 말을 합니다. "조카 마귀야, 명심하거라. 인간 스스로 마귀 같은 존재는 없다고 믿도록 만들어야 한단다. 그래야만 너의 첫 번째 전투에서 인간을 유혹으로 무너뜨려 이길 수 있을 거야." 그러므로 우리는 유혹 앞에서 마귀를 향해 이렇게 말해야 합니다. "나는 이제 마귀 네놈을 볼 수가 있어! 너는 이제 나에게 체포된 거라고!" 그런 다음, 유혹에 따라 그 무엇도 해서는 안 됩니다. 마귀가 우리를 유혹하고 있다는 사실을 눈치 채기만 해도 그 즉시 마귀들은 사라져 버릴 테니까요. 때문에 유혹이 있을 때 그 유혹에게 이름을 붙여 주는 행위는 참으로 유익합니다. 그냥 그것들을 향해 '유혹'이라는 이름만 붙여 줘도, 그렇게 불러 주기만 해도 끝입니다.

그리스도인의 삶, 십자가 그리고 행복

하느님의 뜻대로 살지 못하게 하는 '유혹'이란 것들 안에서 우리가 지금도 살아가고 있다는 사실을 인정하고 싶어 하지 않는 경우가 실제로 매우 많습니다. 살면서 참으로 많은 유혹들과 그로 인한 어려움들이 있다는 사실을 인정하고 깨우치는 것만으로도 우리에게 너무나 좋은 결과들이 생겨나게 될 것입니다. 유혹으로 인한 삶의 시련이 분명히 존재한다는 사실을 깨우치는 일은 너무도 유익합니다. 우리는 그 시련들을 '십자가'라고 부릅니다. 즉, 인생에 '십자가'가 분명히 존재하기 때문에 쉬운 삶이 없는 겁니다. 어떤 이들은 이렇게 생각할 수도 있습니다. '당신이 이것을 팔려고 한다면 그것을 사지 않겠습니다.' 십자가의 어려움에 대해서 말하면 그 누구도 십자가를 원하지 않을 거라는 뜻입니다. 하지만 우리는 십자가에 못 박혀 돌아가신 예수님을 세상에 선포해야 합니다. 세상을 향해서 이렇게 외쳐야 합니다. "이분이 우리의 하느님입니다. 십자가에 못 박혀 돌아가시고 부활하신 분입니다. 겨우 그분의 어머니와 요한만이 그 자리에 함께했던 죽음을 맞이하신 분입니다. 결코 쉽지 않은 성공이었습니다."

정말이지 그리스도인의 삶은 쉽지 않습니다. 그리스도인이 되었다고 해서 시련을 면제받는 게 아니니까요! 오히려 십자가가 주어질 겁니다. 하지만 이 십자가를 받아들인다면 세상에서 가장 아름다운 일을 하는 겁니다. 십자가를 받아들이는 것은 참으로 좋은 일입니다. 그런데 세상 사람들은 흔히 삶의 아름다움과 즐거움은 십자가의 시련과 모순되는 거라고 생각합니다. 사실은 세상 사람들의 생각과 정반대입니다. 이것이야말로 그리스도의 혁명과 같은 참으로 고귀한 일입니다. 예수님은 우리에게 이렇게 말씀하십니다. "나의 제자가 되고 싶으냐? 그렇다면 너의 십자가를 짊어지거라. 그다음에 나를 따르거라. 큰 사람이 되고 싶으냐? 하지만 나의 제자가 되기 위해서는 작은 자가 되어야만 한다. 세상의 모든 것을 가지고 싶으냐? 진정 나의 제자가 되고 싶다면 네가 가지고 있는 모든 것을 판 다음 나를 따르거라." 마치 부자 청년에게 그리스도께서 말씀하시는 복음서의 일화와 비슷하지요. "어쩌면 네가 내 말을 이해 못했을지도 모르겠다만… 참으로 네가 내 말을 이해했다면 세상의 재물을 포기해야 한다. 그렇게 하면 진정 네가 가진 그 재물들보다 훨씬 더 큰 보물을 얻게 될 것이다. 그 보물은 결코 썩지 않고 하늘에 쌓아 두는 보물이기 때문이다." 그리스도인들을 향한 예수님의 이러한 메시지가 어떤 그리스도인들에게는 스캔들로 다가올지도 모릅니다. 믿기지 않을 정도로 경이로운 하늘나라의 보상이 기다리는 그리스도인의 삶이건만, 그러려면 세상의 재물을 포기해야 한다는 말씀이 매우 힘겹게 느껴지기 때문입니다. 우리는 대부분 물에 물 탄 듯 술에 술 탄 듯 대충대충 '쉽고 가벼운' 그리스도인, 즉 흉내만 내는 그리스도인으로 살아가고 싶어 합니다. 그래서 다른 사람들에게도 이렇게 말하곤 하지요. "당신도 그냥 대충대충 사세요. 뭐 하러 쓸데없이 많은 수고를 하려고 하세요? 대충대충 삽시다." 하지만 이건 진실이 아닙니다. 그런 식으로 미지근하게 대충 살아서는 절대로 안 됩니다.

아시다시피 주님께서도 이러한 유혹들을 받으셨습니다. 제자인 우리라고 해서 스승님이 겪으신 것보다 더 나은 상황일까요? 우리 역시 수많은 유혹들을 받으며 살아가고 있습니다. 그럼에도 불구하고 매우 중요한 사실이 있습니다. 예수님께서는 결코 유혹을 받는 그리스도인의 삶이 서글프다는 식으로 말하지 않으셨습니다. 오히려 주님께서는 정반대라고 말씀하실 겁니다. 이 얼마나 대단한 일입니까! 유혹을 받을지라도 물리칠 수만 있다면 기쁘고 환상적이지 않겠습니까? 이 얼마나 멋지고 감격스러운 일입니까! 그런데 삶은 우리의 기대와 계획을 저버릴 때가 많습니다. 그러므로 이 피정을 통해서 우리는 주님께 이렇게 말씀드려야 합니다. "주님, 제가 매일 영적인 전투를 하면서 살아갈 수 있다는 게 얼마나 멋진 일인지 모르겠습니다. 제아무리 유혹자들이 저를 넘어뜨리려고 애쓴다 해도 저는 오직 주님의 뜻만을 선택할 것입니다. 성령의 인도로 광야에 가시어 유혹을 받으신 예수님처럼 저 또한 유혹을 물리치고 오직 하느님의 뜻만을 선택할 것입니다." 우리가 하느님의 뜻을 선택하면서 유혹을 물리칠 수 있도록 주님께 간절히 기도해야 합니다. 하지만 절대로 잊지 마십시오. 모든 유혹 뒤에는 항상 '죄악'을 저지를 위험이 도사리고 있다는 사실을 말입니다.

유혹들 앞에서 누구를 선택하실 겁니까? 만일 여러분이 마귀의 칼을 선택하면서 오직 자신의 힘으로 해결하려 한다면, 자기 자신의 뜻만을 택한다면 유혹에 떨어지고 마는 겁니다. 책임지지 않으려는 쪽으로, 좀 더 쉬운 길을 선택한다면 바로 유혹에 떨어져서 죄악을 저지르게 됩니다. 하지만 우리는 하느님 은총의 힘으로 유혹에 떨어지지 않을 수 있습니다. 혹시 유혹에 떨어졌다 할지라도 다시금 일어나면 됩니다. 우리는 언제든지 유혹에 떨어질 수 있는 약한 존재이기 때문입니다. 이 피정 시간에는 모두가 예수님께서 유혹을 받으셨던 그 광야로 나아갈 수 있기를 응원합니다. 하지만 영적인 무장을 해야 합니다. 그리고 유혹을 마주할 수 있기를 바랍니다. 우리는 대부분 달콤한 유혹을 유혹으로 바라보고 싶어 하지 않기 때문입니다.

복음서의 말씀들은 그냥 들으면 좋게만 여겨집니다. 하지만 그 복음 말씀들을 구체적인 삶으로 실천하기 전까지만 그렇습니다. 예컨대 자비심이란 단어는 참 아름다운 단어입니다. 하지만 그것을 구체적인 삶으로 우리가 실천해야 한다면 결코 아름답기만 한 단어는 아닙니다. 한번은 이런 일이 있었습니다. 어떤 자매님에게 귀여운 아들이 한 명 있었는데, 저는 그 아이에게 엄마가 직접 이냐시오 성인의 기도문을 가르쳐 보라고 권했습니다. 그 기도문의 원래 내용은 이렇습니다. "주님, 당신께 저의 생명과 영혼과 마음과 지성과 의지를 온전히 봉헌하나이다." 그 자매님은 어린 아들에게 일단 이 기도문을 외우라고 했습니다. 그런 다음 그 기도문을 조금 응용해서 바쳐 보라고 했다는군요. 가령 단어들을 조금 바꾸어 주님께 봉헌하는 기도를 해 보라고 한 겁니다. 어린아이에게는 쉽지 않았을 겁니다. 아이가 잘 이해하지 못하자 엄마는 직접 예를 들어 보여 주었습니다. "주님, 당신께 저의 생명을 봉헌하나이다. 그리고 … 저의 곰 인형도 봉헌하나이다." 그러자 아들은 너무 놀라 강하게 반대했습니다. "안 돼! 저 곰 인형은 내 거란 말이야! 엄마, 안 돼!" 사실 '형제애'라는 주제에서도 똑같은 현상이 벌어지곤 합니다. '형제애.' 이 얼마나 아름다운 단어입니까? 그런데 살면서 정작 형제애를 실천해야 하는 순간이 다가오면 주님께 이렇게 기도하게 됩니다. "주님, '형제애'라는 선물을 지금은 저에게 안 주셔도 됩니다. 저 형제에게는 제가 형제애를 실천할 수 없을 것 같습니다. 제가 굳이 형제애를 저 미운 놈에게까지 줘야 합니까?"

이제 피정 강의를 마치면서 주님께 다음의 것들을 함께 청하셨으면 합니다. 첫 번째로는 아주 은밀하게 숨어서 호시탐탐 우리를 유혹에 넘어뜨리려고 노리는 마귀의 존재를 발견할 수 있도록 영적인 눈을 달라고 주님께 청합시다. 두 번째로는 삶 속에서 계속 우리에게 다가올 유혹들을 분별할 수 있는 영적인 지혜를 주님께 청합시다. 마지막 세 번째로는 우리가 매일 겪을 유혹들 속에서 오직 예수 그리스도만을 선택할 수 있도록, 그 유혹들을 물리치면서 하느님의 뜻만을 분명하게 선택할 수 있도록 성령의 은총을 주님께 간절히 청합시다. 아무리 오랫동안 결혼 생활을 해 왔더라도 매일 배우자에게 사랑을 표현해야 하듯이, 우리 역시 매일 매번 매 순간 주님을 선택해야만 합니다. "저는 다시 한 번 주님 당신만을 선택합니다. 오직 주님의 뜻만을 선택합니다."라고 우리가 고백할 때 비로소 하느님을 기쁘게 해 드릴 수 있는 겁니다. 끝으로 성모님께 간절히 기도드려야겠습니다. "이제와 저희 죽을 때에 저희가 유혹에 빠지지 않도록 빌어 주소서. 아멘."

3. 하느님의 선물에 감사하기

마르코가 전한 거룩한 복음(7,24-30)입니다.

예수님께서 그곳을 떠나 티로 지역으로 가셨다. 그리고 어떤 집으로 들어가셨는데, 아무에게도 알려지기를 원하지 않으셨으나 결국 숨어 계실 수가 없었다. 더러운 영이 들린 딸을 둔 어떤 부인이 곧바로 예수님의 소문을 듣고 와서, 그분 발 앞에 엎드렸다. 그 부인은 이교도로서 시리아 페니키아 출신이었는데, 자기 딸에게서 마귀를 쫓아내 주십사고 그분께 청하였다. 예수님께서는 그 여자에게, "먼저 자녀들을 배불리 먹여야 한다. 자녀들의 빵을 집어 강아지들에게 던져 주는 것은 옳지 않다." 하고 말씀하셨다. 그러자 그 여자가, "주님, 그러나 상 아래에 있는 강아지들도 자식들이 떨어뜨린 부스러기는 먹습니다." 하고 응답하였다. 이에 예수님께서 그 여자에게 말씀하셨다. "네가 그렇게 말하니, 가 보아라. 마귀가 이미 네 딸에게서 나갔다." 그 여자가 집에 가서 보니, 아이는 침상에 누워 있고 마귀는 나가고 없었다.

독일 문학의 아버지라 불리는 괴테는 이런 말을 했습니다. "감사는 인간이 할 수 있는 최고의 행위입니다." 감사할 줄 아는 사람은 자신이 무엇을 선물로 받았는지 진정으로 알고 있기 때문에 감사할 수 있는 겁니다. 감사할 줄 아는 사람은 자신이 얼마나 사랑받고 있는지 진정으로 알고 있기 때문에 감사할 수 있는 겁니다. 사랑을 아는 것보다 더 큰 행복은 없습니다. 사랑을 아는 사람이 할 수 있는 표현 중 '감사'만큼 훌륭한 표현도 없습니다. 그러기에 그리스도인의 삶과 주님께 봉헌된 우리의 삶에서, 주어질 모든 날에 대한 감사는 우리가 하는 모든 것의 기초가 되어야 할 것입니다.

복음 말씀에서, 시리아 페니키아 출신의 여인은 자신의 딸이 치유될 수 있는 마땅한 권리를 지녔다고 생각하지 않았습니다. 딸이 행여나 치유될 수만 있다면, 그것이야말로 순수하게 주어진 선물이요 거저 받은 것이라는 사실을 여인은 알고 있었습니다. 이 모든 것이 기적을 행하시는 예수님의 선물이라는 사실을 알고 있었다는 겁니다. '오늘'이라는 시간도 역시나 하느님의 선물로 시작되었음을 깨닫고, 우리의 모든 것이 하느님께서 거저 베풀어 주신 선물이라는 사실을 깨우치게 될 때 비로소 복음의 기적이 우리에게도 똑같이 일어나게 될 것입니다. 특히 성체성사는 우리가 하느님께 받을 수 있는 최고의 선물입니다. 성체성사는 하느님께서 거저 베풀어 주신 지상 최대의 선물입니다. 이곳에 계신 수녀님들은 서로에게 하느님의 선물이요 은총입니다. 시간, 건강, 믿음, 가족, 심지어 병과 같은 십자가까지 하느님의 선물이요 은총인 겁니다. 바로 그 때문에 우리는 하느님께 항상 감사를 드려야 합니다.

복음 말씀에서 여인이 집에 도착했을 때, 이미 마귀가 여인의 딸에게서 나왔고 그 딸은 침대에서 일어나 앉아 있었다고 합니다. 그렇다면 오늘날 우리의 삶에서 쫓아내 달라고 주님께 청해야 할 마귀의 유혹은 과연 무엇일까요? 우리가 당연히 '가지고 있다'고 생각하는 것들, 내 것이라고 생각하거나 당연히 그렇게 되어야 한다고 여기는 사고방식 안에 마귀의 유혹이 있습니다. 마르코 복음서에 나오는 마귀를 쫓아내신 기적을 하느님께서 우리의 영혼 안에서도 일으켜 주시기를 간절히 청해야겠습니다. 그리하여 하느님께서 얼마나 우리를 사랑하시는지 깨우치게 되는 기적이 우리의 영혼에서 일어나게 해 달라고 하느님께 간절히 청해야겠습니다. 오직 하느님의 사랑만이 인생의 참되고 유일한 본질이라는 사실을 매 순간 인식하며 살아갈 수 있도록 하느님께 간절히 청해야겠습니다. 참으로 우리의 삶은 하느님께서 거저 베풀어 주신 은총이기에 언제나 그분께 감사를 드리며 살아야겠습니다. 그러므로 괴테의 말을 잊지 마십시오. "감사는 인간이 할 수 있는 최고의 행위입니다."

4. 우리의 일치를 회복하는 구원

"친구들을 위하여 목숨을 내놓는 것보다 더 큰 사랑은 없다."(요한 15,13)

그분께 드릴 수 없는 인생이라면 무슨 의미가 있겠습니까?

어쩌면 여러분도 아는 이야기인지 모르겠습니다. 혹시 모르고 계실까요? 이미 아는 분들은 다시 들어도 좋아하시리라 믿습니다. 처음 듣는 분들이라면 이 이야기를 알게 된 것에 기뻐하실 겁니다. 제비꽃이란 뜻을 가진 '비올레타Violeta'의 이야기를 해 드릴까 합니다. 그녀는 너무도 평범하고 단순한 성격을 지닌 여인이었습니다. 전문가들에 따르면 제비꽃은 어둠 속에서 성장하는데, 밟히면 밟힐수록 그 향기가 멀리까지 퍼진다고 합니다. 비올레타는 프랑스의 시인 폴 클로델Paul Claudel의 '수태고지Annunciation'에 등장하는 여성입니다. 이 작품에서 비올레타는 사랑에 빠진 자신이 참으로 행복하다며 이렇게 노래합니다. "오! 나는 얼마나 행복한 여인인지! 하느님께서 주신 이 아름다운 삶을 두고 나의 주님께 감사와 찬미를 드립니다! 나는 아쉬울 것 없이 모든 것에 행복한 여인입니다! 내 이름은 비올레타, 나의 집은 하느님이랍니다!" 이 외침은 특별한 아름다움을 감추고 있습니다. 진리의 아름다움이요, 진리를 깨우친 자의 아름다움입니다. 비올레타의 노래는 진정 아름다운 삶의 단순함을 떠올리게 합니다. 심지어 두 눈의 색깔까지도 하늘색이었던 비올레타의 시선은 항상 유일한 사랑인 하느님만을 향해 있었습니다. 폴 클로델의 이 작품에서 비올레타가 노래하는 아름다운 외침들 중에서 저는 특히 이 부분을 인용하고 싶습니다. "그분께 드릴 수 없는 인생이라면 그 인생이 도대체 무슨 의미가 있겠는가?" 이 작품에서 비올레타는 사랑이 흘러넘치는 여성이요, 사랑으로 가득 찬 동정녀였습니다.

어느 날 그녀는 피에르Pierre de Craon라는 사람을 만나게 됩니다. 피에르는 주교좌성당을 짓고 있던 유명한 건축가였습니다. 그는 명성이 높았지만 평생 엄청난 불행 속에서 살아야 했습니다. 평소 앓고 있던 나병 때문에 지독한 고통을 겪고 있었지요. 피에르가 성당 건축가였기에 세상 사람들은 그의 재능만 이용하려고 했지, 나병 환자인 그에게 다가가려고 하지는 않았습니다. 그런데 피에르는 오랫동안 비올레타에게 아주 특별한 사랑을 느끼고 있었습니다. 그녀에게 첫눈에 반해서, 그녀를 위해서라면 뭐든지 할 수가 있었습니다. 어느 날 비올레타가 피에르에게 다가왔습니다. 그녀는 헤어지기 전, 피에르에 대한 연민과 사랑으로 갑자기 그의 이마에 입맞춤을 했습니다. 그 순간 피에르는 천국에 있는 것만 같았습니다. 영원한 하늘나라에 있는 것처럼 행복한 마음이 들어 계속 미소가 터져 나왔습니다. 그때 이후로 피에르의 인생은 완전히 바뀌기 시작했습니다. 새로운 희망을 가지고 살게 된 겁니다. 그러고 나서 얼마 후, 어느 봄날 비올레타는 자기 몸에 나병이라는 꽃이 피어나기 시작했다는 것을 발견합니다. 그녀가 나병에 걸렸다는 소식을 들은 피에르는 소스라치게 놀랐습니다. 그날 피에르에게 했던 그 입맞춤 때문에 그녀가 나병에 전염된 것이니까요. 이 얼마나 경이롭고 놀라운 교환입니까! 그 위대한 입맞춤으로 인하여 피에르에게는 비올레타의 순수한 사랑이 전달되었고, 그녀에게는 그의 나병이 전달된 겁니다. 이 순간 다시 한 번 비올레타의 아름다운 말을 떠올리게 됩니다. "그분께 드릴 수 없는 인생이라면 그 인생이 도대체 무슨 의미가 있겠는가?"

작가는 비올레타가 정확히 어떻게 죽는지는 설명하고 있지 않습니다. 하지만 피에르가 완성한 주교좌성당의 돔 꼭대기에 마치 세상에서 가장 귀한 돌처럼 아름다운 비올레타의 시신을 모시는 것으로 이야기를 마무리합니다. 비올레타의 이야기를 되새기면서 우리는 다시 한 번 그녀가 강한 사랑의 힘으로 반복해서 불렀던,

그래서 너무도 강렬하게 우리의 마음을 사로잡은 그 말을 묵상해 볼 수 있습니다. "그분께 드릴 수 없는 인생이라면 그 인생이 도대체 무슨 의미가 있겠는가?" 비록 비올레타는 피에르 때문에 죽었지만 피에르는 그녀 덕분에 살아나게 되었습니다. 비올레타는 피에르의 병 때문에 죽어야 했지만 피에르는 비올레타가 지닌 사랑의 생명력으로 완전히 새롭게 거듭난 것입니다. 폴 클로델의 아름다운 드라마는 우리로 하여금 주 예수 그리스도의 수난과 죽음을 떠올리게 만듭니다. 클로델은 그리스도의 생명이 무엇인지를 우리에게 보여 주고자 했습니다. 그리스도는 거룩함이요 순수함이며 영원함이고 아름다움 그 자체이십니다.

사람에 따라 다르겠지만, 우리는 모두 죄악으로 말미암은 영적인 나병 환자들입니다. 이렇게 비참한 우리를 위해 그리스도께서 무엇을 하셨습니까? 그리스도께서는 죄로 비참해진 우리에게 다가오셨습니다. 사실 꼭 그러실 필요까지는 없었을지도 모릅니다. 하지만 그분의 완전하고 순수한 사랑 때문에 우리에게 다가오셔서 그 위대한 사랑의 입맞춤을 해 주시며 죽기까지 사랑해 주시고 또 사랑해 주셨습니다. 그리스도께서는 사랑의 그 입맞춤으로 우리의 죄를 대신 가져가 주셨습니다. 그리고 우리의 죄악으로 말미암아 죽음을 당하셨습니다. 어제도 오늘도 내일도 예수님께서는 우리의 죄 때문에 계속 그렇게 죽고 계십니다. 그러나 우리는 그리스도의 십자가 죽음으로 새롭게 살아갈 수 있습니다. 하느님의 은총으로 말미암아 우리는 어둠에서 벗어나 새로운 힘을 얻어 다시금 살아가게 되는 것입니다. 하지만 우리가 누리는 거룩함과 생명은 결코 우리의 것이 아닙니다. 그것들은 그리스도로부터 주어지는 것들입니다. 우리의 죄와 병과 죽음까지도 역시나 그분과 함께 십자가에 있기 때문입니다.

지난번에는 유혹과 죄의 실재에 대해 함께 묵상했습니다만, 지금은 그리스도의 구원에 대해 함께 묵상해 보고자 합니다. 그리스도께서 우리를 위해 돌아가셨다는 사실이 보다 구체적으로 무슨 의미인지에 대해 함께 깨우치는 시간을 가졌으면 합니다. 예수님의 구속 신비의 의미에 관한 묵상을 통해서 이 시간이 더더욱 우리를 관상적으로 변모시켜 주리라고 믿습니다. 중세 시대의 학자들은 라틴어로 이런 말을 하곤 했습니다. "Non multa sed multum(많은 것들이 아니라 강력한 어떤 것 하나만을)." 이 말은 공부하는 학생들을 위한 조언입니다. 쓸데없이 많은 것들에 대해 수박 겉핥기식으로 읽을 필요 없이 단 하나의 것이라도 완전하게 익히라는 뜻입니다. 이 피정 시간에 딱 어울리는 말입니다. 여러분은 이 시간에 단 하나의 십자가의 신비만 바라보시면 됩니다. 지금은 많은 것들을 읽을 필요가 없습니다. 오직 십자가의 신비에만 매달려 그것을 강렬하게 통찰하면서 그 신비를 꿰뚫어 보려고 노력하면 됩니다.

끝까지 사랑하기

십자가는 절대로 은유적이지 않습니다. 그리스도의 십자가는 우화적인 상징물도 아닙니다. 그리스도의 십자가는 실재입니다. 우리가 실재하듯이 십자가 역시 완전한 실재입니다. 그리스도께서 십자가 위에서 우리를 위해 실제로 돌아가셨다는 겁니다. 그리스도께서 말로 표현할 수 없는 무지막지한 고통을 받으시면서 실제로 십자가에서 돌아가셨다는 뜻입니다. 고통스럽게도 그리스도께서 십자가 위에서 돌아가시게 만든 것은 다름 아닌 우리의 죄악들입니다. 그러므로 우리의 죄 역시 실제적이고 구체적인 것들입니다. 그리스도께서 십자가 위에서 우리 각자를 향해 지니셨던 사랑은 그야말로 지상 최고의 사랑이었습니다. 그래서 예수님은 마지막 순간까지 우리를 사랑해 주셨습니다. 이것이 바로 우리가 명심해야 할 그리스도의 사랑의 첫 번째 특징이라고 할 수 있습니다. 즉 '끝까지 사랑하기'입니다. 복음서는 이렇게 전합니다. "파스카 축제가 시작되기 전, 예수님께서는 이 세상에서 아버지께로 건너가실 때가 온 것을 아셨다. 그분께서는 이 세상에서 사랑하신 당신의 사람들을 끝까지 사랑하셨다."(요한 13,1) 끝까지 사랑한다는 말이 도대체 무슨 의미일까요? 영원한 사랑이라는 뜻입니다. 끝없는 사랑, 즉 어떠한 제한도 한계도 없는 사랑이라는 뜻입니다. 사랑하는 이를 위해 모든 것을 다 내준다는 뜻이기도 합니다.

강도들에게 옷을 빼앗기고 초주검이 되었던 사람을 도와준 착한 사마리아인 이야기야말로 끝까지 사랑하여 모든 것을 내주신 예수님의 사랑을 가장 상징적으로 보여 준다고 할 수 있습니다. 초주검이 되어 죽어 가는 그 사람 곁을 사제와 레위인이 지나갔지만 정작 그들은 길 반대쪽으로 모른 채 지나가 버렸습니다. 사마리아 사람만이 그를 보고 가엾은 마음이 들어, 다가가 상처에 기름과 포도주를 붓고 싸맨 다음, 자기 노새에 태워 여관으로 데려가서 돌보아 주었습니다. 그리고 자신의 모든 것을 여관 주인에게 주면서 이렇게 말했습니다. "저 사람을 돌보아 주십시오. 비용이 더 들면 제가 돌아올 때에 갚아 드리겠습니다."(루카 10,35) 이 말을 달리 표현하면 이렇습니다. "제가 가지고 있는 것을 모두 당신에게 주었습니다. 하지만 나의 사랑은 무한해서 저 너머까지 계속될 것입니다."(루카 10,29-37 참조) 이것이 바로 우리와 함께하시는 그리스도의 사랑입니다. 우리는 이러한 사랑을 살아가야만 합니다. 우리에 대한 하느님의 사랑을 우리 역시 살아가야만 합니다. 이 순서를 바꾸면 내가 사랑의 주체가 됩니다. 그런데 인간적인 사랑이 첫 번째 자리로 나와서는 안 되는 겁니다. 이에 대해 사도 요한은 다음과 같이 말씀하셨습니다. "그 사랑은 이렇습니다. 우리가 하느님을 사랑한 것이 아니라, 그분께서 우리를 사랑하시어 당신의 아드님을 우리 죄를 위한 속죄 제물로 보내 주신 것입니다."(1요한 4,10) 그러므로 이 순서를 바꾼다면, 우리의 삶은 참으로 팍팍하고 무거워지게 될 것입니다. 예컨대 지나친 윤리주의자들이 되고 말 것입니다. 물론 하느님을 사랑해서는 안 된다는 말이 아닙니다. 당연히 하느님을 사랑해야 합니다. 하지만 그리스도인의 삶에서 그 시작은 우리에 대한 하느님의 사랑이라는 겁니다. 특히 이 사랑은 십자가에서 완성되었기에, 지금 이 순간 우리는 십자가의 하느님 사랑을 관상하며 바라보아야 하는 겁니다.

거저 주신 사랑

하느님 사랑의 두 번째 성격은 바로 공짜라는 겁니다. 그리스도 께서 우리를 사랑하신 이유는 우리가 먼저 그분을 사랑했기 때문이 아닙니다. 절대로 그렇지 않습니다. 그리스도께서는 우리를 사랑하시기 때문에 우리를 사랑하십니다. 결국 그리스도의 사랑이 우리의 사랑을 재촉하는 겁니다. 이 점에 대해 사도 요한의 말씀을 다시 들어 보겠습니다. "그 사랑은 이렇습니다. 우리가 하느님을 사랑한 것이 아니라, 그분께서 우리를 사랑하시어 당신의 아드님을 우리 죄를 위한 속죄 제물로 보내 주신 것입니다."(1요한 4,10) 이것이 바로 하느님의 사랑입니다. 그분의 사랑은 사랑의 개념 안에서 진정한 혁명이라고 할 수 있습니다.

그리스 사람들은 사랑을 말할 때 세 단어를 사용했습니다. 에로스eros, 필리아philia, 아가페agape입니다. 에로스는 감각적인 사랑을 표현할 때 사용합니다. 그렇다고 해서 나쁜 의미로 사용되었던 것은 아닙니다. '에로스'는 사랑하는 사람과의 만남을 통해 이루어지는 사랑이고, 당신에게 어떤 이익과 풍요로움을 만들어 주는 사랑입니다. 하지만 아주 제한적인 사랑이며, 나를 넘어 상승하는 사랑이지만 이해타산이 분명한 사랑입니다. 필리아는 상호 관계의 사랑입니다. 네가 나를 사랑하기 때문에 나 역시 너를 사랑하는 것입니다. 그런 차원에서 '필리아'의 사랑은 인격적이고 영적인 사랑이라고 말할 수 있습니다. 나는 너를 진짜로 사랑하지만 어디까지나 네가 나를 사랑하는 동안에만 해당된다는 겁니다. 그래서 이 사랑을 우정의 사랑이라고 말합니다. 이 사랑은 가끔씩 산산이 부서질 수도 있습니다. '필리아'의 사랑은 상호 관계 안에서만 유효하기에 언제라도 산산이 깨질 수 있는 사랑입니다. 반면 아가페는 조건 없이 내주는 사랑입니다. 때문에 그 무엇도 아가페의 사랑을 변질시킬 수 없습니다. 네가 나를 사랑하기 전부터 내가 너를 사랑하는 것, 그런 사랑이 바로 아가페의 사랑입니다. 이것이야말로 사랑의 진정한 대혁명이 아니겠습니까! 인간을 향한 하느님의 무조건적인 사랑을 표현할 때 사용되는 개념이 바로 '아가페'입니다. 동시에 무조건적인 하느님의 사랑과 은총에 대해 인간이 응답하는 사랑을 의미하기도 합니다.

그리스 시대에 사람들은 대부분 '에로스'에 대해서만 얘기했습니다. '필리아'도 자주 이야기하긴 했습니다만, '아가페'에 대해서는 거의 언급되지 않았습니다. 지금도 마찬가지입니다. 사랑이라고 하면 대부분 '에로스'나 '필리아'로 이해합니다. '아가페'에 대해서는 거의 말하려 들지 않습니다. 순수하게 거저 주는 사랑인 카리타스 caritas에 대해서는 관심조차 없어 보입니다. 거저 주시는 아가페적인 사랑의 이콘은 다름 아닌 십자가 위의 그리스도이십니다. 그리스도께서는 당신의 모든 것을 거저 내주시는 분이고, 완전히 거룩하신 분입니다. 그리스도께서는 하느님이십니다. 과연 그리스도께서 십자가에서 그렇게 돌아가셔야 할 필요가 있었을까요? '전혀ninguna'와 '반드시toda'라는 두 개의 답이 있습니다. 그리스도께서 십자가에서 돌아가셔야 할 이유가 없었다면 '전혀'라고 답할 수 있을 겁니다. 그리고 하느님의 사랑은 죽음에 이르기까지 거저 주시는 공짜 사랑이라는 점에서 '반드시'라고 대답할 수 있을 겁니다. 사랑이란 건 헛갈리기 짝이 없습니다. 하지만 사랑은 우리를 재촉하고 있습니다! "그리스도의 사랑이 우리를 다그칩니다. 한 분께서 모든 사람을 위하여 돌아가셨고 그리하여 결국 모든 사람이 죽은 것이라고 우리가 확신하기 때문입니다. 그분께서는 모든 사람을 위하여 돌아가셨습니다. 살아 있는 이들이 이제는 자신을 위하여 살지 않고, 자기들을 위하여 돌아가셨다가 되살아나신 분을 위하여 살게 하시려는 것입니다."(2코린 5,14-15)

그리스도와 내가 주인공인 십자가 묵상

우리는 지금까지 하느님 사랑의 두 가지 특징, 끝까지 사랑하는 것과 거저 주시는 사랑에 대해 묵상했습니다. 이제 마지막 세 번째 하느님의 사랑의 특징에 대해 묵상하겠습니다. 세 번째 특징은 피에르와 비올레타에게 벌어졌던 '상호 교환'입니다. '상호 교환'은 인생이라는 십자가 위에 있는 우리에게 벌어지는 일입니다. 오, 나의 예수님! 제 죄로 인해 마땅히 제가 있어야 할 십자가에 당신께서 계시네요! 당신께서 제 자리에서 죽어 가고 계시네요! 당신의 죄 때문이 아니라 오로지 저의 죄로 인한 벌을 저 대신 당신께서 친히 받고 계시네요! 이 얼마나 놀라운 사건입니까! 이 얼마나 경이로운 일입니까! 우리의 머리로는 도저히 이해할 수 없는 일입니다. 우리를 위해 그리스도께서 친히 죄악이 되셨습니다. 그래서 우리의 죄악이 십자가에 매달려 있는 것입니다. 사도 요한께서는 이렇게 말씀하셨습니다. "하느님께서는 세상을 너무도 사랑하신 나머지 외아들을 내주시어, 그를 믿는 사람은 누구나 멸망하지 않고 영원한 생명을 얻게 하셨다."(요한 3,16) 이것이 바로 '그리스도의 십자가'에 대한 첫 번째 관상 주제입니다. 십자가를 바라봐야만 합니다. 십자가 안에 신앙의 모든 보물이 담겨 있다고 토마스 아퀴나스 성인께서 말씀하셨습니다. 그러므로 그리스도의 수난이야말로 우리 인생의 안내서요 모델로 충분한 것입니다(「사도 신경 해설」6,1c). 십자가로부터 우리는 모든 것을 이해할 수 있습니다. 이것이야말로 아주 특별한 신비입니다. 그러므로 우리는 십자가를 바라봐야 합니다. 십자가를 관상해야 합니다. 하지만 십자가에 대해 관상하면서 결코 무관심한 눈으로 머물러서는 안 됩니다. 만일 우리가 십자가를 나와 상관없는 것으로 여기면서 바라본다면, 그런 관상은 완전히 추상적인 것이 되고 맙니다. 이는 누구나 빠질 수 있는 오류이기도 합니다. 자신과 상관없다고 여기면서 신앙에 관련된 어떤 것을 관상하는 것은 위험합니다. 저는 그런 태도를 소위 '구경꾼 신드롬 혹은 방관자 효과'라고 부릅니다. 이것은 마치 영화관에서 공포 영화를 보는 것과 같습니다. '타워링 The Towering Inferno' 같은 영화를 보고 있다고나 할까요? 어떤 이가 불에 타고 있습니다. 또 다른 이는 창문으로 뛰어내리고 있습니다. 또 다른 사람은 질식해 죽어 가고 있습니다. 그럼에도 불구하고 그 장면을 지켜보는 관객은 그저 유유자적 팝콘을 먹고 있는 겁니다. 가끔 이렇게 말할지도 모릅니다. "오, 이런! 너무 무섭네!" 혹은 옆에 있는 사람에게 이렇게 말할지도 모르지요. "저거 보세요! 정말 무섭지 않나요? 진짜로 공포 그 자체네요!" 그러면서도 손에 든 음료수를 마시는 겁니다. 무섭고 잔혹하다고 말하면서도 팝콘은 너무 맛있는 거죠! 스크린에서 사람들이 화상을 입고 죽어 가는데도 나에게는 팝콘이 더 중요한 겁니다! 나와는 상관없는 일이기 때문입니다.

또 다른 예를 들어 보겠습니다. 차에서 라디오를 켜 놨는데 갑자기 이런 속보가 들립니다. "지금 엄청난 화재가 났습니다." 어떤 이들은 "오, 세상에! 또 사건이 터졌구만." 하면서 무덤덤하게 반응할지도 모릅니다. 그런데 잠시 후 보다 구체적인 소식이 들려옵니다. "이 화재는 스페인 나바라주에서 터졌습니다. 투델라에서 가까운 곳입니다." 그러면 어떤 사람은 또 이렇게 반응할지도 모릅니다. "오! 우리 집에서 가까운 곳이네. 어쩌면 집에서 저 화재의 연기를 볼 수도 있겠는데." 라디오에서는 계속 뉴스가 흘러나옵니다. "피테로Fitero에 있는 수도원에서 화재가 났습니다." 결국 누군가는 이렇게 외치게 될 겁니다. "맙소사! 내 집이잖아!" 그때 비로소 그 사람은 '구경꾼 신드롬(방관자 효과)'으로부터 빠져나오게 됩니다. 이제는 본인의 일이므로 비명을 지르게 되지요. "세상에! 내 집이 불타고 있다니!" 세비야Sevilla주 콘스탄티나Constantina라는 곳에 루이스 박사라고 불리는 교수님이 살고 있었는데, 차분하기로 유명한 사람이었습니다. 그렇게 유명해지게 된 이유가 있었지요. 마을 사람들은 다 아는 전설 같은 일 때문이었습니다. 하루는 그 교수님 집 근처에 화재가 났습니다. 소방관들이 출동해서 화재 진압을 하고 있는데, 여전히 그 교수님은 잠을 자고 있었습니다. 그래도 자꾸 연기가 나니까 그때서야 천천히 침대에서 일어나 발코니로 가서 소방관들을 바라보고 있었습니다. 소방관들은 놀라서 당장 밖으로 뛰어 내리라고 외쳤습니다. 그러자 교수님은 이렇게 물었습니다. "화재가 났나 보네요. 어디서 났나요?" 소방관은 다급하게 말했습니다. "바로 옆집에서요. 가장 위급한 집부터 먼저 불을 끄고 나서 당신 집으로 가려면 앞으로도 30분은 족히 걸릴 거예요." 그런데 교수님은 아주 차분한 목소리로 이렇게 대답했답니다. "그렇다면 내 침대에서 15분은 더 자도 되겠네요." 마을 사람들이 들려준 실화입니다. 어떤 일이 터졌을 때 자기와 상관없다고 여기는 사람들의 전형적인 경우라고 볼 수 있습니다. 그런데 그저 남의 이야기일까요? 어쩌면 우리 자신의 이야기일지도 모릅니다.

우리는 십자가를 바라보면서 속으로 이렇게 생각할 수도 있습니다. '저 십자가 사건은 지금으로부터 21세기 전에 벌어진 사건일 뿐이야. 내가 태어나기도 훨씬 전에 벌어진 사건이지. 나와는 상관없지만 너무도 끔찍하고 잔인한 사건이긴 했어.' 예수님의 십자가가 마치 소설 속의 사건처럼 여겨지십니까? 그러나 절대 잊지 마십시오. 십자가 사건의 주인공은 바로 우리 자신입니다. 더불어 십자가에는 소중하고 중요한 면이 또 하나 있습니다. 하느님께서 십자가를 나눠 지도록 허락하셨다는 겁니다. 우리가 오롯이 십자가를 지고 있는 것이 아니라, 하느님께서 당신의 십자가를 나눌 수 있도록 우리에게 허락하셨다는 겁니다. 다시 말해 하느님께서 구속자로서의 당신 사명에 우리도 함께할 수 있도록 불러 주셨다는 겁니다. 이것이 바로 우리가 묵상해야 할 두 번째 주제입니다. 첫 번째 주제는 그리스도의 십자가입니다. 두 번째 주제는 사도 바오로가 예수님의 이름 안에서 증언했던 것입니다. 예수님은 바오로 사도에게 이렇게 말씀하셨습니다. "나의 환난에서 모자란 부분을 너의 육신으로 채워 가도록 나는 너에게 요구한다! 너는 구속자로서 내 고난의 후계자란다."(콜로 1,24 참조) 이처럼 우리는 모두 그리스도의 십자가에 동참하면서 살아가도록 부름받은 사람들입니다. 여기서 여러분께 반 투안 추기경님의 책을 추천하고 싶습니다. 그분은 베트남의 주교로 공산주의 치하에서 신앙을 증거하기 위해 수십 년 동안 감옥에 갇혀 지내셨습니다. 하지만 어두컴컴한 감옥에서도 하느님께서는 추기경님에게 엄청난 선물을 주셨습니다. 지옥 같은 상황에서 십자가의 신비를 발견하셨던 겁니다. 사실 우리가 스스로 십자가의 신비를 발견했기 때문에 그것에 대해 말하고 있는 것은 아닙니다. 본인은 찾지 못했는데도 그것에 대해 말하는 경우가 대부분입니다. 어린이들은 아직 발견하지 못한 것들에 대해 이야기할 수 있습니다. 가령 책임이 얼마나 중요한지 말할 수 있습니다. 아직 책임의 중요성을 발견하지 못했다 해도 생각을 말할 수는 있습니다. 언젠가 깨닫게 될 날이 오겠지요. 이처럼 우리가 그리스도의 십자가의 심오한 의미를 아직 다 깨우치지 못했다 하더라도, 봉헌 생활을 하는 사람들은 아주 특별한 방법으로 이미 그리스도의 십자가를 함께 나누며 살아가고 있는 겁니다. 우리는 주님과 아주 특별한 친밀감 안에서 그분의 십자가를 나누며 살아가도록 부름받고 있습니다.

오랜 세월을 감옥에서 지내셨던 반 투안 추기경님은 형기를 마친 후에는 로마에서 지내셨습니다. 그리고 요한 바오로 2세 교황님으로부터 2000년 대희년에 교황님과 교황청 사무국을 위한 영신 수련 피정 강의를 부탁받게 됩니다. 교황님 앞에서 이루어진 피정 강의 중에 추기경님은 십자가에 달리신 예수님의 외침인 "저의 하느님, 저의 하느님! 어찌하여 저를 버리셨습니까?"(마르 15,34)라는 성경 말씀을 당신의 개인적인 경험에 비추어 해석하면서 다음과 같이 말씀하셨습니다. "감옥에 있으면서 저는 수없이 버림받는 느낌을 받았습니다. 특히 1975년 12월 1일의 밤은 더더욱 그랬습니다. 저는 어떤 사람과 함께 한 방에 갇혀 있었는데, 갑자기 교도관들이 우리를 다른 죄수들과 함께 배에 태워서 어디론가 끌고 갔습니다. 그때 배 안에는 수많은 죄수들이 있었기 때문에 우리는 계속 서 있어야 했습니다. 그렇게 도착한 곳은 제가 사목했던 교구로부터 1,700km 떨어진 베트남 북부의 한 마을이었습니다. 그 순간 저는 사목자로서 너무도 큰 고통과 좌절감을 느꼈습니다. 하지만 절망적인 상황에서도 하느님 아버지께서는 절대 저를 포기하지 않으셨고 저에게 끊임없이 힘을 주셨다는 사실을 지금 이 순간 저는 확실하게 증언합니다." 어쩌면 우리도 추기경님처럼 버림받았다는 소외감과 절망감 속에서 종종 살아가고 있을지도 모릅니다. 극도의 외로움이 우리를 침몰시킬 때가 있습니다. 실패로 인해 좌절감을 느낄 때도 있지요. 그 순간 우리는 나약한 인성으로 죄악의 버거운 무게를 느끼게 됩니다. 다른 이들의 몰이해나 친한 친구의 배신으로 망가져 버린 우정을 맞닥뜨릴 때면 우리는 모두 철저히 버림받았다고 느끼게 됩니다. 그러면 절망과 소외감을 느끼고 탈출구도 찾지 못한 채 계속 방황하게 됩니다. 그런데 온 교회와 하느님 백성의 고통에 우리가 동참할 수 있는 순간이 바로 그때입니다. 추기경님은 방황하는 우리에게 이런 말씀을 해 주셨습니다. "고통의 순간은 바로 영혼이 어둔 밤을 체험하는 순간입니다. 어둔 밤의 고통이 크건 작건 그 순간 우리는 삶 전체를 통해서 느껴 왔던 하느님의 현존에 대한 확신을 자꾸만 잃어 가게 됩니다. 어둔 밤에는 기쁨과 사랑도 점점 사라져 버리는 것 같습니다. 그런데 바로 그때 우리는 그리스도의 십자가 신비를 더더욱 깊이 깨우치게 됩니다. 성인들도 영혼의 쓰디쓴 어둔 밤을 혹독하게 체험하셨습니다. 그 순간에는 모든 이들로부터 모든 것들로부터 철저히 버림받고 있다고 느낍니다. 하지만 하느님 사랑의 진정한 전문가였던 성인들은 인생을 통틀어 죽을 때까지 겪어야 했던 어둔 밤의 체험을 통해, 자기 자신에 대해서 죽기 위한 영적 단련을 받고 있음을 알았습니다. 더불어 어둔 밤 체험을 통해 영적인 조명을 받도록 온전히 주님께 내어 맡기면서 자신에게 주어진 십자가의 길을 끝까지 견뎌 냈습니다. 이것이 바로 복음의 법입니다. '밀알 하나가 땅에 떨어져 죽지 않으면 한 알 그대로 남고, 죽으면 많은 열매를 맺는다.'(요한 12,24) 이는 예수님의 법이기도 합니다. 예수님께서는 실제로 돌아가셨습니다. 하지만 그 죽음에서 솟아오르는 풍요로운 삶 역시 실재입니다." 반 투안 추기경님은 계속해서 바오로 사도의 말을 인용해 말씀하셨습니다. "바오로 사도는 필리피 신자들에게 보낸 서간을 통해 이런 가르침을 주셨습니다. 그리스도께서는 십자가 위에서 벌거벗겨지심으로써 너무도 거룩한 방식으로 기꺼이 종의 신분을 취하셨습니다. 당신 자신과 당신의 생명을 온전히 내어 주기 위하여 십자가 위에서 철저히 버림받고 빼앗기고 파괴되셨습니다. 완전히 의로우시고 흠 없는 분이 십자가 위에서 세상의 죄악을 당신 몸에 지시어 세상의 죄인들을 당신과 같게 만들려고 하셨습니다. 하느님과 인간 사이에 벌어진 이 거룩한 상호 교환이 얼마나 위대하고 놀랍습니까! 이를 가리켜 아우구스티노 성인은 '사랑의 거래 comercio de amor'라고 하셨습니다." 아직까지는 그리스도의 십자가 신비를 깊이 체험하지 못했기에, 그 신비를 잘 모르는 사람들에게도 추기경님의 이 체험담은 어떤 심오한 깨우침을 주는 놀라운 증언입니다.

　우리가 성령의 인도 아래 함께 있는 이 시간은 참으로 아름답고 멋진 순간입니다. 이때 십자가의 길을 바치거나 십자가를 바라보면서 그리스도의 수난과 십자가 신비를 관상하는 시간을 먼저 가지셨으면 좋겠습니다. 거저 베풀어 주시는 하느님 사랑과 끝까지 우리를 사랑해 주시는 그분 사랑의 위대함을 이해하기 위해서 십자가 신비를 관상해 보시라고 권합니다. 십자가 신비의 관상을 통해서 하느님이 얼마나 우리를 사랑하시는지, 그 사랑이 얼마나 크고 끝이 없는지를 바라보십시오. 그런 다음 나의 인생을 바라보십시오. 내 인생의 고통을 그리스도의 십자가 고통에 동참시킬 수 있을 겁니다. 다시 말해서 나의 고통을 그리스도의 고통에 연결시켰을 때 비로소 '나'라는 방에서 벗어나 탈출할 수 있게 될 것입니다. 나의 고통은 단순히 나만의 고통이 아니라 그분의 고통이기도 합니다. 사도 바오로께서 말씀하셨듯이, 나의 육신으로 그리스도의 수난에서 부족한 부분을 채워 가고 있기 때문입니다(콜로 1,24 참조). 십자가는 결코 은유적이지 않습니다. 실재입니다. 실제로 벌어진 일들을 사실로 받아들이지 않고, 비유적이고 상징적인 것으로 만들어 버린다면 그리스도인의 삶에서 참으로 큰 오류요 비극이 될 것입니다. 신앙의 진리에 관한 해석에서 오늘날 참으로 큰 오류가 있습니다. 신앙적인 진리들을 모두 단순한 은유이자 상징적인 것으로 만들어 버리려는 심각한 학문적인 오류의 흐름이 있습니다. 예컨대 그리스도께서는 부활하신 게 아니라 부활과 유사한 어떤 것을 하셨다는 식으로 아주 교묘하게 말합니다. 미사에서 그리스도의 현존 역시 마찬가지입니다. 미사 중에 그리스도께서 현존하시는 게 아니라 그 비슷한 무엇일 뿐이라고 주장합니다. 일치를 위한 그 어떤 것일 뿐이라고 말하면서 결국 이것도 저것도 아니라는 식입니다. 절대로 그렇지 않습니다. 그리스도께서는 미사 중에 확실하게 현존하십니다. 그리스도께서는 참으로 사흘 만에 부활하셨습니다. 이것은 확고부동한 진리입니다. 성경 해석에서도 '문학 양식 비평' 같은 학문적인 방법이 유행입니다. 지금은 모든 것이 '문학 양식 비평'처럼 되어 버렸습니다. 어떤 이들은 '양식 비평' 같은 방식으로만 성경을 해석해야 한다고 주장합니다. 예루살렘의 성서대학에 유명한 교수가 있는데, 수업 시간에 수태고지에 관한 그리스어 원문을 설명하면서 이렇게 말했다고 합니다. 저는 처음 듣는 농담이라고 생각했는데 그분은 아닌 것 같았습니다. "여러분 모두 수태고지에 관한 유명한 성경 말씀을 읽었을 겁니다. 그런데 지금 이 세상에서 대천사가 마리아에게 나타난다면 이렇게 말할지도 모르겠습니다. '두려워하지 마라. 마리아, 나는 양식 비평이다.'" 오늘날 이런 학문 사조는 실제로 큰 문제입니다. 오직 이런 경향만을 따르려 하고, 이런 해석만을 고수하려 한다면 성경을 잘못 해석할 수도 있기 때문입니다. 실제로 그런 사람들은 성경을 잘못 해석했습니다. 또한 신자들은 그런 학자들의 가설만 믿고 마치 양식 비평만이 진리라고 착각할 수도 있습니다. 절대 그렇지 않습니다. 대천사는 대천사입니다. 마리아는 마리아고요! 그분은 성령으로 인해 그리스도를 잉태하신 동정녀이십니다. 이게 바로 진리입니다. 그런데 현대의 학문적 오류는 "두려워하지 마라. 나는 '양식 비평'이다."라고 말하면서 성경의 모든 내용을 상징적으로 만들어 버립니다. 결국 진리를 믿지 못하게 만드는 이런 태도야말로 오늘날 우리 신앙이 직면한 크나 큰 문제라고 말할 수 있습니다. 양식 비평의 방식으로 십자가를 생각하면 오직 내 십자가들만 존재하고 그리스도의 십자가는 사라질 수도 있습니다. 하지만 그래서는 안 됩니다. 절대로 안 됩니다.

나는 그리스도 십자가의 친구인가, 적인가?

우리는 형제자매의 체험적 증언을 통해 놀라운 삶의 진리를 얻을 수 있습니다. 그런 점에서 성인들이야말로 우리의 형제자매라고 할 수 있습니다. 이 점이 저에게는 큰 감동으로 다가옵니다. 성인들의 삶이 담긴 책들을 읽으면서 저는 큰 도움을 받았습니다. 이렇게 말하는 제가 조금은 구식으로 느껴질지도 모릅니다. 물론 제가 오래 전에 태어나긴 했지만… 그래도 꼰대는 아닙니다. 아무튼 성인전은 제게 아주 큰 도움을 주었습니다. 솔직히 고백하면, 성인전을 읽어야 하는 것이 처음에는 거의 트라우마 같은 일이었습니다. 삼촌 때문에 아침 7시에 억지로 일어나서 요한 마리아 비안네 성인전을 읽어야 했으니까요. 겨우 11살이던 제가 여름 방학이라는 귀한 시간에, 심지어 해변에 놀러가서도 성인전을 읽어야 했으니 트라우마라 부를 만하지요. 방학 때 아침 7시는 그야말로 새벽이었습니다. 그래서 성인전을 읽는 것이 처음엔 끔찍하게 싫었습니다. 하지만 지금은 그렇지 않습니다. 비안네 성인은 제가 너무도 존경하고 특히 좋아하는 분입니다! 그분은 정말이지 너무도 멋진 분입니다! 그런데 제가 성인전을 좋아하게 된 데는 특별한 이유가 있습니다. 성인들 역시 우리와 똑같이 약한 인간이었다는 사실을 확인할 수 있었기 때문입니다. 특히 성인들의 삶에서 흥미를 가지게 되는 부분이 있습니다. 그분들의 인간적인 모습들, 즉 약점과 죄악들이 제게는 무척 흥미로웠습니다. 예를 들어 사도 바오로의 경우 비정상적인 종교적 열정으로 정당화된 칼을 가지고 그리스도인들을 다 죽이려고 했잖아요? 사도 바오로의 그러한 모습을 보면서 저는 주님께 조용히 이렇게 기도했습니다. "예수님! 저는 참으로 나쁜 짓을 많이 저지른 죄인입니다. 그래도 그리스도인들을 죽이려고까지 하면서 그들을 박해하지는 않았습니다!" 아우구스티노 성인은 어떻습니까? 그 위대한 성인도 젊은 시절에는 쾌락주의에 빠져 있었습니다. 그래서 아들도 한 명 있었지요. 정말 방탕한 삶이었습니다. 이처럼 성인들의 삶을 들여다보면 그분들 역시 나약했기에 저질렀던 죄악들을 발견하게 될 겁니다. 하지만 조심하십시오! 여기서 유념해야 할 사실이 하나 있습니다. 성인들은 우리처럼 죄도 저질렀지만 동시에 위대한 덕행들도 실천했던 분들이라는 점입니다! 성인들은 그리스도의 은총으로 십자가를 껴안았던 분들이라는 점을 간과해서는 안 됩니다. 바로 이런 것들이 제가 성인들의 삶에서 배우는 부분이며 저를 설레게 만드는 부분입니다. 성인들처럼 십자가를 껴안는 삶을 배워야 합니다. 아무튼 그래서 저는 성인전을 찾아 읽게 되었고 지금은 성인전 마니아가 되었습니다.

여러분이 몽포르의 루도비코 성인에 대해 읽어 보셨는지 모르겠습니다만, 그분의 삶은 참 스펙터클했습니다. 그분에 대해 알면 큰 도움이 될 겁니다. 절로 기도하게 될 테니까요. 저는 특히 요한 바오로 2세 교황님을 좋아합니다. 교황님의 책을 통해 루도비코 성인이 교황님의 삶에 아주 중요한 분이었다는 사실을 알게 되었습니다. 루도비코 성인의 삶은 내내 고통스럽고 고달팠습니다. 그중 가장 큰 고통은 설교권과 고해성사 집전 권한을 빼앗겨 버렸던 일일 겁니다. 제가 그런 일을 당한다면 틀림없이 인생의 가장 큰 고통이 될 것입니다. 설교권과 고해성사 집전 권한이 사라져 버리느니 차라리 제 팔이 하나 사라지는 편이 훨씬 나을 겁니다. 팔이 없이도 설교는 할 수 있기 때문입니다. 만일 제가 복음을 선포할 수 없게 된다면 지금 여기에 제가 존재하는 의미도 없어져 버립니다. 저는 복음 선포를 위해 존재하는 사제이기 때문입니다. 당연히 루도비코 성인에게도 설교권과 고해성사 집전 권한의 박탈은 너무도 어처구니없고 고통스러운 일이었습니다. 하지만 그 상황에서 성인은 무슨 일을 했을까요? 장상들이 성인으로부터 글을 쓸 수 있는 권한까지 빼앗은 것은 아니었습니다. 그래서 성인은 '십자가의 벗들에게 보내는 서한들'이라는 제목으로 글쓰기를 결심하셨고 결국 책으로 나오게 됩니다. 내용을 한번 살펴볼까요? "나에게 닥친 이 상황에 대해 저는 진심으로 주님께 감사를 드립니다. 비참한 상황을 통해서 저로 하여금 십자가의 벗이 되도록 해 주신 주님께 한없이 감사를 드릴 뿐입니다. 십자가 없이는 그리스도의 섭리 안에서 제가 더 이상 살아갈 수 없기 때문입니다." 심지어 성인께서는 당신에게 그토록 혹독한 시련을 준 사람들에게까지 감사를 드립니다. 루도비코 성인뿐만이 아닙니다. 많은 성인들이 자신을 박해하는 이들에게까지도 감사하다고 말하며 살아갔습니다. 믿기지 않지만 정말입니다. 어떻게 그럴 수 있을까요? 성인들의 삶에는 항상 그리스도의 십자가 신비가 내재되어 있다는 사실을 기억해야 합니다. 그러므로 우리도 일상에서 스스로에게 진지한 물음을 던져 봐야 합니다. '나는 과연 그리스도 십자가의 벗으로 살아가고 있는가, 아니면 원수로 살아가고 있는가?' 사도 바오로께서도 이렇게 말씀하셨습니다. "내가 이미 여러분에게 자주 말하였고 지금도 눈물을 흘리며 말하는데, 많은 사람이 그리스도의 십자가의 원수로 살아가고 있습니다. 그들의 끝은 멸망입니다. 그들은 자기네 배를 하느님으로, 자기네 수치를 영광으로 삼으며 이 세상 것만 생각합니다. 그러나 우리는 하늘의 시민입니다. 그리고 그곳에서 구세주로 오실 주 예수 그리스도를 고대합니다. 그리스도께서는 만물을 당신께 복종시키실 수도 있는 그 권능으로, 우리의 비천한 몸을 당신의 영광스러운 몸과 같은 모습으로 변화시켜 주실 것입니다."(필리 3,18-21)

여러분은 안톤 룰리Anton Luli라는 신부님을 아시나요? 1996년까지만 해도 사람들에게 거의 알려지지 않았던 분입니다. 안톤 신부님은 파티마에서 열린 사제대회에서 당신의 삶에 대해 참으로 감동적인 증언을 해 주셨습니다. 신부님은 50년이 넘도록 감옥에서 지내다가 80세가 된 후에야 비로소 석방되셨습니다. 수감 기간 동안 그 어떤 사목 활동도 못 하신 겁니다. 알바니아에서 태어난 신부님은 사제품을 받자마자 공산 독재 치하의 종교 탄압으로 투옥

되었습니다. 그리고 80세의 노인 사제로 석방되신 지 불과 몇 년 후에 돌아가시고 맙니다. 파티마에서 행한 신부님의 증언 몇 구절을 인용해 보겠습니다.

예수님, 저는 당신을 찬미합니다. 보잘것없고 초라한 사목자로서 당신의 가난에 참여할 수 있도록 저를 초대해 주신 주님을 찬미합니다. 사제로서의 제 삶이란 대부분 감옥에서 쇠사슬에 묶여 지냈을 뿐입니다. 하지만 그곳에서도 늘 저와 함께 머무시며 항구한 은총을 주신 주님, 당신께 감사와 찬미를 드립니다. 저는 알바니아 사람입니다. 여러분 모두가 알다시피 제 조국은 공산주의 독재 정권에 의해 비참한 어둠의 시기를 거쳐야만 했습니다. 어떤 식으로든 하느님에 대해 단 한 마디라도 하면 그가 누구든 무서운 증오와 미움으로 잔인하고 잔혹하게 박해했습니다. 그렇게 형제들이었던 많은 사제들이 무참히 순교를 당했습니다. 그런데 저는 이렇게 살아남아 있습니다. 1947년 저는 감옥에 갇혔습니다. 온갖 모함과 거짓 증언으로 고발당한 후에 정신 교육을 받아야 했습니다. 그 후 17년 동안 포로수용소에 있다가 나머지 33년 동안엔 강제 노동 수용소로 옮겨져 중노동을 하면서 지냈습니다. 제 나이 80이 넘어서야 자유가 뭔지 알게 되었습니다. 1989년에야 비로소 처음으로 자유롭게 미사를 집전할 수 있게 되었습니다. 그런데 오늘 제 삶을 돌이켜 보면서 제 존재에 대해 생각하게 됩니다. 그토록 혹독한 고통 속에서도 저를 지탱해 주고 견디게 했던 힘은 결코 제 힘이 아니었음을 고백합니다. 그 고통을 견디게 해 준 힘은 바로 하느님 은총의 힘이었습니다. 저의 삶 자체가 하느님 은총의 놀라운 기적들이었음을 스스로 깨우치게 됩니다. 예수 성심 안에 머물 수 있었기에, 그토록 엄청난 시련과 고통 속에서도 평정심을 잃지 않고 절망하지 않으면서 지금까지 살아올 수 있었다고 고백합니다. 그때 저를 버티게 했던 힘은 오직 예수 성심뿐이었습니다. 공산주의자들은 온갖 고문으로 저를 핍박하고 억압했습니다. 처음 붙잡혀서 고문을 받다가 잠들었던 곳은 화장실이었습니다. 그들은 무려 아홉 달 동안이나 저를 그 화장실에서 지내게 했습니다. 바닥에는 똥들이 있었는데 딱딱해진 똥들 위에서 움츠린 채로 자야만 했습니다. 너무도 비좁고 더러운 곳이었습니다. 그렇게 비참하게 지내던 첫 달 성탄절 전야에 그들은 제 옷을 벗긴 후 저를 화장실 천장 대들보에 묶었습니다. 발가락이 겨우 바닥에 닿을 듯 말 듯했습니다. 그날 밤은 너무나 추웠습니다. 결국 얼마 안 있어 혹독한 냉기가 제 온 몸을 휘감고 올라오더군요. 제 몸이 천천히 죽어 가는 것 같았습니다. 그러다가 냉혹한 한기가 제 심장을 찌르는 듯 엄청난 고통을 느꼈을 때 저는 절망감에 사로잡혀 울부짖고 말았습니다. 그러자 교도관들이 저에게 달려왔고, 인정사정없이 저를 구타하기 시작했습니다. 그런 후에야 밧줄을 잘라 저를 바닥에 내려 주었습니다. 그런 식의 잔인한 고문을 저는 수없이 겪어야만 했습니다. 전기 고문도 했고, 두 개의 철사 줄을 제 귀에다 집어넣는 고문도 했습니다. 참으로 소름 끼치고 공포스러운 순간들이었습니다. 그뿐만이 아닙니다. 철사로 제 두 손과 발을 묶은 채 어둡고 더러운 장소에 오랜 시간 동안 방치하곤 했습니다. 그곳에는 큰 쥐들이 득실거렸고, 그 쥐들이 제 얼굴 위를 지나가면서 저를 공격하기도 했는데 저는 어떠한 방어도 할 수가 없었습니다. 이미 기진맥진하여 그저 누워 있을 뿐이었습니다. 그때 제 손을 묶었던 철사의 끝이 제 몸으로 들어가서 생긴 상처가 지금 여기 이렇게 남아 있습니다. 육체적인 폭력과 고문들이 자행된 후에는 그리스도교를 포기하도록 유도하는 신문을 어김없이 하곤 했습니다. 그때마다 저는 예수님을 떠올렸습니다. 모진 폭력과 고문으로 탈진한 상태에서도 대사제들 앞에서 신문을 받으셨던 예수님을 떠올렸습니다.

이처럼 지독한 어둔 밤의 고통들을 겪었음에도 불구하고 마지막까지 신앙을 지켜 내신 안톤 신부님은 1947년부터 수감 생활을 하셨습니다. 그로부터 32년이 지난 후인 1979년 4월 30일, 안톤 신부님은 감옥에서 초자연적인 신비를 체험하게 됩니다.

1979년의 어느 날이었습니다. 그들은 저를 두 번째 감옥으로 끌고 갔습니다. 스쿠라티Scurati라는 마을에 있던 강제 수용소였습니다. 가지고 있던 모든 것을 압수당했습니다. 묵주와 주머니칼 그리고 시계 외에는 아무것도 가질 수 없었습니다. 그 후에 그들은 저를 또다시 가두었습니다. 강제 수용소의 독방으로 가는 길은 마치 새로운 골고타 언덕으로 옮겨 가는 듯했습니다. 그런데 바로 그 순간 저는 초자연적인 체험을 하게 됩니다. 독방에서 저는 거룩하게 변모하신 예수님을 체험했습니다. 고통이 시작되던 순간부터 예수님께서는 저에게 그 고통을 이겨 낼 수 있는 더 큰 힘을 주셨던 겁니다.

안톤 신부님은 사제들 앞에서 다음과 같은 말씀으로 당신 삶의 증언을 끝맺습니다.

그런데 오늘 저는 하늘에 계신 성모님의 영광을 관상하고 있습니다. 성모님께서 하느님과 함께 누리는 이 엄청난 영광에 앞으로 우리도 동참할 수 있도록 초대하고 계시다고 저는 생각합니다. 친애하는 사제 형제 여러분, 지금 이 순간 저는 바오로 사도의 이 말을 인용하지 않을 수 없습니다. "장차 우리에게 계시될 영광에 견주면, 지금 이 시대에 우리가 겪는 고난은 아무것도 아니라고 생각합니다."(로마 8,18) 그러므로 우리는 성모 마리아께서 누리시는 저 하늘의 영광을 함께 관상하면서 그분처럼 신실한 믿음의 사람들이 되어야 합니다. 예수님의 십자가 가까이 머물면서 온 힘과 노력을 다해 성모님께 우리의 신앙과 신뢰를 바쳐야 합니다. 예수님의 십자가가 우리의 삶으로 아무리 혹독하게 들어온다 할지라도 우리는 오직 그분께 온전한 신뢰를 봉헌하면 됩니다. 우리는 그리스도의 사랑에 온전히 봉헌된 사람들이기 때문입니다. 그 누가 우리를 그리스도의 사랑에서 떼어 낼 수 있단 말입니까? 이것이 바로 제 인생의 체험을 통해 여러분에게 증언할 수 있는 참된 메시지입니다. 그 누구도 우리를 그리스도의 사랑에서 떼어 낼 수 없습니다. 모든 고통과 시련의 순간에도 '우리는 우리를 사랑해 주신 분의 도움에 힘입어 이 모든 것을 이겨 내고도 남기

때문입니다.'(로마 8,37 참조)

감옥에서 석방된 지 얼마 후, 안톤 신부님은 당신을 고문했던 사람과 만나게 되었습니다. 수년 동안 수없이 당신을 고통스럽게 했던 바로 그 사람을 실제로 맞닥뜨리게 된 겁니다. 그 순간 신부님을 고문했던 그 사람은 너무도 당황한 채 겁에 질려서 그 자리에 얼어붙은 듯 꼼짝 못 하고 있었습니다. 하지만 안톤 신부님은 그 사람에게 다가가 따뜻하게 안아 주시면서 감사의 인사를 전했다고 합니다. 우리도 안톤 신부님처럼 그리스도의 십자가 신비로 들어갈 수 있도록 성령께 간절히 기도해야겠습니다. 우리가 짊어진 십자가가 그리스도의 십자가와 온전히 일치할 수 있도록 성령께 간곡히 청해야겠습니다.

5. 죽음 : 일치의 기쁨으로 들어가는 문

"내가 가서 너희를 위하여 자리를 마련하면, 다시 와서 너희를 데려다가 내가 있는 곳에 너희도 같이 있게 하겠다."(요한 14,3)

마드리드 산맥에 있는 로스몰리노스Los Molinos라는 도시에서 열린 '주교들과 신학자들의 모임'에 참석한 적이 있습니다. 저는 주교도 아니고 신학자도 아닌데 그 회의에 참가했습니다. 수많은 주교님들과 신학교의 교수님들이 계셨는데, 훌리안 마리아스Julián Marías라는 분이 강사로 초빙되었습니다. 그분은 항상 의미심장한 말씀을 던져 주기로 유명했습니다. 저도 개인적으로 그분과 아는 사이였습니다. 그 교수님은 항상 엄격하고 진지해서 유머 감각이 다소 부족해 보였습니다. 그분한테 농담을 했다가는 아주 냉정하고 근엄한 반응이 돌아올 것만 같았지요. 아무튼 질의문답 시간이 되었습니다. 그러자 참석자 중에 한 분이 손을 들고 그 교수님에게 이런 질문을 했습니다. "제가 생각하기에 교수님도 이렇게 많은 주교님들과 사제들과 함께했던 시간은 한 번도 없었을 것 같습니다. 혹시라도 주교님들과 사제들 앞에서 설교할 기회가 주어진다면 어떤 주제로 하고 싶으신가요?" 질문이 황당무계하게 느껴졌는지, 교수님은 처음에 그 사람을 어이없다는 듯 바라보셨지만 곧 이렇게 답변하셨습니다. "죽음에 관하여 설교하겠습니다." 그러고 나서는 확신에 찬 어조로 말을 이어 가셨지요. "여러분은 모두 반드시 죽어야 하는 존재들입니다. 안 그렇습니까?" 이 말에 참석자들은 웃음으로 넘기려 했습니다만 교수님은 곧바로 다음과 같이 말했습니다. "여러분, 웃지 마세요! 이 말에 웃으면 안 됩니다! 왜냐면 아무도 자신들이 언젠가 반드시 죽는다는 사실을 믿으려고 하지 않기 때문입니다. 세상 사람들은 마치 절대로 죽지 않을 것처럼 살아가고 있습니다. 그럼에도 불구하고 그들은 모두 죽을 겁니다." 사람들이 여전히 웃고 있는 가운데 교수님은 계속 말씀하셨습니다. "절대로 그래서는 안 됩니다. 살아 있는 사람들이 결코 죽지 않을 것처럼 살아간다는 것은 아주 심각한 일이기 때문입니다." 결국 훌리안 마리아스 교수님은 강의 주제를 죽음으로 바꾸게 됩니다.

죽음이란 주제는 사실 아주 특별하고도 유별난 주제입니다. 죽음이란 우리 모두에게 딱 한 번, 그러나 반드시 벌어질 사건입니다.

하지만 죽음 이후에 어떻게 될 것인지는 그 누구도 감히 말할 수가 없습니다. 죽고 나서 벌어지는 일에 대해 말한 사람이 없기 때문입니다. 누구나 죽을 것이라는 사실은 너무도 확실하지만, 그 순간이 언제 어떻게 올지 모르기에 죽음의 순간이라는 것은 불확실한 것입니다. 예컨대 여기 있는 분들 중에 누군가가 지금으로부터 150년 후에 어떤 일들이 벌어질지 얘기할 수 있다면, 그 일들이 150년 후에 실제로 벌어질 가능성이 있을지도 모릅니다. 하지만 솔직히 150년 후에 벌어질 일들 때문에 지금 여기에 있는 우리가 피해를 입을 가능성은 거의 없습니다. 150년 후에 우리는 모두 죽어 있을 테니까요! 제가 갑자기 왜 이런 이야기들을 하는 걸까요? 죽음은 결코 헛되거나 불필요한 주제가 아니기 때문입니다. 죽음은 문입니다. 죽음보다 훨씬 더 중요한 일이 죽음 뒤에 벌어질 것입니다. 그것은 바로 영원한 생명입니다. 그러기에 죽음은 경이로운 사건입니다. 죽음이란 문을 통해서 영원한 생명이 우리에게 열릴 것이기 때문입니다. 영원한 생명! 이 얼마나 경이롭고 놀라운 일입니까! 가령 어린이에게 어떤 사람이 이런 말을 했다고 합시다. "얘야, 이 문은 바로 신나고 재미있는 서커스 공연장 안으로 들어갈 수 있는 문이란다." 어린이는 틀림없이 행복해 할 겁니다. 하지만 당신이 그 어린이에게 평범하고 지루하기 짝이 없는 집의 문 안으로 들어가고 싶으냐고 묻는다면 틀림없이 싫다고 대답할 것입니다. 서커스 공연장의 경우 '문' 그 자체가 중요한 것이 아니라 '문' 뒤에서 벌어질 흥미로운 공연, 그것이 진짜 중요하기 때문입니다. 가끔씩 우리는 죽음이라는 사건 자체에 지나치게 몰입합니다. 죽음 너머에서 벌어질 사건에 대해서는 주의를 기울이지 않은 채 그저 죽음만을 바라보는 겁니다. 하지만 죽음에서 정말로 중요한 것은 그 너머에서 벌어질 일들입니다. 그것이 바로 죽음의 참된 의미이기 때문입니다. 수많은 사색가들 사이에서도 죽음이란 너무도 큰 불안과 초조함을 불러일으켰던 주제입니다.

　많은 철학자들이 엄청난 시간과 노력을 들여 죽음에 대한 답을 찾으려고 노력했지만 그 누구도 성공하지 못했습니다. 키케로와 플라톤은 '죽음을 위한 명상'으로서 삶을 바라보았습니다. 쇼펜하우어는 "죽음이란 것을 철학적으로 사고하기 위한 모터(엔진)"로 삶을 생각했습니다. 또한 "우리에게 진리를 보여 줄 사건"으로 죽음을 가리키기도 했습니다. 하이데거는 "인간은 죽음을 위해서 존재한다."고 생각했습니다. 하지만 제2차 바티칸 공의회 문헌인 「현대 세계의 교회에 관한 사목 헌장」에서는 "죽음 앞에서는 온갖 상상이 다 힘을 잃어버린다."(18항)고 말합니다. 그런데 친구이자 누이처럼 친숙하게 여겨지는 죽음의 대한 관점을 여러분에게 말씀드리고자 합니다. 좋은 친구는 항상 우리에게 좋은 것을 가져다줍니다. 그리스도에게 단 한 번 결정적으로 벌어진 죽음으로 말미암아 이제 더 이상 죽음은 우리에게 나쁜 것을 가져다주지 않습니다. 오히려 반대로 좋은 것을 우리에게 가져다주는 것으로 변해 버렸습니다. 어떤 이들은 이렇게 질문할지도 모릅니다. "도대체 당신이 그것을 어떻게 안다는 겁니까?" 사실 제가 어떻게 답변해야 할지 모르겠습니다.

다만 죽음에 관한 문제들이 우리에게 아주 특별하다는 것만큼은 틀림없습니다.

저는 세고비아의 교구장이셨던 안토니오 팔렌주엘라Antonio Palenzuela 주교님의 말씀을 결코 잊을 수가 없습니다. 주교님은 이미 선종하셨습니다. 주교님 역시 죽음을 맞이하신 겁니다. 사실 전염병으로 돌아가셨습니다. 주교님 생전에 개인적으로 찾아간 적이 있습니다. 이미 그때도 주교님은 연세가 상당히 높으셨습니다. 안토니오 주교님은 제가 신학생 때 형이상학을 가르치셨던 교수님이라서 이런 말씀을 드렸습니다. "주교님! 제가 지금은 주교님의 후계자가 되었습니다. 주교님께서 계셨던 마드리드 신학교에서 제가 형이상학을 가르치고 있으니까요!" 그러자 주교님은 이렇게 대답하셨습니다. "내 후계자라고? 아니야! 절대 그렇지 않을 걸? 자네는 몇 시에 수업하는가?" 주로 오전에 수업한다고 말씀드렸더니, 주교님은 이렇게 얘기하셨습니다. "그것 봐! 나는 항상 오후 4시에 수업했다네. 오후 4시에 그것도 재미없는 형이상학을 가르친 거야! 모르긴 몰라도 아마 내 이후로 오후 4시에 형이상학을 가르치는 사람은 없었을 걸? 그러니 사실상 내 후계자는 아직까지도 없는 거야! 잠이 물밀듯 쏟아지는 오후 4시에 형이상학을 가르치려면 엄청나게 많은 유머와 재미난 일화들을 함께 얘기하면서 수업해야 하거든!" 사실 안토니오 주교님이 저에게 그런 식으로 유머러스하게 말씀하실 거라고는 상상조차 못했습니다만, 이후로도 계속 재미있는 말씀들을 해 주셨습니다. 지금도 혹여 여러분이 졸릴까 봐 제 나름대로는 재미난 얘기들을 섞어서 강의를 이어 가려고 노력 중입니다. 그럼에도 불구하고 주무시는 분들이 생길지도 모르지요. 그래도 영원히 주무시면 안 됩니다~.

제가 철학 공부를 하려고 독일로 유학을 떠났던 초창기에 겪었던 일입니다. 독일어 공부를 시작하기 위해서 예수회 신부님의 집에 머물렀습니다. 그분의 집은 노인 보호 시설에 있었습니다. 신부님은 담당 사목들을 열심히 하고 계셨는데 친절하게도 제가 머물 수 있도록 배려해 주셨습니다. 처음에 저는 아는 사람이 아무도 없었습니다. 그런데 신부님 덕분에 그곳에 살 수 있게 된 겁니다. 그분은 스페인 바스크 지방 출신의 너무도 멋진 예수회 회원이었습니다. 아주 오래 전에 지병으로 돌아가셨습니다. 제가 너무도 사랑했던 노르트라인베스트팔렌Nordrhein-Westfalen주의 뮌스터Münster라는 도시에서 한참 재미나게 살던 시절로 기억합니다. 그분은 심장이 안 좋아져서 고생하고 계셨습니다. 결국 제가 사제품을 받은 지 얼마 안 됐을 때, 그 신부님으로부터 심장 수술을 받을 예정이라는 연락을 받게 되었습니다. 그 수술을 한다 해도 살아날 확률은 기적에 가깝다는 소식이었습니다. 저는 신부님을 찾아갔습니다. 수술 받는 동안 함께하려는 마음이었습니다. 사실 이별을 거의 각오한 상황이었습니다. 그런데 그 과정에서 참으로 기쁘면서도 흥미로운 일이 벌어졌습니다. 노르트라인베스트팔렌주의 한 독일인 의사가 그분의 수술을 집도했는데요. 의사는 무자비할 정도로 솔직한 사람이었습니다. 수술을 한다 해도 회복될 확률은 10%밖에 안 된다고 수술 전에 그 신부님에게 말해 버린 겁니다. 신부님은 그 정도면 나쁘지 않다고 대답하셨습니다. 보통 이런 상황이면 세상과의 이별을 준비하게 됩니다. 그 신부님도 제게 이렇게 토로하셨지요. "수술실에 들어가는 일이 마치 공동묘지의 대합실로 들어가는 것 같습니다." 신부님은 수술 전에 세상과 친구들과 모든 지인들과 이별을 준비했습니다. 그 후 기나긴 수술을 받았습니다. 밤늦게 이어질 정도로 긴 시간이었습니다. 수술 결과를 기다리던 우리도 결국 잠을 자러 가야만 했습니다. 주교님이 수술 전에 이렇게 말씀하셨거든요. "만일 신부님이 수술 후에 죽게 되면 내일 아침에 그 소식을 알려 드리겠습니다. 만일 신부님이 살게 되면 우리 함께 신부님을 만나게 될 거고요!" 다음 날 우리는 모두 프란치스코 병원에 다시 모였습니다. 그리고 수술 후에 무슨 일이 벌어졌는지 물었습니다. 다행히 그 신부님은 돌아가시지 않았고 지금은 중환자실에서 치료를 받고 계시다고 했습니다. 하지만 무의식 상태였습니다. 사흘 정도만 잘 견뎌 내면 다시 깨어날 가능성이 높다고 했습니다. 참으로 다행스럽게도 신부님은 사흘 동안 잘 견뎌 내셨고, 회복실로 옮겨졌습니다. 회복실에서 드디어 신부님을 만날 수 있었습니다. 간호사들이 각종 의료 장비를 가지고 계속 그분을 돌보고 있었습니다. 드디어 신부님이 눈을 조금씩 뜨면서 저를 향해 미소를 짓는 듯하더니 다시 눈을 감았습니다. 그러고는 다시 눈을 뜨면서 저에게 미소 짓다가 또다시 눈을 감는 거였습니다. 신부님은 그때까지만 해도 아무것도 알아차리지 못하고 있었습니다. 잠시 후에는 눈을 계속 뜨려고 노력했고 의식이 회복되자 겨우 저를 제대로 알아보았습니다. 신부님은 먼저 이렇게 묻더군요. "지금 제가 어디에 있는 거지요?" 병원에 계시다고 말씀드렸더니 신부님은 다시 이렇게 물었습니다. "하지만… 제가 안 죽었나요? 아직 안 죽었어요?" 제가 안 돌아가셨다고 말씀드리자, 그 신부님은 "아이고, 맙소사!" 하며 마구 화를 내셨습니다.

자, 여기서 여러분에게 한 가지 말씀드릴 게 있습니다. 회복실에서 신부님이 깨어날 때 저를 바라보면서 잠시 미소를 지었다고 했는데, 그때 저를 가브리엘 대천사로 착각하여 제 뒤에 펼쳐져 있을 하늘나라의 웅장하고도 경이로운 광경을 보려고 애쓰셨답니다. 그런데 제가 아직 죽지 않았다고 말씀드리자 그곳이 하늘나라가 아님을 알고서 그렇게 화가 나셨다고 합니다. 세월이 한참 지난 뒤, 그 신부님에게 정말로 죽음 직전의 순간이 다가왔고 심장 수술 후에 벌어졌던 일을 회상하면서 저에게 이런 고백을 하셨습니다. "그때는 내가 정말 죽을 거라고 생각했어요. 그래서 죽음을 제대로 준비하려고 했지요. 모든 친구들과 모든 것들과 작별 인사를 나누었다오. 그런데 인생을 다시 살아야 한다는 것을 알았을 때 사실 너무나도 귀찮았지 뭐요!"

삶에서 나는 무엇을 찾고 있는 걸까요?

성경의 세상으로 들어가면, 죽음을 더욱 잘 이해할 수 있습니다. 죽음에 관한 여러 가지 질문을 할 수도 있을 겁니다. 예컨대 "얼마만큼이나 죽음의 신비를 잘 살아갈 수 있을 것인가?" 또 죽음을 '전망대'처럼 생각하며 살아간다면 죽음의 신비를 잘 살아갈 수 있을 겁니다. 이게 무슨 말일까요? 죽음으로부터 삶을 바라보라는 겁니다. 이렇게 하면 보다 더 좋은 삶을 살아갈 수 있습니다. 어떤 사람이 죽음이라는 전망대의 끝에서 아주 가까운 곳까지 다가갔다면, 그 자리에서 삶을 더 잘 바라볼 수 있게 될 것입니다. 삶이 아주 잘 보이게 됩니다. 시한부 인생을 사는 이들은 보통 사람들과는 다른 방식으로 삶을 바라봅니다. 이런 점에서 저는 사제로서 주님께 너무도 감사하게 됩니다. 사제들은 죽어 가는 사람들을 많이 만나다 보니 실질적으로 이런 관점에서 삶을 바라보기에 참 유리하기 때문입니다. 누군가 자신이 죽어 간다는 사실을 깨우치고 제대로 바라볼 수 있게 된다면 보다 완전하고 심오하게 인생을 말할 수 있게 됩니다. 이제 저는 죽음에 관한 첫 번째 질문을 해 보고자 합니다. "삶에서 나는 무엇을 찾고 있는 걸까요?" 우리는 대부분 삶이 영원할 것처럼 살아가고 있기 때문입니다. 우리의 생명이 영원한 생명이라도 되는 양 생각합니다. 그러나 이는 어디까지나 우리의 착각이요 거짓일 뿐입니다. 지금 이 세상에서 우리가 가진 모든 것은 언젠가 끝날 것입니다. 모든 것이요! 직함도, 지위도, 직책도, 교수로서의 명성도, 저서들도 모두 다 언젠가는 끝날 겁니다. 하지만 대부분의 사람들은 이 세상에서 내가 가진 모든 것이 영원히 지속될 것처럼 착각하며 살아가고 있습니다. 어떤 분들에게는 불쾌할 수 있는 얘기이므로 미리 용서를 청하면서 예를 들어 보겠습니다.

독일에서는 사람 앞에 붙이는 호칭이나 직함을 아주 중요하게 여깁니다. 예컨대 어떤 사람이 의사라면 그 이름 앞에 'Herr Doktor' 같은 칭호를 붙여 줘야 합니다. 누군가 대학 교수라면 박사Doktor라는 호칭 외에 학교에서의 지위나 직함을 함께 붙여서 'Herr Professor Doktor'라고 불러야 합니다. 만일 박사 학위가 두 개인 사람이 있다면 박사 칭호를 두 번 넣어서 'Herr Professor Doktor Doktor'라고 불러야 합니다. 그래야 실례가 되지 않는다는 군요. 그런 식으로 부르지 않으면 모욕적이라고 생각하는 사람도 있습니다. 그리고 독일에서는 공공장소에서 수업할 수 있는 권한을 부여한 자격증이 따로 있는데, 그런 자격증을 가진 사람들을 위해서는 'Herr Professor Hab. Doktor'라고 해서 'Hab'라는 호칭까지 덧붙여야 합니다. 행사장의 명찰에도 이름뿐만 아니라 이런 호칭을 다 넣어야 하므로 명찰을 접어야 할 지경입니다. 독일에서 유학할 때, 철학과 신학 교수였던 뮐러Müller라는 분이 있었습니다. 그분도 이미 돌아가셨습니다만, 뭐 어쩔 수 없지요. 아무튼 그분이 몸이 안 좋아서 병원에 갔는데 뇌종양이 발견되었습니다. 아주 심각한 상황이었습니다. 교수님은 수술을 두 번 하셨는데, 첫 번째 수술 뒤에 결과가 좋지 않아서 두 번째 수술을 했음에도 주님께서는 그분을 영원히 데려가기로 결정하셨습니다. 첫 번째 수술을 막 마친 뒤에 일어났던 일을 여러분과 나누고자 합니다. 종양 제거 수술을 받아 본 경험은 없지만, 제 생각엔 수술 중에 의사가 뇌를 휘

젓고 난 뒤에는 틀림없이 어지러운 상태로 수술실을 나오게 될 것 같긴 합니다. 적어도 두 가지 일을 한꺼번에 생각하면서 말하는 것은 불가능할 듯싶습니다만…. 아무튼 'Herr Professor'라는 호칭이 붙는 뮐러 교수님이 첫 번째 수술을 막 마친 뒤에 중환자실로 옮겨질 때, 간호사가 교수님께 수술이 아주 잘되었다고 설명하는 과정에서 생긴 일입니다. 그 간호사가 중환자실에서 나오자 저는 괜찮으냐고 물었습니다. 그분이 수술은 잘 끝났다고 대답하면서 환자를 중환자실로 옮길 때 있었던 일을 말해 주었습니다. 사실 그 간호사는 환자가 교수인지 몰랐습니다. 그저 환자의 성이 뮐러라는 것만 알고 있었습니다. 간호사는 교수님을 중환자실로 옮기면서 이렇게 말했답니다. "뮐러 씨(Herr Müller), 수술이 아주 잘 되었습니다." 그러자 초인적인 힘으로 환자가 눈을 뜨더랍니다. 그리고 고개를 세우면서 하는 말이 자신은 '뮐러 씨'가 아니라 존경하올 박사 학위 두 개를 지닌 교수라면서, 'Herr Professor Doktor Doktor'를 붙이라고 호칭을 교정해 주었다지 뭡니까. 그분은 사실 이렇게 말한 것과 같습니다. "지금 제가 반죽음의 상태이지만, 제 호칭에서 그 어떤 단어도 빼지 마세요. 농담이 아닙니다. 진짜 그렇게 불러 주길 바랍니다." 제가 지금 왜 이 이야기를 하는 걸까요? 우리는 대부분 이 세상에서 영원할 것처럼 착각하면서 살아가고 있기 때문입니다. 영원히 '존경하올 박사 학위 두 개를 지니신 뮐러 교수(Herr Professor Doktor Doktor Müller)'로 불리기를 바라는 것처럼.

자, 이제 본래 주제로 돌아가 "삶에서 나는 무엇을 찾고 있는 걸까요?"라는 질문에 대한 답을 찾기 위해 루카 복음서(12,16-21)를 읽어 보겠습니다.

예수님께서 그들에게 비유를 들어 말씀하셨다. "어떤 부유한 사람이 땅에서 많은 소출을 거두었다. 그래서 그는 속으로 '내가 수확한 것을 모아 둘 데가 없으니 어떻게 하나?' 하고 생각하였다. 그러다가 말하였다. '이렇게 해야지. 곳간들을 헐어 내고 더 큰 것들을 지어, 거기에다 내 모든 곡식과 재물을 모아 두어야겠다. 그리고 나 자신에게 말해야지. '자, 네가 여러 해 동안 쓸 많은 재산을 쌓아 두었으니, 쉬면서 먹고 마시며 즐겨라.'' 그러나 하느님께서 그에게 말씀하셨다. '어리석은 자야, 오늘 밤에 네 목숨을 되찾아 갈 것이다. 그러면 네가 마련해 둔 것은 누구 차지가 되겠느냐?' 자신을 위해서는 재화를 모으면서 하느님 앞에서는 부유하지 못한 사람이 바로 이러하다."

두 번째 본문은 마태오 복음서(6,25-33)입니다.

"그러므로 내가 너희에게 말한다. 목숨을 부지하려고 무엇을 먹을까, 무엇을 마실까, 또 몸을 보호하려고 무엇을 입을까 걱정하지 마라. 목숨이 음식보다 소중하고 몸이 옷보다 소중하지 않으냐? 하늘의 새들을 눈여겨보아라. 그것들은 씨를 뿌리지도 않고 거두지도 않을 뿐만 아니라 곳간에 모아들이지도 않는다. 그러나 하늘의 너희 아버지께서는 그것들을 먹여 주신다. 너희는 그것들보다 더 귀하지 않으냐?

너희 가운데 누가 걱정한다고 해서 자기 수명을 조금이라도 늘릴 수 있느냐? 그리고 너희는 왜 옷 걱정을 하느냐? 들에 핀 나리꽃들이 어떻게 자라는지 지켜보아라. 그것들은 애쓰지도 않고 길쌈도 하지 않는다. 그러나 내가 너희에게 말한다. 솔로몬도 그 온갖 영화 속에서 이 꽃 하나만큼 차려입지 못하였다. 오늘 서 있다가도 내일이면 아궁이에 던져질 들풀까지 하느님께서 이처럼 입히시거든, 너희야 훨씬 더 잘 입히시지 않겠느냐? 이 믿음이 약한 자들아! 그러므로 너희는 '무엇을 먹을까?', '무엇을 마실까', '무엇을 차려입을까' 하며 걱정하지 마라. 이런 것들은 모두 다른 민족들이 애써 찾는 것이다. 하늘의 너희 아버지께서는 이 모든 것이 너희에게 필요함을 아신다. 너희는 먼저 하느님 나라와 그분의 의로움을 찾아라. 그러면 이 모든 것도 곁들여 받게 될 것이다. 그러므로 내일을 걱정하지 마라. 내일 걱정은 내일이 할 것이다. 그날 고생은 그날로 충분하다."

"삶에서 나는 무엇을 찾고 있는 걸까요? 내가 진실로 추구하는 것은 과연 무엇일까요?" 이 질문이 바로 '인생의 온도계'라고 할 수 있습니다. 인생에서 무엇을 찾고 있느냐에 따라 인생의 성패가 달려 있기 때문입니다. 내가 찾는 것이 복음 말씀에 있는지 살펴보기 위해서 방금 읽었던 복음 말씀들을 펼쳐서 다시 한 번 봐야 할 것입니다. 그중에 하느님께서 "어리석은 자야!" 하고 질타하시는 말씀이 강하게 다가옵니다. 누가 어리석은 자입니까? 자신이 언젠가 반드시 죽을 것임을 깨닫지 못하는 자들이 어리석은 자들입니다. 마치 이 세상에서 영원히 살 것처럼 착각하는 자들이 어리석은 자들입니다. 우리는 살면서 어려움이나 문제들을 계속 맞닥뜨릴 것만 같습니다. 하지만 그 어떤 어려움이나 문제들도 60년이란 시간을 길게 펼쳐 본다면, 이 또한 지나가 버리고 언젠가는 끝나게 될 것입니다. 어떤 어려움이나 문제도 60년이란 시간 안에서 바라보면 그다지 길지 않습니다. 유럽인들이 아메리카 대륙에 도착한 지도 500년이 지났습니다. 그때부터 지금까지 세대교체가 일고여덟 번은 이루어졌을 겁니다. 죽어 가는 이가 "4년만 더 살 수 있다면!" 하고 소망한다 해도, 또 운 좋게 4년을 더 살았다 해도 뭐 대단한 게 있겠습니까? 어차피 우리의 인생은 죽어 가고 있는 셈인데요. 이 세상의 모든 것들은 어떤 식으로든 다 사라져 버리기 마련입니다. 그렇다면 "삶에서 나는 무엇을 찾고 있는 걸까요?" 인생에서 하느님 나라와 그분의 정의를 추구하는 것이 가장 가치 있는 일입니다. 나머지 것들은 다 사라져 버릴 것이기 때문입니다. 그런데도 왜 그렇게들 이 세상에 재물을 쌓아 두려고 하는 걸까요? 우리는 하늘나라에 재화를 쌓아야 합니다. 하늘나라의 보화만이 유일하게 가치 있는 것이기 때문입니다. 그러므로 하늘나라에 보화를 보낼 수 있는 기회가 생긴다면 그 즉시 실천해야 합니다. 하늘나라에서는 경제 위기나 그 어떤 형태의 파산도 없고, 보화도 결코 좀먹지 않을 것이기 때문입니다. 오직 하늘나라에 쌓아 둔 재물만이 참된 가치로 재평가될 것이고 영원히 지속될 것입니다.

나는 무엇을 그토록 걱정하며 사는가?

우리의 두 번째 질문은 "나는 무엇을 그토록 걱정하며 사는가?"입니다. 이에 대해서는 주님께서 우리에게 주신 복음 말씀이 있습니다. "육신은 죽여도 영혼은 죽이지 못하는 자들을 두려워하지 마라. 오히려 영혼도 육신도 지옥에서 멸망시키실 수 있는 분을 두려워하여라."(마태 10,28) 누구를 두려워해야 한다고요? 우리에게서 사랑이 사라지게 만드는 것이 있습니다. 사랑 뒤에 있는 것, 다시 말해서 모든 덕행을 사라지게 만드는 것이 있습니다. 사랑이야말로 모든 덕행들 중에서 으뜸입니다. 그런데 영혼에게서 하느님을 도둑맞게 되는 일들이 있는데, 우리는 바로 그것을 두려워해야 합니다. 다른 것은 두려워할 필요가 없습니다. 다른 것들은 그저 상대적일 뿐입니다. 그러므로 사랑만이 중요합니다. 많은 이들이 모진 고문에 못 이겨 신앙을 저버리던 상황에서도 룰리 신부님은 마지막까지 결코 신앙을 포기하지 않으셨습니다. 신부님을 고문했던 이들은 그분이 스스로 신앙을 포기하여 절망하도록 만들려는 의도였습니다만, 결국 자기들이 절망하고 말았습니다. 하루는 룰리 신부님이 자신을 고문하던 사람에게 이렇게 말씀하셨다고 합니다. "이보세요. 당신은 내게서 모든 것을 빼앗아 갈 수 있습니다. 내 목숨까지도요. 하지만 당신이 결코 빼앗을 수 없는 게 하나 있습니다. 당신까지도 사랑하라고 나에게 요구하시는 하느님의 사랑입니다." 상상컨대 그 순간 고문하던 이들은 아마도 미쳐 버렸을 것 같습니다. 순교자이신 룰리 신부님의 말씀에 모든 가치관이 흔들렸을 겁니다. 고문을 하는 이유마저도 무너져 버렸을 거라고 생각합니다.

"나는 무엇을 그토록 걱정하며 사는 걸까요?" 참으로 우리가 걱정해야 할 것들은 우리에게서 영혼을 훔쳐 버릴 수 있는 것들입니다. 이것만이 중요합니다. 나머지는 겉으로 보기엔 중요해 보일지 몰라도 그저 부수적일 뿐입니다. 얼마 전에 라틴 아메리카의 한 주교님이 제게 전화를 주셨습니다. 당신의 교구가 아주 위험한 상황에 처해 있다면서 저와 여러분에게 기도를 청하셨습니다. 그 주교님은 정말 멋진 분입니다. 그런데 지금 목숨을 걸어야 할 만큼 핍박과 박해를 받고 계십니다. 얼마 전에 제가 그분의 교구를 방문한 적이 있습니다. 그때 주교님이 저에게 무척 아름다운 바실리카를 보여 주셨습니다. 교구 원주민들이 직접 만든 성당입니다. 참 아름답고 웅장했습니다. 성당 전체가 조각으로 새겨졌고 원목으로 건축되었습니다. 소중하고 가치 있는 성당이었습니다. 주교님이 오늘 아침에 전화를 주셨는데, 새벽에 누전 사고로 화재가 발생해서 그 성당이 전소되고 말았다는군요. 그 슬픈 소식을 알려 주시면서 주교님은 이렇게 말씀하셨습니다. "교구 신자들이 비탄에 빠져 있습니다. 성당에 화재가 났을 때 저는 주교회의 참석 때문에 교구 밖에 있었는데요. 신자들과 함께 있기 위해 바로 교구로 돌아왔습니다." 제가 지금 수녀원에서 피정 지도를 하고 있다니까, 주교님은 이렇게 답하셨습니다. "아! 그렇다면 수녀님들께 기도 좀 부탁드립니다. 우리 교구 신자들이 다시 성당을 건립하기로 결정했어요. 성당 화재라는 고통 뒤에 성당 건립이라는 또 다른 고통이 기다리는 셈이네요. 제가 확신할 수 있는 것은 딱 한 가지뿐입니다. 이 또한 하느님의 뜻이라는 겁니다. 우리의 수많은 재산이 없어진 이 순간 하느님께서 뭘 원하시는지 아는 것이 가장 중요합니다. 아름다운 목조건물에 우리가 지나치게 빠져 있었나 봅니다. 그런 집착조차 없애라고 하느님께서 우리에게 요구하시는 것 같습니다. 우리에게 참으로 중요한 것은 하느님의 사랑뿐이니까요." 여러분께 특별히 주교님과 그 교구 신자들을 위해 기도해 주시기를 부탁드립니다. 진짜 이런 것들이 참으로 중요한 것입니다. 실은 그 주교님이 복음을 선포하시면서 교구에서 살해 위협까지 받고 계신 상황입니다. 이제 정리해 보면, 두 번째 질문은 "나는 무엇을 그토록 걱정하며 사는가?"였습니다. 내가 지금 걱정하는 것이 무엇이냐에 따라 내 인생과 마음이 무엇으로 채워질지 결정됩니다.

나에게 '삶과 죽음'은 무슨 의미인가?

이제 우리의 세 번째 질문은 "나에게 '삶과 죽음'은 무슨 의미인가?"라는 것입니다. '산다는 것'은 과연 어떤 의미일까요? 바오로 사도의 말에서 그 답을 찾을 수 있습니다. "사실 나에게는 삶이 곧 그리스도이며 죽는 것이 이득입니다. 그러나 내가 육신을 입고 살아야 한다면, 나에게는 그것도 보람된 일입니다. 그래서 어느 쪽을 선택해야 할지 모르겠습니다."(필리 1,21-22) 어떤 이들은 그럴 거면 다 함께 죽자고 극단적으로 말할지도 모릅니다. 하지만 하느님께서는 우리가 열심히 복음화를 위해서 살아가도록 요구하십니다. 복음화를 통해 다른 이들이 예수님을 믿어 참된 생명을 얻게 하고, 우리는 참된 미래를 얻기 위해 열심히 일하도록 하느님께서 우리에게 요구하고 계십니다. 하느님께서 극단적으로 너무 다른 두 가지를 동시에 저에게 재촉하고 계심을 느낍니다. 먼저 그리스도와 영원히 함께 있으려면 반드시 내가 죽어야만 하므로 저에게는 죽고픈 열망이 있습니다. 이와 반대로 여전히 육신 안에 머물고픈 열망도 있습니다. 그래야만 다른 이들을 제가 더 잘 도울 수 있다고 생각하기 때문입니다. 결코 저 자신을 위해 이 세상에서 살고픈 것은 아닙니다. 지상의 삶을 통해 교회를 위해서 제 생명과 존재를 온전히 봉헌하는 것이 주님께서 원하시는 것이므로 이 세상의 삶을 지속하고 싶을 뿐입니다. 만일 지금이라도 주님께서 저를 데려가기를 원하신다면 저는 기꺼이 주님께로 갈 겁니다. 두 가지 극단적인 열망은 안티오키아의 이냐시오 성인이 이미 서한에서 말씀하셨던 내용과 같은 것입니다. 이냐시오 성인의 삶은 너무도 매혹적이고 아름다웠습니다. 그분은 2세기경 트라야누스 황제 치하에서 그리스도교가 혹독한 박해를 받던 시절 안티오키아의 주교였습니다. 그리스도교 신자라고 고백하면 바로 죽임을 당하는 시대였습니다. 하지만 붙잡혔다 해도, 그리스도의 이름을 고백하기를 포기하겠다고 말하면 그 즉시 풀려났습니다. 나는 그리스도인이 아니라고 말만 하면 감옥에서 풀려날 수 있었습니다. 하지만 그리스도인이라고 계속 고백하면 바로 사형이었습니다. 이냐시오 성인을 아끼고 사랑했던 일부 그리스도인들이 성인께 이런 말을 했습니다. "주교님! 주교님의 생명을 살리기 위해 그리스도인이 아니라고 말씀하세요. 일단은 주교님의 생명이 중요하니까요." 하지만 이냐시오 성인은 죽음을 앞둔 상황에서 로마의 그리스도인들에게 이러한 내용의 서한을 보냅니다. "나는 모든 교회에 편지를 쓰면서 여러분이 방해만 하지 않으면 내가 하느님을 위해 기꺼이 죽으러 간다고 모두에게 알렸습니다. 나의 간청입니다. 불필요한 호의를 나에게 베풀지 마십시오. 나를 맹수의 먹이가 되게 내버려 두십시오. 나는 그것을 통해서 하느님께 갈 수 있습니다. 나는 하느님의 밀알입니다. 나는 맹수의 이에 갈려서 그리스도의 깨끗한 빵이 될 것입니다. 맹수라는 도구를 통해서 내가 하느님께 봉헌된 희생 제물이 될 수 있도록 그리스도께 기도하십시오."

이처럼 성인께서는 자신에게 사형 집행이 이루어지기를 열망하셨습니다. 물론 그 시절의 사형 집행에는 선택의 여지가 없었습니다. 원형 경기장 한가운데 그리스도인들을 내팽개쳐 둔 후 굶주린 사자들을 풀어 먹이가 되게 하는 방식이었습니다. 이냐시오 성인은 편지에서 이렇게 확신했습니다. "이 시대의 왕국들과 세상의 끝까지 정복하는 일조차 제게는 아무런 소용이 없습니다. 이 세상 끝까지 다스리는 것보다 차라리 예수 그리스도를 위해 죽는 것이 저에게는 훨씬 더 낫습니다. 제가 찾고 있는 것은 우리를 위해 돌아가신 그분입니다. 제가 원하는 것은 우리를 위해 부활하신 그분입니다. 나의 형제들이여, 저를 용서하십시오." 또한 성인께서는 단어의 의미를 바꾸면서 언어적인 유희로 이렇게 말씀하셨습니다. "여러분은 내가 살 수 있도록 방해하지 마십시오." 사형이 집행되어 당신이 죽는 일을 방해하지 말라는 뜻입니다. 그리고 "여러분들은 내가 죽게 되도록 원하지 마십시오."라고 말씀하셨습니다. 다시 말해 "내가 그리스도를 포기하기를 바라지 마십시오."라는 뜻입니다. 성인께서는 이런 말씀도 하셨습니다. "하느님께 드려야 할 것을 세상에 주어서는 절대로 안 됩니다. 세상의 재물에 속아서도 안 됩니다. 제가 온전히 순수한 참된 빛에 다다를 수 있도록 부디 저를 내버려 두십시오. 제가 참된 빛에 다다를 때, 비로소 저는 참된 사람이 될 수 있을 것입니다."

사실 이런 일들이 이미 많이 벌어졌습니다. 특히나 시공간적으로 우리와 아주 가까운 마드리드의 수도원에서 이런 일들이 벌어졌습니다. 참으로 많은 순교자들이 우리 시대에 있었습니다. 스페인 내전 당시 공화 정부 측 군인들이 수도원으로 쳐들어오기 전에, 원장 수녀님이 다른 수녀들에게 이렇게 말했습니다. "저는 여러분 중 누구도 이 수도원에 계속 머물러 있기를 원치 않습니다. 지금 당장 수도원에서 나가 어떤 식으로든 살길을 찾으세요. 일단은 수도복을 벗고 평상복으로 갈아입은 후에 가족들이나 이웃집에 숨어 지내세요." 하지만 한 명만 빼고 다른 모든 수녀님들은 원장 수녀님과 함께 수도원에 남았습니다. 결국 군인들이 수도원으로 쳐들어왔고, 수녀님들을 죽이기 위해 다른 곳으로 데려갔습니다. 또한 혹시라도 더 숨어 있는 수녀님이 없는지 색출하기 위해서 마을 곳곳을 수색하기 시작했습니다. 그렇게 아파트를 수색하다가 군인들이 수상한 사람을 발견하게 되었습니다. 짧은 머리의 여인이 의심스러워서 그녀에게 물었습니다. "당신도 혹시 저 수녀들 중 한 사람이 아니오?" 처음에 그녀는 겁에 질려서 부정했습니다. 그러자 군인들이 나갔고, 그녀는 다른 이웃들처럼 발코니로 가서 군인들이 수녀님들을 끌고 가는 장면을 바라보고 있었습니다. 군인들은 수녀님들을 트럭에 무자비하게 실었습니다. 그 광경을 바라보던 여인은 결국 더 이상 참을 수가 없어서 이렇게 외치기 시작했습니다. "여기요! 저는 수녀입니다. 저도 수녀가 맞습니다. 저 역시 저분들처럼 가톨릭 수녀입니다!" 군인들은 그녀에게 당장 아파트에서 내려오라고 명령했고, 그녀 또한 트럭에 싣고 떠났습니다. 군인들에게 잡혀간 수녀님들은 모두 죽었습니다. 사살될 당시 수녀님들이 가지고 있던 십자고상 역시 총탄에 의해 산산이 부서지고 말았습니다. 하지만 그렇게 박살난 십자고상이 지금도 보관되어 있습니다.

    우리에게는 두 가지 선택지가 있습니다. 동료들의 죽음을 외면한 채 계속 살아가든지 아니면 동료들과 함께 죽든지. 죽고 사는 것을 선택한다는 것은 참으로 어려운 일입니다만, 그 수녀님이 마지막에 그렇게 말할 수 있었던 것은 그야말로 하느님의 은총이었습니다. 그리스도 안에서 죽음이라는 빛으로 삶을 이해하고 있었기에 가능했던 일입니다. 이런 식으로 삶을 바라볼 때 삶과 죽음의 의미가 얼마나 아름다워지는지 모릅니다. 죽는다는 것은 그리스도 안에서 죽는 것을 의미합니다. 산다는 것은 그리스도 안에서 사는 것을 의미하지요. 그러기에 우리는 그리스도의 삶과 죽음에 동참하면서 살아갈 수 있는 겁니다. 그리스도의 죽음은 부활의 문이니까요.

누이인 죽음과 함께 산다는 것의 의미는 무엇인가?

마지막으로 우리가 해야 할 질문은 "누이인 죽음과 함께 산다는 것의 의미는 무엇인가?"입니다. 다시 말해 '죽음이라는 것의 현존과 함께 살아간다는 의미가 무엇이냐?'는 것입니다. 매일 죽음 안에 머물면서 죽음만을 생각하며 살아가라는 의미가 아닙니다. 하지만 죽음이란 우리가 결코 잊어서는 안 될 사건입니다. 적어도 지금 이 피정 중에는 잊지 말아야 합니다. 이 점에 대해 바오로 사도는 이렇게 말씀하셨습니다. "형제 여러분, 내가 말하려는 것은 이것입니다. 때가 얼마 남지 않았습니다. 이제부터 아내가 있는 사람은 아내가 없는 사람처럼, 우는 사람은 울지 않는 사람처럼, 기뻐하는 사람은 기뻐하지 않는 사람처럼, 물건을 산 사람은 그것을 가지고 있지 않은 사람처럼, 세상을 이용하는 사람은 이용하지 않은 사람처럼 사십시오. 이 세상의 형체가 사라지고 있기 때문입니다."(1코린 7,29-31) 그러므로 이 세상 것에 집착하면서 살아가면 안 됩니다. 우리에게 주어진 시간이 너무나 짧기 때문입니다. 오늘은 그리스도 안에서 죽음을 바라보며 그리스도처럼 죽음을 맞아들일 준비를 하기에 너무도 좋은 시간입니다. 즉 죽음에 의미를 부여하기에, 그것도 초자연적인 의미를 부여하기에 너무도 좋은 시간입니다.

최후의 심판

죽음과 함께 혹은 죽음과 관련된 주제에 대해 이야기할 때 떼려야 뗄 수 없는 것이 바로 '영원한 생명'의 문제입니다. 그러므로 죽음과 영원한 생명은 나누어서 생각할 수 없습니다. 만일 우리가 문에 대해 생각한다면, 문 너머에 무엇이 있는지에 대해서도 함께 생각해야 합니다. 하늘나라에 대해서 말할 때 이 주제를 다시 한 번 다룰 것입니다. 아무튼 지금은 죽음과 관련해서 반드시 다루어야 할 근본적이고도 기초적인 다른 측면이 있는데 바로 '심판'입니다. 최후의 심판은 분명히 존재합니다. 성경에 이 사실이 분명하게 계시되어 있습니다. 우리는 모두 그것이 자비의 심판이 될 것임을 알고 있습니다. 하느님께서는 한없이 자비로운 아버지이시고 그리스도께서는 자비 그 자체이시니까요. 이 모든 것이 진리입니다. 또한 심판의 순간은 바로 우리의 자유에 대한 책임을 묻는 시간이 될 것입니다.

그리스도는 심판자이십니다. 인간의 역사에 관한 지배권을 가진 분만이 심판자가 될 수 있기에 오직 그리스도만이 심판자이십니다. 결국 심판의 순간은 진리의 순간이 될 것입니다. 최후의 심판은 우리가 지닌 자유의 결과가 명명백백히 드러나는 사건이 될 것이기 때문입니다. 또한 최후의 심판은 인생의 진실성이 하느님과 다른 이들 앞에서 드러나는 순간이 될 것이기 때문입니다. 그러므로 그날에는 하느님 앞에 드러난 진실에 대해서 그 어떠한 핑계나 저항도 할 수 없을 것입니다. 그래서 최후의 심판은 겸손의 순간이 됩니다. 명백히 드러난 사실들을 결코 거부할 수 없을 테니까요. 레오 13세 교황님은 이렇게 말씀하셨습니다. "당신은 창조주로부터 자유라는 대출을 거저 받았습니다. 하지만 지상에서 사는 동안 헛되고 허망하며 어리석은 세상 것들을 통해서는 하느님께서 주신 자유라는 선물을 존중할 수 있는 것이 하나도 없음을 마음 깊이 확신해야 합니다."(Práctica de la humildad겸손의 실천, 2) 아빌라의 데레사 성녀 또한 이런 말씀을 하셨습니다. "참으로 겸손한 사람은 항상 자기 자신의 덕을 의심하며 살아가게 됩니다. 진정으로 겸손한 사람은 매양 다른 이들에게서 발견하는 덕을 더욱 확실하고 더 값진 것으로 알아주는 법입니다."(「완덕의 길」, 38,9) 하지만 심판에 대해 두려움을 가져서는 안 됩니다. 이에 대해 사도 요한은 이렇게 말씀하셨습니다. "사랑이 우리에게서 완성되었다는 것은, 우리도 이 세상에서 그분처럼 살고 있기에 우리가 심판 날에 확신을 가질 수 있다는 사실에서 드러납니다. 사랑에는 두려움이 없습니다. 완전한 사랑은 두려움을 쫓아냅니다. 두려움은 벌과 관련되기 때문입니다. 두려워하는 이는 아직 자기의 사랑을 완성하지 못한 사람입니다."(1요한 4,17-18) 하느님께서는 자비이십니다. 비록 우리가 재앙과 같은 존재가 될 수도 있다지만 하느님께서는 자비로우십니다.

만일 우리가 하늘나라에 들어간다면, 그건 당연히 우리의 힘으로 획득해 낸 일이 아닙니다. 구원은 우리의 힘이 아니라 하느님께서 선물로 거저 주신 것이기 때문입니다. 물론 하느님의 선물을 우리가 자유롭게 받아들인 것입니다.

언젠가 제가 고해성사를 집전하고 있을 때의 일입니다. 갑자기 한 어린이가 고해소 안으로 들어와서 대뜸 재미있는 이야기를 하나 해도 되냐고 물었습니다. 그래서 고해소는 농담하는 장소가 아니라고 했더니, 그 어린이가 이렇게 말하더군요. "신부님이 제게 말씀하셨던 것과 관련된 얘기인데요." 저는 어린이에게 얘기해 보라고 했습니다. 고해성사의 차례를 기다리는 다른 사람들을 생각하니 그 시간이 길게 느껴졌습니다. 그래도 어린이의 이야기는 참 재미있었습니다. 고해소에서 했던 농담은 고해의 비밀에 속하지 않으니까 여러분에게 말씀드려도 될 겁니다. 그 어린이가 저에게 말했습니다. "신부님, 혹시 최후의 심판 날에 하늘나라로 들어가기 위해서 점수를 몇 점이나 받아야 하는지 알고 계세요? 하늘나라에 들어가기 위해서는 1,000점이 필요해요. 신부님은 꼭 알고 계셔야 돼요." 이 말에 제가 웃으면서 대답했지요. "오, 그래요? 점수에 대해서는 전혀 모르고 있었네요." 그러자 그 어린이가 하는 말이 압권입니다. "점수가 필요해요! 점수가! 신부님이 멋지고 아름다운 하늘나라에 도착하게 되면, 베드로 사도가 신부님을 맞이하면서 말할 거예요. '자, 이제부터 당신이 살면서 행한 착한 일들을 모두 말해 보시오. 그리고 점수를 합산해 봅시다. 합산한 점수가 1,000점이 넘으면 즉시 하늘나라에 들어갈 것이오.' 그런데 어떤 사람이 사도 베드로에게 이렇게 말했어요. '아하, 좋습니다. 저는 15살 때부터 지금까지 매일 미사에 참석했습니다.' 그러자 사도 베드로는 엄청나게 큰 계산기를 꺼내 '그건 0.5 점입니다.'라고 점수를 매기면서 숫자를 계산기에 치기 시작했어요. 그러자 그 사람이 말했습니다. '아, 저는 묵주 기도도 바쳤습니다. 헤아릴 수 없이 많이 바쳤습니다. 묵주 알이 닳도록 기도해서 정확히 몇 단이나 바쳤는지도 잘 모르겠습니다.' 그러자 사도 베드로가 이렇게 말했어요. '대충 10만 단 정도 바쳤을까요?' 그 사람이 대답했습니다. '조금 과장해서 그 정도는 바쳤던 것 같습니다. 그것까지 합산해서 계산하면 총 얼마입니까?' 베드로 사도가 다시 계산기를 들고 묵주 기도로 얻은 점수를 합산해 보니까 0.75점이 나왔습니다. 그러자 그 사람은 이렇게 말했습니다. '아! 저는 회초리로 제 등에 수없이 매질을 했습니다. 그래서 지금은 마치 여과기의 구멍들처럼 등에 이렇게 상처가 나 있습니다.' 그 말에 따라 다시 계산기로 점수를 합쳐 보니 0.8점이 되었답니다. 하지만 1,000점을 받아야만 하늘나라에 들어갈 수 있었습니다. 그 사람은 점수가 될 만한 선행을 계속 찾았습니다. '아르스의 비안네 성인을 포함해서 모든 성인들의 성인전을 다 읽었습니다. 책 표지부터 마지막까지 샅샅이 다 읽었어요. 스페인어는 물론 영어, 이탈리아어, 중국어로도 읽었지요.' 그러자 계산기로 총 0.9점을 얻었습니다. 결국 그 사람은 점점 초조해지기 시작했습니다. '내 인생의 선행들을 낱낱이 말했는데… 고작 2점도 못 받았네.' 하지만 포기할 수 없었습니다. 그는 5시간이 넘도록 선행이란 선행은 모조리 끄집어냈습니다. 결국 초조해진 그는 바닥에 뒹굴며 이렇게 울부짖었답니다. '아이고, 주님! 이건 정말 불가능한 일이잖아요! 당신이 저를 하늘나라에 집어넣어 주시지 않으면 제 힘만으로는 도저히 하늘나라에 들어갈 수가 없잖아요.' 바로 그 순간, 종소리가 울리기 시작했습니다. 그리고 베드로 사도가 이렇게 말했답니다. '1,000점을 받았습니다. 이제 하늘나라로 들어가시오!'"

참으로 그렇습니다! 우리를 하늘나라에 들여보내 줄 유일한 분이 누구인지 알아보고 인정할 때, 비로소 우리는 하늘나라에 들어갈 수 있는 겁니다. 우리가 자신만의 힘으로 하늘나라에 들어갈 수 있는 것이 아니라, 하느님만이 우리를 하늘나라에 들어갈 수 있게 해 주시는 겁니다. 다시 말해 "여봐라, 너는 무슨 일을 했느냐?"라는 질문에 우리가 "저는 아무것도 아닙니다. 저는 그저 죄인 중의 죄인이었습니다. 재앙에 가까운 사람이었을 뿐입니다. 하지만 주님께서 원하시면 저 같은 죄인도 하늘나라에 들어갈 수 있음을 저는 믿습니다."라고 고백할 때까지 주님께서는 우리를 기다리고 계신 겁니다. 그렇다고 철면피가 되라는 말은 절대로 아닙니다. 우리의 구원을 위해서는 반드시 하느님의 은총을 우리의 자유의지로 선택해서 받아들여야 하기 때문입니다. 아무 일도 하지 않은 채, 모든 것을 포기한 상태에서 그렇게 말해도 된다는 뜻은 결코 아닙니다. "우리의 힘만으로는 구원받을 수 없고 주님께서 우리를 구원해 주시는 거라면, 저는 지금부터 그냥 카드놀이나 하면서 그렇게 지내야겠네요." 아니요! 절대 그렇지 않습니다!

결론적으로 말해서, 최후의 심판 날은 나의 업적이나 선행을 헤아리면서 그것들을 바라보게 되는 날이 아닙니다. 하느님께서 주셨던 수많은 은총들을 내가 만일 받아들였다면, 하느님께서 주셨던 모든 선물들을 내가 진정 받아들이고 싶어 했다면, 얼마나 그 은총들과 선물들을 원하면서 받아들였는지를 바라보게 되는 날이 바로 최후의 심판 날이 될 것입니다. 또 내가 진심으로 그리스도를 섬겼는지, 다시 말해서 얼마나 그리스도를 섬기며 살았는지를 바라보게 되는 날이 바로 최후의 심판 날이 될 것입니다. 이러한 사실들을 되새겨 보기 위해 지금부터 마태오 복음서를 함께 읽어 보겠습니다. 제가 너무나 좋아하는 구절인데, 정말 아름답고 흥미로운 내용입니다. "사람의 아들이 영광에 싸여 모든 천사와 함께 오면, 자기의 영광스러운 옥좌에 앉을 것이다. 그리고 모든 민족들이 사람의 아들 앞으로 모일 터인데, 그는 목자가 양과 염소를 가르듯이 그들을 가를 것이다. 그렇게 하여 양들은 자기 오른쪽에, 염소들은 왼쪽에 세울 것이다. 그때에 임금이 자기 오른쪽에 있는 이들에게 이렇게 말할 것이다. '내 아버지께 복을 받은 이들아, 와서, 세상 창조 때부터 너희를 위하여 준비된 나라를 차지하여라.'"(마태 25,31-34)

자, 최후의 심판 때 여러분이 오른쪽, 즉 양들 쪽에 속하게 된다면 은총을 참 많이 받은 겁니다. 알다시피 여러분이 염소들 쪽에 속해 있다면 선택받은 사람이 아니기에 두려움으로 벌벌 떨게 될 것입니다. 그러나 여러분이 양들 쪽에 속해 있다면 다음과 같은 말씀을 듣게 될 것입니다. "내 아버지께 복을 받은 이들아, 와서, 세상 창조 때부터 너희를 위하여 준비된 나라를 차지하여라. 너희는 내가 굶주렸을 때에 먹을 것을 주었고, 내가 목말랐을 때에 마실 것을 주었으며, 내가 나그네였을 때에 따뜻이 맞아들였다. 또 내가 헐벗었을 때에 입을 것을 주었고, 내가 병들었을 때에 돌보아 주었으며, 내가 감옥에 있을 때에 찾아 주었다."(마태 25,34-36)

이 비유 가운데서 어리석은 자들로 나오는 저주받은 이들은 임금의 말을 이해하지 못한 채 반항하면서 이렇게 대답니다. "주님, 저희가 언제 주님께서 굶주리시거나 목마르시거나 나그네 되신 것을 보고, 또 헐벗으시거나 병드시거나 감옥에 계신 것을 보고 시중들지 않았다는 말씀입니까?"(마태 25,44) 이 말은 마치 이런 뜻을 내포하는 것 같습니다. "임금님! 아무래도 제가 생각하기에 임금님이 착각하고 계신 것 같습니다. 저는 결코 임금님께서 굶주리시고 목마르신 것을 보지 못했습니다. 저는 단 한 번도 임금님을 직접 뵌 적이 없습니다." 주님의 말씀은 계속됩니다. "내가 진실로 너희에게 말한다. 너희가 내 형제들인 이 가장 작은 이들 가운데 한 사람에게 해 준 것이 바로 나에게 해 준 것이다."(마태 25,40) 이는 그리스도를 섬기기 위해 우리가 형제들에게 어디까지 봉사해야 하는지에 대한 말씀입니다. 그리스도께서는 이것을 우리에게 알려 주신 것입니다. 형제들을 섬기고 사랑하며 좋아하고 존중하는 것은 바로 그리스도 그분을 섬기고 사랑하고 좋아하며 존중하는 것이 된다는 뜻입니다. 임금님은 왼편에 있는 염소들을 향해 이렇게 말씀하실 겁니다. "저주받은 자들아, 나에게서 떠나 악마와 그 부하들을 위하여 준비된 영원한 불 속으로 들어가라. 너희는 항상 나를 거부하면서 살았기 때문이다." "하지만 주님, 저희가 주님을 뵌 적이 없는데 도대체 언제 주님을 거부했단 말입니까?"라고 그들은 항의하겠지요. 그러면 주님께서 말씀하실 것입니다. "너희가 내 형제들인 이 가장 작은 이들 가운데 한 사람이라도 거부하면 곧 나를 거부한 것이다." 지금은 최후의 심판에 대하여 숙고하기 참 좋은 순간인데요, 주님께 이렇게 여쭤 보면 어떨까요? "주님, 저는 도대체 무엇입니까? 양입니까? …아니면 동물원에 있는 어떤 동물일까요?" 아무튼 다시 복음서라는 거울을 바라보면서 이렇게 주님께 말씀드리십시오. "주님, 지금 제가 진정으로 주님을 잘 섬기면서 살아가고 있는 건가요? 진정으로 사랑을 실천하면서 살아가고 있는 건가요? 진정으로 저의 형제들 안에서 주님 당신을 사랑하는 길을 찾으며 살아가고 있는 건가요?"

아! 정말이지 사랑은 얼마나 위대하고도 중요합니까! 마지막 심판의 순간에 우리는 모두 사랑으로 심판받게 될 것이기 때문입니다. 하느님의 심판을 주제로 얘기하고 있습니다만, 사실 심판에 대해 얘기한다는 것이 그렇게 단순한 일은 아닙니다. 특별히 오늘 우리는 주님께 온전하고 강렬하게 사랑을 살아갈 수 있는 은총을 간절히 청해야겠습니다. 그리하여 최후의 심판 때 주님의 양으로 받아들여질 수 있는 은총을 청해야겠습니다. 그것으로 충분합니다. 그렇게만 살아간다면 죽음이나 최후의 심판에 대한 그 어떤 설교도 우리를 불안하고 초조하게 만들 수 없을 것입니다. 어쩌면 죽음 앞에서 우리가 불안해지고 초조해지는 것은 피할 수 없을지도 모릅니다. 그러나 죽음에 대해 생각하면서 죽음이 죽음이 아니요, 영원한 생명으로 들어가는 문이라는 것을 알게 된다면 불안해지지 않을 것입니다. 가능하면 빨리 죽고 싶어 할 것이기 때문입니다. 하지만 살날이 많다고 해서 초조해 하거나 불안해 할 필요는 없습니다. 우리는 아무것도 할 수 없으니까요. 그냥 주어진 삶을 기쁘게 살아가면 되는 겁니다. 부활에 대한 희망을 가지고 인내심으로 기다려야 합니다! 모든 것이 바로 이루어지는 것은 아니니까요. 불안함이 도사리는 세상에서 우리는 평정심을 유지하며 오직 주님을 찾고 그분을 희망하면서 살아가야 합니다. 주님을 만나기 위해서는 다른 방법이 없습니다. 평정심과 인내심뿐입니다. 그 외의 다른 방법으로는 주님을 만나도록 허락되어 있지 않다는 겁니다. 그런데 하루라도 빨리 주님을 뵙고 싶은 사람에게는 '주님, 죽음이 여전히 제게 오지 않을 듯싶습니다.'라는 생각으로 초조함에 잠조차 못 이루게 되는 일이 어쩌면 자연스러운지도 모르겠습니다.

평정심, 그때가 올 것이다

제가 사목하던 본당에서 만난 어떤 할머니 이야기를 해 볼까 합니다. 이 할머니는 우리가 언젠가 죽어야 하는 존재라는 사실에 의문을 품게 하는 분입니다. 103세의 고령에도 여전히 여동생과 함께 주일 미사에 잘 나오십니다. 심지어 여동생의 나이도 100살입니다. 어쩌다 여동생이 빠지는 경우가 있었지만 보통은 두 분이 함께 주일 미사에 참석하십니다. 두 분 다 지팡이를 갖고 계신데 그래도 잘 걸으시는 편입니다. 어쩌다 감기 때문에 100살인 여동생이 미사에 못 나오면 할머님은 이렇게 말씀하셨습니다. "제 동생이 감기에 걸려 미사에 못 왔어요. 동생도 이제 나이가 들긴 했나 봐요." 103세의 이 할머님은 단 한 번도 주일 미사에 빠진 적이 없거든요. 가끔 제가 할머님께 여동생은 어디 계시냐고 여쭤 보면 이렇게 대답하셨습니다. "또 침대에 누워 있어요. 이제는 나이가 든 게 느껴진데요. 그러면 제가 여동생에게 '너도 내 나이가 돼 봐야 진짜 늙었다고 느껴질 거야.'라고 말해 줘요." 실제로 103세 할머님이 100세가 되던 해에는 더욱 정정하셨습니다. 그때까지도 성당 제의실에 들어오셔서 매일 전례 준비를 도와주셨습니다. 그날의 전례뿐만 아니라 그 달의 전례, 성당의 연중행사까지 다 기억하고 계시다가 말씀해 주셨습니다. 그야말로 살아 있는 계산기셨죠. 어느 날 할머님은 제게 이렇게 말씀하셨습니다. "신부님! 올 8월에 제가 드디어 100살이 되네요." "아~ 그래요! 정말 대단하십니다. 이 놀라운 일을 우리 다 함께 축하해야겠습니다!" 그러자 약간은 서글픈 목소리로 이렇게 말씀하셨습니다. "아니에요, 신부님! 8월에는 제가 여기에 없을 겁니다." 저는 "무슨 말씀이세요? 제가 장담합니다. 분명히 8월까지 정정하실 겁니다."라고 하면서 힘내시라고 말씀드렸는데, 할머님은 약간 당황해 하시면서 힘찬 목소리로 이렇게 외치셨습니다. "아니요, 신부님! 그 말이 아니라 8월에는 제가 고향에 있을 거라고요." 그분의 달력은 늘 약속으로 가득 차 있었습니다. 죽음은 그분의 달력으로 절대 들어가지 못할 것 같았지요. 그 할머니는 제게 언제든 괜찮다고 말씀하신 적이 한 번도 없습니다. 단 한 번도 없었습니다. 3년 안에 할머니를 만나려면 반드시 그분의 수첩에 적혀 있어야 했기 때문입니다. 그래서 죽음은 전혀 그분의 고려 대상이 아니었습니다. 아무튼 제가 알고 있는 사람들 중에 그 할머니만 죽음이 빗겨 가는 예외적인 경우이긴 합니다. 혹시라도 그 할머니께 무슨 변화가 생기면 나중에라도 여러분에게 알려 드리겠습니다. 그런데 죽음에 대한 이러한 묵상이 어떤 분에게 혹시라도 초조함을 가져다준다면 더 이상 반복하지 않겠습니다. 그분들에게 인내심을 청하면서 주님께는 이렇게 말씀드리고 싶습니다. "주님, 저는 하루라도 빨리 데려가 주십시오." 그렇다고 죽음을 앞당길 수 있는 방법이 딱히 있는 것도 아닙니다. 그저 동정녀 마리아께 그리고 특별히 성 요셉께 우리가 아름답고 거룩한 죽음을 맞이할 수 있도록 그분들의 간절한 전구를 우리 모두 함께 청해야겠습니다. 죽음이라는 문을 통해서 하느님과 완전히 일치를 이루는 그 환희의 순간을 잘 맞이할 수 있도록 두 분의 전구를 간절히 청합시다.

6. 하느님께 사랑받고 있다는 사실을 아는 것, 그것이 가장 큰 기쁨입니다

마르코가 전한 거룩한 복음(7,31-37)입니다.

예수님께서 다시 티로 지역을 떠나 시돈을 거쳐, 데카폴리스 지역 한가운데를 가로질러 갈릴래아 호수로 돌아오셨다. 그러자 사람들이 귀먹고 말 더듬는 이를 예수님께 데리고 와서, 그에게 손을 얹어 주십사고 청하였다. 예수님께서는 그를 군중에게서 따로 데리고 나가셔서, 당신 손가락을 그의 두 귀에 넣으셨다가 침을 발라 그의 혀에 손을 대셨다. 그러고 나서 하늘을 우러러 한숨을 내쉬신 다음, 그에게 "에파타!" 곧 "열려라!" 하고 말씀하셨다. 그러자 곧바로 그의 귀가 열리고 묶인 혀가 풀려서 말을 제대로 하게 되었다. 예수님께서는 이 일을 아무에게도 말하지 말라고 그들에게 분부하셨다. 그러나 그렇게 분부하실수록 그들은 더욱더 널리 알렸다. 사람들은 더할 나위 없이 놀라서 말하였다. "저분이 하신 일은 모두 훌륭하다. 귀먹은 이들은 듣게 하시고 말 못하는 이들은 말하게 하시는구나."

지금부터 매우 심각한 주제로 함께 묵상하겠습니다. 심각한 주제란 바로 기쁨입니다. 기쁨은 그리스도인의 삶에서 가장 중요한 특징 중 하나입니다. 도대체 기쁨이란 무엇일까요? 토마스 아퀴나스 성인은 기쁨이 사랑의 결과물이라고 정의했습니다. 다시 말해 기쁨이란 사랑이 있을 때 존재하는 빛의 광채라고 할 수 있습니다. 또 "사랑이 클수록 기쁨도 커지고, 고귀한 사람일수록 더욱 고귀한 사랑을 하게 된다."고 성인은 설명했습니다. 예컨대 어떤 사람은 반려동물을 너무도 사랑해서 반려동물을 볼 때 기쁨을 얻는다고 합니다. 또 다른 사람은 친구를 사랑해서 친구와 만날 때 기쁨을 얻는다고 합니다. 이때 반려동물보다는 친구가 훨씬 더 고귀한 존재이므로, 친구를 사랑하는 사람이 반려동물을 사랑하는 사람보다 훨씬 더 고귀한 기쁨을 누리게 된다는 얘기입니다. 그러므로 그 어떠한 존재보다도 하느님을 사랑할 때 누리게 되는 기쁨이 가장 위대하고 고귀한 기쁨이라고 토마스 성인은 결론지었습니다. 하느님을 진정으로 사랑할 때 느끼는 기쁨은 그야말로 완전한 기쁨이라는 겁니다. 예수님은 데카폴리스 한가운데를 가로질러 가신 후에 귀먹고 말 더듬는 이를 치유하는 기적을 베풀어 주십니다. 여기에서 우리는 기쁨에 관한 묵상을 덧붙여 해야 합니다. 실질적으로 사랑이 클 때 그로 인한 기쁨도 커지게 되어 있습니다. 그렇다면 우리를 향한 하느님의 사랑이 가장 큰 사랑이기에, 가장 큰 사랑이신 하느님께서 우리를 사랑하고 계시다는 사실을 알게 될 때 누리는 기쁨이 가장 큰 기쁨이 되는 것입니다. 그리스도께서 하느님의 사랑을 확장시켜 가고 계실 때, 기적들을 행하시면서 하느님의 그 사랑을 세상에 보여 주고 계셨던 겁니다. 그런 가운데 기쁨은 더더욱 커져만 가고 있었던 거지요. 그러므로 하느님으로부터 사랑받고 있다는 사실을 아는 기쁨이 이 세상에서 누릴 수 있는 가장 큰 기쁨인 것입니다. 그 어떤 기쁨도 하느님께 사랑받고 있다는 사실을 아는 기쁨보다 더 크거나 심오하거나 깊을 수 없습니다. 반대로 하느님의 그 사랑으로부터 누군가 스스로 떨어져 나가게 되면 그땐 세상에서 가장 큰 슬픔과 절망을 느끼게 되는 겁니다. 그것이 바로 죄악이라는 것입니다.

자, 그렇다면 이 피정을 통해 우리가 하느님께 사랑받고 있다는 사실을 발견할 수 있도록 모두 간절히 기도해야겠습니다. 지난번 피정에서 감사에 관해 묵상했던 것처럼 이번엔 기쁨에 관해 묵상하면서, 그 기쁨 안에 항구히 머물 수 있는 은총을 주님께 청하기를 바랍니다. 하느님의 사랑 앞에서 감사 외에 다른 어떤 것도 할 필요가 없다고 말씀드렸습니다. 이제 우리의 영혼에서 하느님 사랑의 기쁨이라는 새순이 솟아오르도록 주님께 간절히 기도해야겠습니다. 우리를 도우러 오시는 성령께서 친히 일하시어, 인생의 모든 순간에 하느님의 사랑을 발견할 수 있도록 우리를 인도해 주실 것입니다. 그 발견을 통해 성령께서는 우리가 심오한 기쁨을 살아가도록 이끌어 주실 것입니다. 하느님께서는 참으로 우리를 사랑하시기 때문입니다.

7. 성체성사, 일치의 신비

"나는 길이요 진리요 생명이다."(요한 14,6)

성경에 너무도 아름다운 이야기가 있습니다. 멋지고 환상적인 이야기입니다. 이 이야기에는 두 인물이 나오는데, 교회에서 실수하는 사람들의 수호성인으로 뽑아도 될 만한 분들입니다. 어떤 이들도 이 둘만큼 실수하는 사람들의 수호성인으로 알맞은 사람은 없을 것 같습니다. 우리 역시 실수를 많이 하기 때문에 이런 수호성인이 필요할지도 모르겠습니다. 그 두 사람은 바로 엠마오로 가던 예수님의 제자들입니다. 부활하신 예수님께 그들은 감히 이런 말을 합니다. "예루살렘에 머물렀으면서 이 며칠 동안 그곳에서 일어난 일을 혼자만 모른다는 말입니까?"(루카 24,18) 부활하신 예수님을 알아보지 못하고 던진 말입니다. 그야말로 실수의 전형이라고나 할까요? 루카 복음서(24,13-35)는 부활하신 예수님과 함께 지냈던 그 두 사람의 이야기를 하고 있습니다. 주님께서는 하루 종일 그 두 제자와 함께 계셨습니다. 하지만 그들은 나중에야 주님을 알아보았으니 잠깐 동안만 주님과 함께 지낸 셈입니다. 그런 점에서 엠마오로 가는 이야기는 두 개의 부분으로 나눠서 바라볼 수 있습니다.

자, 그러면 먼저 두 제자들이 예수님을 몰라보는 장면부터 살펴보겠습니다. 엠마오는 예루살렘에서 예순 스타디온 떨어진 마을이었습니다. 그들은 길에서 예수님과 만나 지난 3년 동안 자신들의 스승에게 벌어졌던 이야기를 나누었습니다. 예수님을 가리켜 "하느님과 온 백성 앞에서, 행동과 말씀에 힘이 있는 예언자"(루카 24,19)라고 했습니다. 하지만 예수님은 수석 사제들과 지도자들에게 넘겨져, 사형 선고를 받아 십자가에 못 박혀 돌아가셨다고 말합니다. 엠마오의 두 제자는 예수님이 참으로 아름다운 분이었음을 확신하면서도 그분의 죽음에 실망하고 체념하여 결국 엠마오로 돌아가는 중이었습니다. 그 죽음으로 말미암아 스승님은 더 이상 살아 있는 존재가 아니라 그저 기억 속의 존재가 되어 버린 겁니다. 그들은 그분을 기억 속에서만 떠올리면서 슬픔에 잠겨 있었습니다. 기억 속에만 존재하는 사람을 떠올리는 일은 참으로 슬픈 일입니다. 더군다나 무척 사랑했던 사람을 잃어버리는 일은 너무도 서글픈 일입니다. 그들은 그동안 벌어진 모든 일에 대하여 이야기하면서 그들끼리 논쟁도 벌이고 있었습니다. 그때 예수님이 가까이 가시어 그들과 함께 걸으셨습니다. 그리고 직접 그들에게 다가가시어 이렇게 물으십니다. "걸어가면서 무슨 말을 서로 주고받고 있느냐?" 그들은 침통한 표정으로 멈추어 섰습니다. 실수하는 이들의 수호성인이 될 수 있는 클레오파스라는 사람이 대답합니다. 대단한 말은 아니었어요. 군더더기 없이 이렇게 대답합니다. "예루살렘에 머물렀으면서 이 며칠 동안 그곳에서 일어난 일을 혼자만 모른다는 말입니까?" 물론 주님께서 거짓말을 하고 계신 것은 아닙니다. 그저 "무슨 일이 벌어졌느냐?"고 물으신 것뿐이지요. 그들은 예수님께 그동안 벌어진 일에 대해서 말하기 시작합니다. "나자렛 사람 예수님에 관한 일입니다. 그분은 하느님과 온 백성 앞에서, 행동과 말씀에 힘이 있는 예언자셨습니다. 그런데 우리의 수석 사제들과 지도자들이 그분을 넘겨, 사형 선고를 받아 십자가에 못 박히시게 하였습니다. 우리는 그분이야말로 이스라엘을 해방하실 분이라고 기대하였습니다. 그 일이 일어난 지도 벌써 사흘째가 됩니다."(루카 24,19-21) 그리고 이렇게 덧붙입니다. "그런데 우리 가운데 몇몇 여자가 우리를 깜짝 놀라게 하였습니다. 그들이 새벽에 무덤으로 갔다가, 그분의 시신을 찾지 못하고 돌아와서 하는 말이, 천사들의 발현까지 보았는데 그분께서 살아 계시다고 천사들이 일러 주더랍니다. 그래서 우리 동료 몇 사람이 무덤에 가서 보니 그 여자들이 말한 그대로였고, 그분은 보지 못하였습니다."(루카 24,22-24) 그때 예수님께서 이렇게 말씀하십니다. "아, 어리석은 자들아! 예언자들이 말한 모든 것을 믿는 데에 마음이 어찌 이리 굼뜨냐?"(루카 24,25) 이 세상에는 참으로 많은 유형의 사람들이 있지만, 예수 그리스도의 현존을 인지하지 못하는 이야말로 참으로 어리석다고 말할 수 있겠습니다. 아무튼 그러고 나서 예수님께서는 성경 전체에 걸쳐 당신에 관한 기록들을 그들에게 설명해 주셨습니다. 성경 역사에 관한 수업보다는 성경 자체에 대한 교육이 훨씬 더 좋은 것입니다. 여기서도 예수님은 친히 성경 자체에 대해 설명해 주셨습니다! 아무튼 제자들이 목적지에 다다랐을 때 예수님께서는 더 멀리 가려고 하십니다. 마치 "감사했습니다. 그럼 다음에 봅시다."라고 말씀하시는 것 같습니다. 두 제자는 그제야 낌새를 알아챕니다. '지금 여기서 뭔가 벌어지고 있네.'라고 생각했을 겁니다. 그래서 그들은 예수님께 함께 머물러 달라고 간청합니다. "저희와 함께 묵으십시오. 저녁때가 되어 가고 날도 이미 저물었습니다." 그래서 예수님은 그들과 함께 묵으시려고 그 집에 들어가셨습니다. 그들과 함께 식탁에 앉으셨을 때, 예수님께서는 빵을 들고 찬미를 드리시며 축복의 말씀을 하신 후 그것을 떼어 나누어 주셨는데, 그때야 비로소 그들의 눈이 열려 예수님을 알아보았습니다. 하지만 그 순간 예수님께서는 그들에게서 사라지셨습니다. 다시 말해 성체성사 안에서 예수님의 현존은 바로 부활하신 예수님께서 현존하시는 자리인 겁니다. 예수님은 엠마오의 두 제자에게서는 사라지셨지만 여전히 성체성사 안에 현존하고 계십니다. 엠마오의 두 제자는 바로 그 순간 서로 이렇게 말했을 겁니다. "참으로 주님께서 부활하셨구나!" 그래서 즉시 그들은 예루살렘으로 돌아갔고 시몬에게 그들이 겪은 일과 빵을 떼실 때에 그분을 알아보게 된 일을 이야기해 주었습니다. 그나저나 제가 왜 이 이야기로 강의를 시작하는지 아시겠습니까? 아름다운 엠마오 이야기에서 벌어졌던 사건들이 성체성사 안에서도 똑같이 벌어지고 있기 때문입니다.

성체성사, 인생의 중심

이제 여러분께 문제 제기를 위한 질문을 한번 해 봐야겠습니다. "미사에 대한 여러분의 믿음의 수준은 어느 정도입니까? 미사 동안 여러분의 마음은 어떻게 움직이고 있습니까?" 우리의 영성 생활은 얼마나 성체성사를 열망하면서 살고 있는지, 미사에 대한 신심이 어느 정도인지에 달려 있다고 볼 수 있습니다. 그 어떤 의심도 없이 미사야말로 그리스도인의 삶의 중심이요, 뿌리이며, 절정이라고 말할 수 있습니다. 이는 제2차 바티칸 공의회에서 이미 천명했던, 너무도 확실한 사실입니다. 성체성사 안에서 우리는 그 모든 선물을 다 받고 있습니다. 그 선물들은 우리에게 온전히 거저 주시는 하느님의 선물입니다. 그 누구도 배제하지 않고 우리 모두에게 선물로 주시는 하느님의 은총입니다. 하지만 미사 참례를 시간 낭비라고 생각하는 사람들이 있습니다. 절대로 그렇지 않습니다. 미사에 참례하는 시간은 무언가를 잃어버리는 시간이 결코 아닙니다. 오히려 정반대로 당신에게 모든 것이 주어지는 시간이 바로 미사입니다.

한번은 초등학교에서 고해성사를 집전한 적이 있습니다. 한 어린이가 고해소로 들어오더니만 갑자기 샌드위치를 먹지 뭡니까? 그때 속으로 이런 생각을 했습니다. '세상에, 이건 아니지! 고해소에서 샌드위치를 먹게 내버려 두는 일은 교육상으로도 좋지 않지. 더군다나 고해소는 거룩한 곳이잖아!' 그래서 저는 엄숙한 표정으로 이렇게 말했습니다. "이러면 안 되지요. 학교 안에는 학생이 점심을 먹을 수 있는 더 적당한 곳이 많을 텐데요. 다른 곳에서 식사하도록 하세요." 그러자 그 어린이는 이렇게 대꾸했습니다. "예수님만이 저한테서 샌드위치를 빼앗아 가지 않을 유일한 친구라서 여기서 먹고 있는 거예요." 참으로 맞는 말이긴 합니다. 저는 더 이상 그 어린이와 실랑이할 수가 없었습니다. 속으로만 이렇게 생각했지요. '아이고, 어쩔 수 없네. 어머니가 매일 정성껏 싸 준 그 어린이의 점심을 친구들이 자꾸 한 입씩 뺏어 먹으니까 결국 아무것도 남지 않았던 모양이네. 점심을 빼앗아 가지 않을 유일한 친구인 예수님을 찾아와서 이렇게라도 먹겠다는데 어쩌겠어.' 그렇습니다! 오직 예수님만이 그 무엇도 우리에게 요구하지 않으십니다. 그러기에 성체성사는 온전히 공짜입니다. 그렇다면 우리의 미사 신심은 지금 어떠한 상태입니까? 미사가 우리에게 얼마나 필요한지 제대로 알고 신앙생활을 하고 계신가요? 이는 그리스도인으로서 기본적인 문제들입니다. 이처럼 성체성사는 여러분이 생각하는 것보다 훨씬 더 중요합니다.

성체성사, 기본적인 주춧돌

앞서 소개해 드린 바 있는 반 투안 추기경님은 1975년에 처음 투옥되었을 때 자신을 괴롭혔던 질문이 한 가지 있다고 하셨습니다. 만약 여러분이 감옥에 가게 되었다면 과연 무엇이 가장 먼저 여러분을 괴롭혔을까요? 기약 없이, 어쩌면 긴 시간 동안 계속 갇혀 있어야 한다면, 그리고 수감 생활이 너무 비참하고 힘들었다면, 혹은 많은 사람들이 감옥에서 죽어 가고 여러분도 언제 어떻게 죽을지 모르는 상황이라면 어떤 질문이 여러분의 마음을 가장 괴롭게 했을까요? 추기경님을 괴롭혔던 유일한 질문은 "언제 다시 미사를 드릴 수 있을까?"였다고 합니다. 인간적인 관점으로만 본다면 추기경님이니까 그럴 수 있는 거라고 생각할 겁니다. 이렇게 세상 사람들의 눈으로만 보면 참된 그리스도인의 삶이 이상하게 보일 수도 있습니다. 반 투안 추기경님은 이렇게 설명하셨습니다. 수감될 때 개인적인 물품은 가지고 들어갈 수 없어서, 다음 날 필요한 것들을 가족에게 요청하는 편지를 쓸 수 있도록 겨우 허락을 받았다고 합니다. 당시 베트남의 감옥은 너무도 처참하고 형편없었습니다. 그야말로 절대 빈곤의 상태였습니다. 굶어 죽을 수도 있는 상황이기에, 누구든지 먹을 것을 가족들에게 요청했을 겁니다. 그것도 안 된다면 하다못해 담요라도 보내 달라고 했겠지요. 따뜻하게 잘 수라도 있으니까요. 추기경님과 같은 상황에 처했다면 여러분은 과연 가족들에게 무엇을 요청했겠습니까? 물론 무엇을 청하든지 교도관들과 경비병들의 허가를 받은 물건만 죄수에게 전달될 수 있었습니다. 더군다나 당시 베트남 교도소에서는 밖에서 가족이 보내 주는 물품으로만 수감자들이 살아갈 수 있었다고 합니다. 그래서 죄수들의 가족은 참으로 많은 것을 교도소에 보냈는데, 대부분은 교도관들의 차지였습니다. 추기경님은 처음 보냈던 편지에서 가장 필요한 물품으로, 위장약으로 쓸 포도주를 꼽았습니다. 물론 교도관들이 편지를 다 확인했지요. 그 편지를 읽은 신자들은 금세 추기경님의 숨은 뜻을 알아차렸고 작은 포도주 병을 보냈습니다. 그 포도주 병에는 '위장병을 위한 약품'이라는 메모가 적혀 있었습니다. 더불어 옷가지들 속에 제병을 잘 숨겨서 함께 보냈다고 합니다. 교도관은 당연히 추기경님의 위가 좋지 않은 걸로 생각했고, 소포는 무사히 도착할 수 있었습니다. 추기경님은 말했습니다. "포도주와 제병을 받았을 때의 기쁨은 이루 말할 수가 없습니다. 제 손바닥에 포도주 세 방울과 물 한 방울을 떨어뜨려서 매일 미사를 드렸습니다. 매일 저는 예수님과 함께 십자가 앞에 무릎을 꿇고 기도를 드렸습니다. 그분과 함께 그분의 쓰디쓴 성작의 피를 마실 수 있었습니다. 매일 미사 통상문을 외우면서 저의 온 마음과 영혼으로 예수님과 영원한 계약을 맺는 새로운 계약을 더욱 견고하게 만들어 갔습니다. 제 육신 안으로 들어오시어 저와 하나가 되신 예수님의 성혈을 통하여 그분과 영원한 새로운 계약을 더욱 확고하게 만들어 갔습니다. 바로 그때 제 인생에서 가장 아름다운 미사를 드릴 수가 있었습니다."

얼마 후 추기경님은 재교육을 위해 다른 수용소로 끌려갔습니다. 어떤 죄수들은 그 과정에서 사형을 당하기도 했다는군요. 공산주의 사상 교육을 위해 다른 교도소로 옮기면서도 수감자들의 가치관과 사상을 교화시키려는 목적으로 잔인무도한 고문까지 자행되었다고 합니다. 더 이상 하느님을 믿지 않고 공산주의만을 신봉하겠다고 말하기 전까지 고문은 계속되었습니다. 수감자들은 공용 공간에서 다 같이 잠을 잤는데, 한 명이 누울 수 있는 공간은 고작 50㎠뿐이었습니다. 추기경님은 당시 상황을 이렇게 증언하십니다. "5명의 가톨릭 신자들이 제 옆에서 잠을 잤습니다. 밤 9시 30분에 교도소의 모든 불이 꺼지면 우리는 억지로라도 잠을 자야만 했습니다. 하지만 저는 그때 몰래 미사 통상문을 떠올리면서 성체성사를 거행했습니다. 그리고 모기장 안에 함께 있던 5명의 가톨릭 신자들에게 몰래 성체 분배를 해 주었습니다. 또한 성시간과 성체 조배를 함께하기 위해서 성체를 성냥갑 안에 모셔 두었습니다. 저의 죄수복 호주머니에는 항상 성체가 모셔져 있었지요." 한 그룹당 50명씩 총 다섯 그룹이 매주 순서대로 사상 교육을 받아야 했습니다. 그룹별로 이동할 때 주어지는 짧은 휴식 시간을 이용해서 추기경님은 다른 가톨릭 신자들과 함께 미사를 드렸습니다. 다른 그룹에 있는 가톨릭 신자들과 성체 조배도 했다고 합니다. "밤마다 가톨릭 신자인 수감자들과 함께 순서를 정해 성체 조배를 했습니다. 성체 안에 계신 예수님께서는 침묵을 통한 그 현존과 함께 상상할 수 없이 놀라운 방법으로 우리를 도와주셨습니다. 그리하여 냉담 교우

였던 많은 사람들이 가톨릭 신자로 다시 돌아와서 열렬한 신앙으로 살아가게 되었습니다. 신자들의 놀라운 섬김과 사랑의 행동은 조금씩 신자가 아닌 다른 수감자들에게도 큰 영향을 미치게 되었습니다. 마침내 무신론자들도 가톨릭 신자가 되었답니다. 미사 안에 계신 예수님의 놀라운 힘은 그야말로 엄청납니다. 그 어떠한 세력도 미사 안에 계신 예수님을 당해 낼 수가 없습니다. 칠흑 같은 감옥의 어둠조차도 파스카 광명의 빛으로 변화시켜 주셨습니다."
이 얼마나 경이롭고 아름다우며 소중한 증언입니까! 반 투안 추기경님은 당신이 받으신 은총 중에서 가장 중요하고 위대한 은총은 다름 아닌 성체성사를 통한 은총이라고 하십니다. 성체성사의 은총이 그 어떠한 은총보다 중요하고 크다는 사실을 확실히 깨우치고 계셨던 겁니다.

자, 지금부터는 성체성사의 의미와 함께 미사가 우리에게 주는 수많은 은총들이 무엇인지 짧게 복습하는 시간을 가져 보도록 하겠습니다. 이는 사실 아주 단순한 것들이지만 우리의 영성 생활에 큰 도움을 줄 것입니다. 이럴 때는 늘 성경을 참고해야 합니다.

성체성사의 경이로움

"내 살을 먹고 내 피를 마시는 사람은 내 안에 머무르고, 나도 그 사람 안에 머무른다."(요한 6,56) 미사는 그리스도와 우리를 점점 더 가깝게 만들어서 마침내 하나가 되게 해 주는 성사입니다. 그리스도와 위대한 일치를 이루게 해 주는 성사가 바로 성체성사입니다. 초대 교회 교부 시대부터 미사를 통해서 우리가 그리스도와 이루는 일치를 가리켜 '신비적인 일치'라고 불렀습니다. 그야말로 미사는 신비로운 시간이었던 겁니다. 이러한 신비적인 일치는 바로 미사를 통해서 온 것이고 그것이 바로 신비 체험이라고 했습니다. 그렇다고 성체를 영할 때마다 늘 엄청난 감흥을 느껴야만 하는 것은 아닙니다. 사실 그런 것은 중요하지 않습니다. 참으로 중요한 것은 성체성사 그 자체입니다. 성체성사라는 신비적인 일치 안에서 하느님과 하나가 되는 것 자체가 참으로 중요하다는 것입니다. 두 번째로 미사는 생명의 샘입니다. 주님께서는 이렇게 말씀하셨습니다. "나를 먹는 사람도 나로 말미암아 살 것이다."(요한 6,57) 즉, 살기 위해서는 반드시 미사가 필요하다는 겁니다. "내 살을 먹고 내 피를 마시는 사람은 영원한 생명을 얻고, 나도 마지막 날에 그를 다시 살릴 것이다."(요한 6,54) 세 번째로 미사는 기념제입니다. 하느님께서 당신 자신을 우리에게 선물로 거저 내어 주시면서 우리 곁에 머무르시는 것입니다. 위대하고도 숭고한 하느님의 이러한 사랑을 기념하는 제사가 바로 성체성사입니다. 어떤 대가도 바라지 않으시는 하느님의 공짜 선물이지요. 철저하게 거저 주어지는 사랑이 바로 하느님의 사랑이고 이 무상성이 가장 중요하고 감동적입니다. "주님, 제 안에 주님을 모시기에 합당치 않사오나, 한 말씀만 해 주십시오. 제가 곧 낫겠습니다."(마태 8,8 참조) 네 번째로 성체성사의 일치는 우리 각자가 교회의 한 부분으로서 형제애 안에서 일치를 이루도록 해 줍니다. 이 일치는 실질적으로 매우 큰 일치입니다. 왜냐하면 교회의 지체인 우리는 교회의 머리이신 그리스도 안에서 그분과 일치를 이루고 있기 때문입니다. 그러므로 성체성사의 일치는 항상 형제애의 일치 안에서 하나가 되도록 나아가야만 합니다. 절대로 이 둘이 갈라져서는 안 됩니다. 머리이신 분과 일치를 이루지 못하는 것은 곧 지체의 불일치 안에서 사는 것입니다. 그러기에 모든 것은 항상 일치를 향해 나아가야만 합니다. 그래서 주님께서는 이렇게 말씀하셨습니다. "그러므로 네가 제단에 예물을 바치려고 하다가, 거기에서 형제가 너에게 원망을 품고 있는 것이 생각나거든, 예물을 거기 제단 앞에 놓아두고 물러가 먼저 그 형제와 화해하여라."(마태 5,23-24) 이처럼 형제와 화해한 다음에 돌아와서 성체성사에 참여해야 하는 것입니다. 또한 성체성사는 영광스러운 하늘나라의 예표입니다. 지상에서 하늘나라와 가장 비슷한 순간은 바로 미사의 영성체 안에서 이루어지는 일치의 순간이기 때문입니다. 사도 바오로께서 말씀하셨듯이, 지상에서 이루어지는 우리의 삶은 너무도 자주 베일에 싸여 있다고 봐야 합니다. 온전히 다 볼 수도 없고 느낄 수도 없으니까요. 하지만 미사를 통해 우리는 늘 그리스도와 함께 있습니다. 그러기에 미사는 하늘나라의 예표입니다. "내가 너희에게 말한다. 내 아버지의 나라에서 너희와 함께 새 포도주를 마실 그날까지, 이제부터 포도나무 열매로 빚은 것을 다시는 마시지 않겠다."(마태 26,29) 하늘나라에서 영원히 살아가면서 예수님과 온전한 일치를 이루는 순간이 바로 미사의 영성체 안에서 우리가 맛보게 되는 일치의 그 순간인 것입니다. 아무튼 하늘나라에서의 영원한 삶은 너무도 경이롭고 아름다운 삶입니다.

하늘나라 대합실

우스운 이야기를 하나 하겠습니다. 저는 마드리드 콤플루텐세 대학교Complutense University of Madrid에서 철학을 공부했습니다. 그전에 다른 사립 대학에서도 공부를 했습니다만 아주 좋은 대학은 아니어서 중간에 그만두었습니다. 아무튼 그 대학에서 문화인류학이란 과목을 수강했습니다. 그런데 이 과목을 이수하기 위해서는 현장으로 직접 나가서 리포트를 작성해 와야 한다고 교수님이 말씀하셨습니다. 우선 현장에 가서 어떻게든 인터뷰한 다음에 그 내용을 문화인류학적으로 정리하고 편집해서 리포트를 제출해야 한다는 겁니다. 주제를 정하면 그에 관해 60~70쪽 정도 되는 리포트를 작성하는 방대한 작업이었습니다. 저는 죽음이란 주제로 리포트를 작성하기로 결심했습니다. 죽음이 제겐 상당히 매력적이고도 아름다운 주제였기 때문입니다. 아무도 이 주제로 리포트를 쓰지 않을 것임을 알고 있었습니다. 그리고 주님 말고는 아무도 죽음에 대해 말하지 않았기에 이 주제를 선택했습니다. 리포트의 보다 정확한 주제는 '갈리시아Galicia에서의 죽음'이었습니다.* 갈리시아에는 억울

....

*갈리시아는 스페인 내전 때 카탈루냐, 바스크와 함께 반프랑코 연합에 속했다. 이로 인해 무고한 학살의 역사를 가지고 있다. - 옮긴이 주

한 죽음의 상처가 지금도 강렬하게 남아 있기 때문입니다. 저는 그 리포트를 작성하려고 방학 때마다 갈리시아를 방문하곤 했습니다. 그 리포트의 한 장章은 갈리시아 사람들이 죽음 너머의 세상을 어떻게 바라보고 있는지, 그리고 어떻게 죽음에 응답하며 살아가고 있는지에 대한 것이었습니다. 그래서 한 번도 만나 본 적 없는 갈리시아 마을의 주민들을 만나서 질문했습니다. "당신에게 하늘나라는 무엇인가요?" "당신은 하늘나라를 어떻게 상상하고 있나요?" 수많은 답변 중에서도 자기 농장에서 일하던 한 여성의 답변이 지금까지도 강렬하게 남아 있습니다. "하늘나라요? 나에게 하늘나라는 내 젖소들과 함께 사는 곳이어야 합니다. 하늘나라에서도 젖소가 반드시 함께 있어야 합니다. 물론 품종이 좋은 젖소여야겠지요." 결국 그녀에게 하늘나라는 넓고 평화로운 농장이었습니다. 그 농장은 젖소들과 살균해야 할 우유로 가득 차 있어야 했지요.

그렇습니다. 누구나 자기가 떠올리기에 가장 좋은 모습으로 하늘나라를 상상하게 됩니다. 하지만 분명한 사실 하나는 우리가 상상할 수 있는 가장 완벽하고 아름다운 모습보다 훨씬 더 위대하고 아름다운 곳이 바로 진짜 하늘나라라는 것입니다. 이에 대해 성경은 일찍이 이렇게 말했습니다. "어떠한 눈도 본 적이 없고 어떠한 귀도 들은 적이 없으며 사람의 마음에도 떠오른 적이 없는 것들을 하느님께서는 당신을 사랑하는 이들을 위하여 마련해 두셨다."(1코린 2,9) 하늘나라를 너무도 멋진 곳으로 한번 상상해 보십시오. 그러나 우리의 상상보다 훨씬 더 멋진 곳이 바로 하늘나라라는 사실을 알아야 합니다. 인간의 두뇌로는 상상조차 불가능한 곳이 바로 하늘나라입니다. 아무튼 하늘나라의 예표가 성체성사라고 이미 여러분에게 말씀드렸습니다만, 성체성사야말로 인생에서 가장 중요한 것임을 깨달아야 합니다. 우리의 삶에서 가장 위대하다고 찬양해야 할 것이 바로 성체성사의 삶이라는 사실을 반드시 깨우쳐야만 합니다. 그러므로 우리는 미사가 얼마나 위대하고 경이로운 의미를 지닌 것인지 묵상해야겠습니다. 그러기 위해 주님께 이런 질문을 한번 해 보십시오. "주님, 엠마오로 가던 두 명의 제자들이 주님을 만났던 것처럼 제가 주님을 만나기 위한 간절한 열망으로 지금 미사에 참석하고 있는 걸까요? 반 투안 추기경님이 감옥에서 사셨던 그 성체성사의 삶을 지금 제가 살아가고 있는 걸까요?"

미사가 얼마나 위대한 의미를 지니는지 설명하는 교회의 수많은 문헌들이 있는데, 특히 요한 바오로 2세 교황님이 우리에게 선물처럼 주신 회칙「교회는 성체성사로 산다」를 소개해 드리고자 합니다. 교황님은 여기서 직접 깨우치신 성체성사의 귀한 의미를 밝히고 있습니다. "'코무니온(Comunión, 미사에서 '영성체'를 뜻하지만 '일치'라는 뜻도 있다. - 옮긴이 주)'이라는 단어는 우연히 생겨난 것이 아닙니다. 아주 탁월하고도 특별한 성사인 성체성사의 수많은 이름들 중에서도 특별한 의미를 지닌 단어가 바로 코무니온이기에 '영성체'를 뜻하는 단어가 된 것입니다." 성체성사는 다른 모든 성사의 절정이라고 하시면서 그 이유에 대해 이렇게 설명합니다. "성체성사는 성령의 활동을 통하여 하느님의 외아드님과 일치됨으로써 우리가 성부 하느님과 이루는 친교를 완성시켜 주므로 모든 성사의 정점으로 여겨집니다."(34항) 설사 우리가 이러한 일치의 신비를 다 느끼지는 못한다 해도, 이성의 빛만을 통해서라도 이러한 성체성사의 의미들을 경이롭게 깨달을 수 있을 겁니다. 그러므로 이제부터 우리는 성체성사의 삶을 살아가야만 합니다. 우리의 삶이 성체성사를 중심으로 이루어지고, 온전히 성체성사를 향해 살아가야 한다는 겁니다. 미사 안에 너무도 확실하게 현존하시는 그리스도께 더 자주 가까이 가는 것보다 중요한 것이 인생에 또 있겠습니까? 성체성사 안에 참으로 계시는 그리스도께 말씀을 건네고, 그리스도를 흠숭하며, 그리스도를 찬양하고, 그분을 열렬히 갈망하는 것보다 더 중요한 것이 우리 인생에 어찌 있을 수 있단 말입니까?

성체성사를 향한 열망

지금부터는 또 다른 역사 이야기를 해 보고 싶습니다. 참으로 가치 있는 이야기들이며 우리가 이 피정을 통해 묵상해 볼 수 있는 귀중한 이야기들이기도 합니다. 독일을 처음 방문했을 때 제 나이는 열여덟이었습니다. 그때 광고만 보고 수강했던 속성 독일어 과정은 단순하고도 쉬웠습니다. 그런데 그 코스를 마친 후에도 독일어를 전혀 말하지 못했습니다. 이후 18년 동안 질리도록 독일을 방문한 덕분에 독일어를 잘하게 되었습니다. 그런데 작년에 갑작스럽게 독일어로 첫 미사 강론을 해 달라는 요청을 받았습니다. 제 친한 친구가 작년에 사제품을 받았는데, 자신의 첫 미사 강론을 해 달라고 제게 부탁한 겁니다. 그 첫 미사는 무려 50명의 사제들이 공동으로 집전했는데, 제 친구가 아주 놀라운 이벤트를 마련했다면서 그 성당에서 유일한 외국인이었던 저를 강론자로 소개했습니다. 저는 조금 고급스럽고 어려운 독일어로 강론을 시작했습니다. "우리가 방금 들었던 말씀은 시편으로 영혼의 아주 깊은 곳에서 우러난 말씀입니다." 저를 바라보던 모든 사람들이 이렇게 묻고 있는 것만 같았습니다. "저 사제는 도대체 어디서 왔는데 독일어를 저렇게 잘하지?" 제가 열여덟 살 때 지금처럼 독일어를 잘했다면, 그 시절 독일의 뮌스터Münster 주교좌성당에서 가져온 이 상본의 글을 읽을 수 있었을 겁니다. 하지만 그때만 해도 이 상본에 뭐라고 쓰여 있는지 알 수가 없었습니다. 이 상본의 앞면을 보면, 한 젊은이가 아주 멋진 포즈로 팔짱을 끼고 있습니다. 열여덟 살의 저는 호기심도 참 많았답니다. 여러분도 한번 상상해 보세요! 그 상본의 글을 전혀 모르는 열여덟 살 청년이 그림만 뚫어지게 바라보는 장면을요. 결국 저는 그 상본을 여행 가방에 집어넣고 오랫동안 잊어버리고 말았답니다. 많은 시간이 흘러 사제가 된 지 5년째 되던 해에 저는 교수가 되어 철학 수업을 하면서 베를린에 머물고 있었습니다. 때마침 교황님께서 며칠 동안 베를린을 방문하셨습니다. 저는 '우와! 혹시 교황님을 만날 수만 있다면 정말 멋질 텐데.' 하고 생각하면서 교황님이 주례하시는 미사에 참례하고 있었습니다. 그 미사 중에 시복식도 거행될 예정이라서 누가 시복될지도 궁금했지요. 그런데 시복되는 분의 사진이 펼쳐진 순간 저는 깜짝 놀랐습니다. '어?! 분명히 어디서 본 분인데… 누구지?' 곰곰이 생각하던 끝에 드디어 기억해 냈습니다. 조금 전에 이야기했던, 제가 열여덟 살 때 주교좌성당에서 가져왔고 지금도 가지고 있는 이 상본의 젊은이가 바로 그때 그 미사의 시복 대상자였던 겁니다. 미사 후에 집에 돌아와서 차분히 그 상본에 적힌 내용들을 읽기 시작했습니다. 당연히 그때는 독일어로 쓰여 있는 시복 대상자의 정보를 정확히 이해할 수 있었습니다. 그 순간 하느님께 너무도 감사했습니다. 상본의 주인공의 역사가 참 아름답고 감동적이었기 때문입니다.

상본의 주인공은 카를 라이스너Karl Leisner입니다. 1996년 6월 23일 성 요한 바오로 2세 교황에 의해 시복되셨습니다. 상본에 따르면, 성인은 1915년 2월 18일 독일 레스Rees에서 태어나셨습니다. 그리고 6살이 되던 해에 가족과 함께 클레베Cleves라는 작은 도시로 이사를 갔습니다. 1934년에 중고등학교 과정을 마친 후, 뮌스터에 있는 신학교에서 신학을 공부하기 시작했습니다. 뮌스터는 제가 이 상본을 발견했던 도시입니다. 카를은 당시 독일에 두루 펴져 있던 가톨릭 청년 운동의 간부 역할을 했다고 합니다. 하지만 얼마 안 있어 사제로서 부름을 받았음을 느끼고 바로 신학교에 들어갑니다. 그리고 1939년 3월 25일 부제품을 받았습니다. 그런데 부제품을 받자마자 카를은 나치스친위대(Schutzstaffel, SS라고도 함)에 붙잡혀서 다하우Dachau 강제 수용소에 갇히게 됩니다. 무자비한 학살이 벌어지던 포로수용소였습니다. 바로 그곳에서 카를 부제도

생을 마치게 됩니다. 수감 번호 22356번이 붙은 죄수복을 입고 강제 수용소에서 찍힌 사진이 바로 이 상본의 사진입니다. 그는 그곳에서 4년을 지냈습니다. 아우슈비츠 수용소에서 벌어졌던 학살이 다하우 수용소에서도 똑같이 자행되었습니다. 그래서 다하우 수용소에서도 오자마자 죽은 사람들이 많았습니다. 그 수용소에서는 모든 포로들이 강제 노동을 해야 했습니다. 젊은 포로들에게는 더 많고 고된 노동이 주어졌지요. 그렇게 심한 노동으로 사람들은 점점 더 쇠약해져 갔습니다. 병색이 완연한 포로들은 결국 그 자리에서 죽임을 당하곤 했습니다. 카를 부제도 처음에는 힘도 세고 건강한 젊은이였습니다. 그러나 4년 동안 계속되는 중노동으로 점점 건강을 잃어 갔습니다. 사제품을 받을 수 있을 거라는 희망도 점점 더 잃어 가게 되었지요. 그분의 상본에 적힌 정보에 따르면, 결국 카를 부제는 심한 결핵에 걸려 갑작스럽게 쓰러지고 맙니다. 여러분도 알다시피 당시 강제 수용소에서는 병든 포로들을 그 자리에서 죽여 버리곤 했습니다. 카를 부제 역시 죽음이 임박했다고 예상했을 겁니다. 하지만 독일군은 그를 다른 장소로 데려갔습니다. 많은 포로들을 한꺼번에 죽이기 위해서 마련된 가스실이 아닌 다른 곳이었습니다. 그때 그곳에 있었던 사람의 증언에 따르면, 카를 부제는 죽기 전에 아쉬운 것이 단 하나 있다고 말했답니다. 바로 사제로서 단 한 대의 미사도 봉헌해 보지 못하고 죽는 것이었습니다. 그런데 하느님의 섭리는 너무도 경이로웠습니다. 사제품을 받지 못하고 첫 미사도 봉헌하지 못한 채 죽는 것이 유일한 아쉬움이라는 카를 부제의 말이 포로수용소 안에서 입소문처럼 퍼져 나가게 된 겁니다. 이 소문을 접한 사람들 중 한 명이 바로 함께 수용되었던 어떤 주교님이었습니다. 그분 역시 나중에 수용소에서 죽임을 당하셨습니다만, 카를 부제의 소원을 들어주기 위해 직접 나서십니다. 카를 부제가 누워 있는 곳까지 주교님이 직접 방문하시어 비밀리에 사제품을 주셨던 겁니다. 세상에! 이런 일이 실제로 벌어지다니 얼마나 놀랍습니까! 결핵이라는 무서운 병에 걸려 죽어 가는 상황에서 그토록 간절히 바라던 사제품을 받게 된 겁니다. 때는 1944년 12월 17일이었고 사제 서품 장소는 다하우 수용소 안이었습니다.

사제품을 받고 나서 카를은 너무도 큰 기쁨을 맛보았습니다. 병으로 죽어 가는 순간에도 기쁨에 넘쳐 "이제 저도 사제로서 죽을 수 있게 되었습니다."라고 말했지요. 이토록 극적으로 사제품을 받게 되었지만 여전히 다하우 수용소 안에 있었기 때문에, 카를 신부는 애타게 바라던 미사는 봉헌할 수 없었습니다. 강제 수용소에서 어떻게 미사를 봉헌할 수 있겠습니까? 주교님이 사제품을 주었지만, 그에게는 미사를 봉헌할 제병도 포도주도 없었기에 첫 미사를 집전할 수가 없었습니다. 미사 자체가 불가능한 상황이었습니다. 카를 신부는 사제가 된 기쁨을 맛본 동시에 예수 그리스도의 몸과 피를 축성할 수 있는 미사를 집전하지 못하는 아쉬움과 괴로움을 함께 느낀 셈입니다. 군인들이 카를 사제를 가스실로 옮기려고 할 때 이미 그의 병은 너무도 심각한 상태였습니다. 그래서 강제 수용소 밖으로 그를 내보내 굶겨 죽이라는 결정이 내려집니다. 결핵으로 이미 죽을 사람이니 가스실로 보내는 것보다 수용소 밖에서 굶어 죽게 놔두는 편이 더 낫다고 판단했던 겁니다. 수용소 밖에는 생필품은커녕 먹을 것도 없었습니다. 그래서 수용소 밖에 내버려진 병자들은 굶어 죽을 수밖에 없었습니다. 이미 병세가 깊었던 카를 사제는 수용소 밖으로 자신을 버리려는 군인들에게 그동안의 일을 얘기해 주었습니다. 우여곡절 끝에 겨우 사제가 되었지만 아직까지 미사를 단 한 대도 봉헌하지 못했다면서, 한 대의 미사만이라도 봉헌한 후에 죽고 싶다고 말했다는군요. 이 말에 감동을 받은 군인들은 결국 카를 사제를 수용소 밖이 아니라 병원의 침대로 데려갔고, 그곳에서 카를 사제는 첫 미사를 거행할 수 있었습니다. 그는 병원 침대에서 처음이자 마지막이며 유일한 미사를 봉헌하였습니다. 이 얼마나 아름답고 고귀한 이야기입니까! 이것이 바로 카를 라이스너 신부의 역사입니다. 인생에서 유일한 미사를 봉헌했던 사제의 실화입니다. 카를 사제는 그 한 대의 미사를 봉헌하기 위해 일생 동안 간절히 그 미사를 열망하며 살았다고 말할 수 있습니다. 그분의 이야기를 알게 된 이후, 저는 하늘에 계신 카를 성인에게 저를 위해 기도해 달라고 간절히 청했습니다. 카를 라이스너 성인의 신심을 저도 가지게 해 달라고 주님께 간절히 기도드립니다. 카를 사제가 처음이자 마지막인 미사를 봉헌하면서 품었을 간절한 신심을 가지고 저 역시 미사를 집전할 수 있게 해 달라고 주님께 간절히 기도드리고 있습니다.

사실 카를 사제에 대한 기록은 거의 없습니다. 그분의 바지에서 발견된 몇 장의 메모들만 보관되어 있을 뿐입니다. 그 메모들은 카를 사제가 강제 수용소에서 적었던 것들입니다. 일부 내용을 여러분에게 소개하겠습니다. "우리에게 참된 자유와 해방을 주실 수 있는 분은 오직 그리스도 한 분뿐이십니다. 항상 그리스도 안에 참된 자유가 있습니다." 이 얼마나 아름다운 말씀입니까! 언제 죽을지도 모른 채 갇혀 살아야 했던 강제 수용소에서 이런 메모를 남겼다는 사실이 놀라울 뿐입니다. 이 짧은 메모는 사실 우리에게 다음과 같은 메시지를 던지고 있습니다. "이 수용소 안에서도 저는 그리스도 안에서 살아가고 있습니다. 그러기에 저는 수용소 안에 있지만 온전히 자유롭습니다. 초주검이 되어 이곳에서 죽어 가고 있지만 저는 참으로 그리스도 안에서 자유롭습니다." 성인의 다른 메모들도 읽어 보겠습니다. "그 어떠한 길도 쉬운 길은 없습니다. 하지만 하느님과 함께라면 그 모든 길이 다 아름답습니다." "성체성사 안에 계신 그리스도를 사랑하십시오. 그러면 당신은 위대한 사람이 될 것입니다." "성체성사 안에 계신 그리스도를 희망하십시오. 그러면 당신은 마침내 목적지에 다다르게 될 것입니다." "성체성사의 그리스도를 믿으십시오. 그러면 당신은 하느님 안에서 살아가게 될 것입니다." "그 어떠한 상황에서도 저는 오직 믿음의 힘으로 참된 생명이신 그분께 '예.'라고 말씀드렸습니다." "온전한 신뢰와 기도 안에서 살아가며 결코 하느님을 두려워하지 말고 용기를 가지십시오." "하느님을 섬기면서 하느님의 나라를 이 지상에 오게 만드는 일, 이 일이 바로 이 수용소에서 제가 살아가야 할 저의 성소입니다." 여기서 특히 '예.'가 강조되어 있습니다. 이 외에도 아름다운 메모들이 더 있습니다. 특히 성체성사를 묵상한 후에 남기신 메모들은 너무도 감동적입니다. "성체성사의 그리스도여! 저는 당신 없이는 그 무엇도 할 수가 없습니다. 하지만 당신과 함께라면 저는 그 무엇도 할 수 있습니다." "성체성사의 그리스도여! 당신은 저의 안식처요 집이십니다." "성체성사의 그리스도여! 저는 오직 당신께만 속하고 싶습니다. 주님 오직 당신께만 온전히 속하게 하소서. 그 어떤 것도 저를 당신에게서 빼앗아 갈 수 없습니다." 이는 그 어떤 분열도 없이 온전히 그리스도께만 속하고 싶다는 말씀입니다. 그 어떤 군더더기도 없이 오직 성체성사의 그리스도께만 속하고 싶은 열망입니다. 카를 사제의 이러한 생애와 메모들은 저에게 큰 도움을 주었습니다. 사는 동안 어떤 고통이 따라온다 해도 하늘나라의 예표인 미사를 통해서 성체성사의 그리스도를 만날 수만 있다면, 충분히 그만한 가치가 있다는 사실을 저에게 알려 주신 분이 바로 카를 신부님입니다.

그리스도를 받아들이고 만나기

도시에서 멀리 떨어진 페루의 시골 마을에서 지내면서 며칠 동안 미사를 봉헌한 적이 있습니다. 하루는 그 마을의 교리 교사들이 저를 찾아왔습니다. 오지에 있는 원주민들을 위해서도 미사를 봉헌할 수 있겠냐고 묻더군요. 그곳의 원주민들은 미사에 참례하기 위해 성당이 있는 마을까지 맨발로 하루 종일 걸어야 했습니다. 미사를 봉헌한 뒤에는 사는 곳까지 또다시 밤새 걸어가야 했지요. 어떤 이들은 25㎞, 어떤 이들은 30~40㎞, 아니면 더 먼 마을에서 미사 한 대를 위해 온종일 걸어오는 원주민들도 있다는 겁니다. 이 얼마나 대단한 분들입니까! 우리 역시 그 원주민들처럼 미사에 대해 아주 강한 신심을 가질 수 있도록 주님께 간절히 기도해야겠습니다. 아주 강한 신심을요! '강한 신심!' 이 말을 달리 어떻게 표현할 수 있을까요? 그렇습니다! 항상 성체성사를 가까이하려는 강한 열망을 가질 수 있게 해 달라고 주님께 기도해야 합니다. 그 원주민들처럼 성체성사 안에 계신 그리스도를 매일 간절히 바라는 삶을 살아가야 합니다.

솔직히 처음 독일어를 배울 때는 조금 불편했습니다. 무엇보다 독일어 발음이 조금 세고 약간 무뚝뚝하게 느껴질 때가 있었기 때문입니다. 그런데 제가 읽은 성체성사에 대한 가장 아름다운 표현들은 독일어로 쓰여 있었습니다. 그래서 지금 제겐 독일어가 가장 사랑스러운 언어가 되었습니다. 독일 뮌스터에는 '위버바서키르헤 Überwasserkirche'라는 곳이 있습니다. "물 위의 성당"이란 뜻입니다. 성당 바로 밑으로 강물이 흘러 들어갔다가 다른 쪽으로 빠져나가기 때문입니다. 제2차 세계 대전 중 뮌스터가 폭격을 당할 때 이 성당도 함께 파괴되고 말았습니다. 그래서 전쟁이 끝난 후에 성당은 다시 아름답게 세워졌습니다. 그런데 본래 성당이 있던 자리에 아주 작긴 하지만 원래의 건축물이 남아 있습니다. 이 원래 성당의 정면에는 큰 십자고상이 하나 있는데, 지금은 그 십자가의 몸통 부분만 남아 있을 뿐입니다. 전쟁 때 폭격으로 십자가의 다른 부분들은 거의 파괴되어 버렸기 때문입니다. 그래서 지금은 십자고상에서 오직 그리스도의 머리와 몸통 부분만 볼 수 있습니다. 이 파괴된 십자고상 앞에는 다음과 같은 글귀가 크게 쓰여 있습니다. "자, 이제 나에게는 팔이 없다. 그 대신 나에게는 너희들의 팔이 있단다." 여러분도 가끔 이 글귀를 떠올리며 묵상하신다면 좋을 것입니다. 참으로 우리 힘의 모든 원천은 성체성사 안에 계신 그리스도이십니다. 성체성사를 통해서 받은 그 힘으로 우리 자신을 온전히 주님께 내어 드리면서 그리스도의 팔이 되어 드려야 합니다. 그리하여 카를 라이스너 성인이 말씀하셨듯이, 하느님을 온전한 마음으로 섬기면서 이 지상에 하늘나라가 올 수 있도록 주님의 팔이 되어 드리는 삶을 성체성사의 힘으로 살아가야 합니다. 이렇게 사는 것이 바로 우리의 성소입니다. 그것이 바로 우리 각자의 성소요 삶의 임무인 겁니다. 성체성사의 은총과 힘을 통하여 그리스도의 팔이 되어 드리는 삶을 살아갈 수 있도록 주님께 간절히 기도해야겠습니다. 성체성사 안에서 우리는 항상 그리스도를 만날 수 있고, 성체성사의 힘으로 이 세상에서 하느님 나라를 건설해 나갈 수 있습니다.

8. 순례자인 교회와의 일치 : 하나 됨과 형제애

"너희가 서로 사랑하면, 모든 사람이 그것을 보고 너희가 내 제자라는 것을 알게 될 것이다."(요한 13,35)

바벨탑과 오순절 성령 강림

이 피정의 묵상 주제로 성경에 나오는 상반된 두 장면을 여러분 앞에 내놓고자 합니다. 첫 번째 장면은 두 번째 장면의 부정적인 복사본이라고 말할 수 있습니다. 첫 번째 장면은 바벨탑입니다. 수많은 사람들이 거대한 탑을 세운다는 목적을 위해서 서로 하나가 되어 일하는 장면입니다. 그 수많은 사람들이 하늘까지 닿는 탑을 건설하는 데 하나가 되어 일하는 것이 언뜻 좋은 일을 시작하는 것처럼 보였을지도 모릅니다. 하지만 나중에는 결국 서로의 말을 알아듣지 못하게 됩니다. 각자 다른 언어로 말하게 된 겁니다. 결과는 '카오스(혼돈)' 그 자체가 되어 버렸습니다. 두 번째 장면은 오순절의 성령 강림 사건입니다. 이 장면에서도 수많은 사람들이 하나가 되었습니다. 그런데 서로 다른 곳에서 모인 사람들이 서로 다른 언어로 말했지만 그들은 서로를 이해할 수 있었습니다. 하느님 나라의 확장이라는 목적을 위해서 언어가 다른 수많은 사람들이 함께 모였지만 그들은 서로를 이해할 수 있었습니다. 과연 이 두 장면의 차이점은 무엇일까요? 바벨탑 사건에서는 이기심이 사람들을 지배하고 있었지만, 성령 강림 사건에서는 성령의 사랑이 사람들을 지배하고 있었다는 차이가 있습니다. 성령을 받은 사람들은 모두 온전히 사랑으로 가득 차게 됩니다. 성령의 사랑은 바로 하느님의 사랑이고, 그 사랑을 받은 사람들은 온전히 하나가 되어 서로에게 넘치도록 풍요로운 사랑을 베풀게 됩니다. 이와 반대로 서로 견제하고 경쟁하기 위하여 모여든 사람들은 결국 파괴로 모든 것이 끝나 버리고 맙니다. 오늘 이 피정을 통해서는 하나 됨, 즉 일치와 형제애라는 주제로 묵상하는 시간을 가져 보고자 합니다. 이 주제들은 그전에 우리가 함께 묵상했던 주제와 떼려야 뗄 수 없는 주제들입니다. 일치와 사랑에 관한 주제들은 성체성사에 대한 묵상 없이는 제대로 묵상할 수가 없습니다. 성체성사야말로 '사랑과 일치의 성사'이기 때문입니다. 성체성사 안에 그리스도께서 참으로 현존하시기 때문입니다. 그리스도 바로 그분께서 성체성사 안에 진짜로 계시다는 겁니다. 자, 이제부터 일치와 형제애라는 두 가지 주제를 각각 나누어서 차례로 묵상해 보도록 하겠습니다.

일치, 완덕의 유사어

우선 '일치'에 대한 묵상으로 시작하겠습니다. 우리에게 참으로 필요한 일치는 하느님 안에 기초를 둔 일치입니다. 그러므로 지극히 거룩하신 삼위일체의 신비에 대해서 함께 관상해 보도록 하겠습니다. 지극히 거룩하신 삼위일체야말로 바로 우리 존재의 근원이자 생명의 원천이십니다. 우리는 모두 삼위일체 하느님의 활동으로 믿고 구원받고 성화됩니다. 삼위일체의 내적 일치는 모든 사람들에게 진정한 일치를 보여 줍니다. 그러므로 가족의 일치 역시 하느님 안에 존재하는 일치를 확장시킨 겁니다. 일치 안에서의 다양성, 그것은 우연이 아니라 지극히 거룩하신 삼위일체의 반영인 것입니다. 모든 그리스도교 공동체들, 본당들, 신심 운동들, 신심 단체들은 삼위일체적인 일치를 이루도록 부름받았습니다. 신학적인 기초와 함께 다양성 안에서의 일치를 보여 주도록 부름받았다는 겁니다. 우리는 공통적인 취미 생활이나 비슷한 나이로 모이는 세속적인 단체가 아니기 때문입니다. 하느님께서 직접 우리를 선택하시어 함께 모이게 된 공동체가 바로 그리스도교 공동체입니다. 다시 말해 하느님께서 직접 공동체를 형성하도록 우리를 부르셨다는 겁니다. 그리스도의 열망과 하느님의 열망이 우리로 하여금 하나 되어 살아가도록 만들어 주셨다는 겁니다. 그리스도께서 친히 이 일치를 위해 기도하셨습니다. 한번 상상해 보십시오. 만일 우리가 예수님과 같은 시대에 함께 살았다면 녹음기로 그분의 모든 말씀을 다 녹음해 둘 수 있었을 겁니다. 만일 주님께서 기도하실 때 그 내용을 녹음해 둔 사람이 있다면, 그야말로 최고의 보물로서 세기의 녹음이 되었을 겁니다. 그런데 그와 아주 유사한 것을 이미 우리는 가지고 있습니다! 바로 성경에 있습니다. 그리스도께서 직접 기도하셨던 내용입니다. 누가 이 내용을 수집했는지 정확히 알 수는 없지만, 아마도 예수님을 따랐던 여성들이 요한 사도에게 말해 주었던 그리스도의 기도라고 여겨집니다. 요한 복음서에서 그리스도는 이렇게 기도하셨습니다. "저는 이들만이 아니라 이들의 말을 듣고 저를 믿는 이들을 위해서도 빕니다."(요한 17,20) 이 말씀은 바로 우리를 위해 예수님께서 기도하셨다는 뜻입니다. 열두 사도뿐만 아니라 사도들의 말을 듣고 예수님을 믿게 될 모든 사람들, 즉 우리를 위해서도 예수님께서 친히 기도하셨다는 뜻입니다. 그분은 또 이렇게 기도하셨습니다. "그들이 모두 하나가 되게 해 주십시오. 아버지, 아버지께서 제 안에 계시고 제가 아버지 안에 있듯이, 그들도 우리 안에 있게 해 주십시오."(요한 17,21) 의심할 여지가 없지 않습니까! 예수님과 우리가 하나가 되게 해 달라고, 우리를 위해 너무도 명확하게 예수님은 기도하셨습니다. 하느님의 삼위일체적 일치가 우리 일치의 근본이 되는 것입니다. 그러므로 우리의 일치는 삼위일체적 일치와 유사한 그 어떤 것이 되어야 합니다. 무엇을 위해서입니까?

예수님께서는 이렇게 말씀하셨습니다. "아버지께서 저를 보내셨다는 것을 세상이 믿게 하십시오."(요한 17,21)

  사랑은 참으로 경이로움 그 자체입니다. 오순절의 성령 강림 사건 역시 경이로움 그 자체였습니다. 하지만 바벨탑 사건은 그렇지 않았습니다. 만일 건축업자들과 일꾼들 사이에 서로 언어 소통이 안 된다면, 여러분은 그런 사람들과 건축을 위한 계약을 하시겠습니까? 소통이 안 되는데 도대체 어떤 건축물을 지을 수 있겠습니까? 다른 예를 들어 보겠습니다. 각자의 분야에서 가장 능력이 좋은 세 명의 의사들이 있는데, 그들이 반드시 협력해서 수술해야 하는 중환자가 발생했습니다. 그런데 세 명의 의사들이 서로에게 화가 나서 얼굴도 쳐다보지 않고 말도 안 하려고 한다면, 도대체 어떻게 그 환자를 위한 수술을 해낼 수 있겠습니까? 결국 그 환자는 죽고 말 것입니다. 이와 같이 아무리 훌륭한 의사 3명이 함께 수술한다고 해도 서로 의사소통을 하지 않는다면, 결국 그 수술의 결과는 참담하게 실패할 것이 분명합니다. 불일치와 불화는 아무리 단순한 것이라 해도 모든 것을 무너뜨리기 때문입니다. 그람시Antonio Gramsci는 철저한 마르크스주의자로서 이탈리아 공산당의 창설자 중 한 명이었습니다. 결국 마르크스주의가 전 세계로 확장해 나갈 거라고 주장하면서, 어떻게 하면 더욱 효과적으로 공산주의를 퍼뜨릴 수 있는지에 대한 이론을 만들었던 사람입니다. 그토록 뼛속까지 공산주의자였던 그람시가 결국 가장 큰 난제를 만났는데, 그것이 바로 그리스도교입니다. 그가 나중에는 이런 말을 했다고 합니다. "교회를 무너뜨리기 위해서 지난 20세기 동안 수많은 노력을 해 왔지만 불가능했습니다. 결국 우리 공산주의자들 역시 그 일에 실패하고 말았습니다." 하지만 교회를 무너뜨릴 유일한 방법이 있다고 그는 말합니다. 그것은 바로 교회 내부를 분열시키는 것입니다. 교회 안에서 분열의 씨앗이 자라면 결국 교회 스스로 무너지게 된다는 것이 그람시의 생각이었습니다. 그는 교회 안에서 분열을 일으켜 자멸하도록 만들어야 한다고 말했습니다. 이는 마치 마귀로부터 직접 들은 정보처럼 보입니다. 사도 요한께서 주님으로부터 직접 말씀을 듣고 복음서를 썼듯이, 그람시도 마귀에게 들은 대로 말하는 것처럼 보인다는 겁니다. 혹시 가족도 끝장내 버리고 싶습니까? 아주 쉽습니다. 가족 내부에 분열을 조장하면 됩니다. 가족끼리 싸우게 만들면 됩니다. 만일 당신이 가족 중 어느 한 사람에게 다른 가족이 너를 욕하고 다닌다고 말한 다음, 또 다른 가족에게도 같은 말을 하면서 이간질을 벌이면 가족은 금세 쪼개지고 말 것입니다. 가족끼리 크게 싸우는 데 30분도 안 걸릴 겁니다. 집안의 물건들을 다 내던지면서 창문이 박살나고 결국 그 가족은 파멸하고 말겠지요. 이렇게 가족 내부에 불화의 씨앗을 던지면 가족은 스스로 무너지게 됩니다. 그러기에 주님께서는 우리가 모두 하나가 되도록 간절히 기도하셨습니다. 맞습니다. 우리는 반드시 하나가 되어야 합니다! "아버지께서 저에게 주신 영광을 저도 그들에게 주었습니다. 우리가 하나인 것처럼 그들도 하나가 되게 하려는 것입니다. 저는 그들 안에 있고 아버지께서는 제 안에 계십니다. 그리고 아버지께서 저를 보내시고, 또 저를 사랑하셨듯이 그들도 사랑하셨다는 것을 세상이 알게 하려는 것입니다."(요한 17,22-23) 이것이 바로 오늘 피정의 첫 번째 묵상 주제입니다. 하나 됨, 즉 일치를 신학적인 면에서 묵상해 보겠습니다. 그리스도께서 우리와 하나이신 것처럼 우리는 서로 하나입니다. 우리는 하나입니다.

형제애, 한 지체가 되어야 할 우리

두 번째 묵상 주제로서 우리가 한 지체로 양성되어야 하는 이유를 함께 살펴보겠습니다. 세례성사와 견진성사를 받던 그 순간, 우리는 모두 그리스도와 한 몸이 되어 일치를 이루었기 때문에 한 지체로 자라야 합니다. 그리스도와 한 몸이 되었습니다! 그러기에 우리는 한 몸입니다! 우리는 존재론적으로 한 몸입니다. 비록 각자가 다양한 기능을 하며 살아가고 있습니다만 우리는 한 몸입니다. 이 말이 무슨 뜻일까요? 이 말을 제대로 이해하기 위해 바오로 사도의 말씀을 읽어 보겠습니다. 바오로 사도께서 코린토 신자들에게 첫 번째 서간을 보내셨을 때, 코린토는 말 이상의 무언가가 반드시 필요한 상황이었습니다. 사실 바오로 사도는 참으로 열정이 많은 분이었습니다. 말씀하실 때뿐만 아니라 그리스도인들을 박해할 때도 열정적(?)이었지요. 당신이 하는 일마다 어떠한 의문도 품지 않고 열정을 불태우셨습니다. 해야 한다고 확신했던 일은 끝까지 하셨습니다. 바오로 사도는 코린토 신자들에게 이렇게 말씀하셨습니다. "형제 여러분, 나는 우리 주 예수 그리스도의 이름으로 여러분에게 권고합니다. 모두 합심하여 여러분 가운데에 분열이 일어나지 않게 하십시오. 오히려 같은 생각과 같은 뜻으로 하나가 되십시오. 나의 형제 여러분, 여러분 가운데에 분쟁이 일어났다는 것을 클로에 집안 사람들이 나에게 알려 주었습니다. 다름이 아니라, 여러분이 저마다 '나는 바오로 편이다.', '나는 아폴로 편이다.', '나는 케파 편이다.', '나는 그리스도 편이다.' 하고 말한다는 것입니다. 그리스도께서 갈라지셨다는 말입니까? 바오로가 여러분을 위하여 십자가에 못 박히기라도 하였습니까? 아니면 여러분이 바오로의 이름으로 세례를 받았습니까?"(1코린 1,10-13) 그렇습니다! 그리스도께서 나눠지셨단 말입니까? 그리스도께서 나눠지신 게 아니라면 우리는 모두 그리스도 안에서 하나인 겁니다.

요한 사도는 그리스도의 죽음을 다루면서 이 주제에 관해 너무도 아름답게 말씀하셨습니다. 그리스도께서 십자가에서 돌아가실 때입니다. "군사들은 예수님을 십자가에 못 박고 나서, 그분의 옷을 가져다가 네 몫으로 나누어 저마다 한 몫씩 차지하였다. 속옷도 가져갔는데 그것은 솔기가 없이 위에서부터 통으로 짠 것이었다. 그래서 그들은 서로, '이것은 찢지 말고 누구 차지가 될지 제비를 뽑자.' 하고 말하였다."(요한 19,23-24) 교부들은 그리스도의 죽음에 관한 사화들 중에서 특히 두 가지 순간을 교회 일치의 상징으로 바라봅니다. 첫 번째 순간은 솔기가 없이 통으로 짠 예수님의 속옷이 전혀 찢겨지지 않았던 순간입니다. 예수님의 속옷은 바로 교회를 상징합니다. 그러기에 교회는 유일한 것입니다. 교회는 절대로 분열할 수 없습니다. 두 번째 순간은 예수님과 함께 십자가형에 처해졌던 두 죄인들과 달리, 예수님은 다리뿐만 아니라 어느 곳도 부러지지 않았다는 사실입니다. 그리스도의 몸은 절대로 나뉠 수 없기 때문입니다. 이러한 일치의 삶이 바로 우리의 삶이 되어야 합니다. 우리 각자가 속한 바로 그곳에서 일치의 삶을 살아야 한다는 겁니다. 저는 신학교 공동체에서, 여러분은 이 수도원 공동체에서 일치를 이루며 살아가야 합니다. 우리는 모두 하느님의 일치를 보여 주는 표징들이기 때문입니다. 이렇게 일치를 이루는 일이야말로 우리가 그리스도인으로서 믿지 않는 이들에게 충격을 줄 수 있는 위대한 상징이 될 것입니다. 우리의 일치를 바라보면서 믿지 않는 이들은 우리에게 이렇게 물어볼 수 있습니다. "도대체 당신들을 어떻게 그토록 큰 일치를 이루면서 살아갈 수 있나요?" 예수님께서도 이렇게 말씀하셨습니다. "너희가 서로 사랑하면, 모든 사람이 그것을 보고 너희가 내 제자라는 것을 알게 될 것이다."(요한 13,35)

성경을 어렵게 해석하려는 사람들이 있습니다. 사실 그리스도께서 참으로 좋으신 이유는 우리가 이해할 수 있도록 아주 쉬운 말로 말씀하셨다는 겁니다. 그런데 몇몇 성서학자들은 이렇게 이해하기 쉬운 그리스도의 말씀을 자꾸만 이해하기 힘든 말로 바꿔 버립니다. 예컨대 성서학자들은 이렇게 말하곤 합니다. "이 성경 구절은 접두사가 수동 분사와 합쳐져서 나오게 된 이중적인 구조라고 할 수 있네요." 이 얼마나 어이없는 상황입니까? 성경을 더 어렵게 만들고 있으니 말입니다! 가령 그리스도께서 "이는 내 몸이다."라고 말씀하셨을 때 무슨 의미입니까? 말씀 그대로 "이것은 내 몸이다."라는 뜻입니다. "너희가 서로 사랑하면, 모든 사람이 그것을 보고 너희가 내 제자라는 것을 알게 될 것이다."라는 예수님의 이 말씀 앞에서 "도대체 어떤 의미로 예수님이 이런 말씀을 하셨냐?"고 묻는 사람이 있다면, 그냥 말씀하신 그대로라고 대답하면 되는 겁니다. 그런데 이 성경 구절을 가지고 여러 가지 의미가 숨어 있다는 식으로 해석하려 든다면 어떨까요? 이 성경 구절은 그냥 단순하게 받아들이면 됩니다. 어떤 것의 의미가 너무도 분명하고 확실할 때 오히려 사람들은 습관적으로 그 의미에 대해 자꾸 의심하는 경향이 있습니다. "너희는 서로 사랑하여라."라는 말씀 앞에서 어떤 이들이 단어를 하나하나 분석하고 있다면 이 얼마나 피곤하고 골치 아프며 어이없는 일입니까? 결국 이런 식으로 주님까지도 낱낱이 분석하려 든다면, 이것이야말로 모든 것을 엉망으로 만드는 일이 될 것입니다. 어떤 성서학자들은 이렇게 말할지도 모릅니다. "'서로 사랑하여라.'는 말씀이 의미하는 것은, 필요하지 않다면 서로 죽이지 말라는 뜻이다. 즉 살아 있는 이를 참수하지 말라는 뜻이다. 로마와 헬레니즘의 문화로부터 영향을 받았고, 에피쿠로스파의 흔적을 고려해야 하며, 로마의 철학자 세네카와의 관계도 생각해야 한다. 더불어 마르쿠스 아우렐리우스 로마 황제와의 대치까지도 고려하면서 복음을 바라본다면, 그리스도께서 말씀하신 '사랑'이란 단어의 뜻은 그리스어 'polis'의 개념으로부터 상당한 영향을 받았다고 볼 수 있다. 아테네 왕국 뒤에 생겨난 제국의 수도였던 알렉산드리아 학파의 의견에 따르자면, 'polis'라는 단어는 인식론적 구조를 함축하고 있다. 그 외에도 다른 여러 개념들을 포함해서 바라봐야 한다." 아, 이 얼마나 까다롭고 이해하기 힘든 상황입니까? 이런 식으로 난해하고 어렵게 설교하는 사람들에게 오히려 훌륭한 설교였다고 칭찬하는 상황이 벌어지기도 합니다. 보통 사람들은 이런 설교를 들으면서 뭐라고 생각할까요? 하나도 이해할 수 없지만 어렵게 얘기하는 걸 보니 훌륭한 설교가일지도 모른다고 짐작할 수 있습니다. 서로 사랑하라는 하느님의 말씀은 도대체 무슨 뜻일까요? 말씀 그대로입니다. 서로 사랑하라는 뜻입니다. 그리스도께서는 우리가 이해하기 쉽게 이런 멋진 말씀도 해 주셨습니다. "내 제자가 되기를 원한다면, 제 십자가를 지고 나를 따라야 한다." 그런데 이 말씀을 잘 이해한답시고 또 이렇게 해석하는 사람이 있을지도 모릅니다. "먼저 십자가라는 단어의 어원과 그 개념부터 정확히 알아야겠습니다." 정말 어처구니없지 않습니까? 그리스도께서는 우리에게 이해하기 쉽게 말씀하십니다. 결코 난해하고 어렵게 말씀하시지 않습니다.

두 번째 묵상 주제는 '우리는 한 몸'이라는 것입니다. 그리스도 안에서 우리는 모두 한 몸으로 양성되어야 합니다. 놀라운 일은 우리가 하느님을 선택하지 않았다는 겁니다. 더 쉽게 말해서 만일 우리가 스스로 공동체를 선택해야 했다면, 우리는 공동체에 필요 없는 사람이 누구인지도 알 수 있을 겁니다. 그런데 참으로 흥미로운 사실은 공동체에 필요 없을 것 같은 사람들과 지금 이 순간 공동체를 이루면서 살아가고 있다는 겁니다. 사실 불운한 일이기도 합니다. 함께 있고 싶지 않은 사람과 한 공동체에 있다는 것이 얼마나 불쾌한 일입니까! 하지만 우리는 그들과 계속 공동체를 이루며 살아가야 합니다. 나와 관계가 좋지 않은 사람들과도 여전히 한 공동체에서 함께 살아야 한다는 겁니다.

인류의 역사는 아담과 하와가 지은 원죄와 함께 시작되었습니다. 어떻게 원죄를 짓게 되었습니까? "너희는 하느님처럼 될 것"이라는 말을 믿었던 겁니다. 지금의 우리도 마찬가지입니다. 그러므로 하느님처럼 되려고 해서는 안 됩니다. '나'는 그냥 사람일 뿐입니다. 감히 하느님의 자리를 빼앗으려고 해서는 안 됩니다. 하지만 여전히 이것은 우리의 문제입니다. 여전히 하느님의 자리를 차지하려고 합니다. 사람은 그저 현재라는 아주 특별한 시간을 살아가는 유한한 존재에 지나지 않습니다. 절대로 하느님의 자리를 넘봐선 안 됩니다. 그러기 위해서는 하느님께서 각 공동체의 영혼이 되셔야 합니다. 그 자리는 하느님, 오직 하느님뿐입니다. "하느님께서 교회 안에 세우신 이들은, 첫째가 사도들이고 둘째가 예언자들이며 셋째가 교사들입니다. 그다음은 기적을 일으키는 사람들, 그다음은 병을 고치는 은사, 도와주는 은사, 지도하는 은사, 여러 가지 신령한 언어를 말하는 은사를 받은 사람들입니다. 모두 사도일 수야 없지 않습니까? 모두 예언자일 수야 없지 않습니까? 모두 교사일 수야 없지 않습니까? 모두 기적을 일으킬 수야 없지 않습니까? 모두

병을 고치는 은사를 가질 수야 없지 않습니까? 모두 신령한 언어로 말할 수야 없지 않습니까? 모두 신령한 언어를 해석할 수야 없지 않습니까?"(1코린 12,28-30) 바오로 사도께서는 능동태와 수동태를 번갈아 쓰면서 이러한 생각들을 표현하십니다. 그리고 에페소 신자들에게도 이를 반복하십니다. "하느님께서 여러분을 부르실 때에 하나의 희망을 주신 것처럼, 그리스도의 몸도 하나이고 성령도 한 분이십니다. 주님도 한 분이시고 믿음도 하나이며 세례도 하나이고, 만물의 아버지이신 하느님도 한 분이십니다. 그분은 만물 위에, 만물을 통하여, 만물 안에 계십니다."(에페 4,4-6) 그러므로 우리를 하나 되게 하는 것이 전부입니다. 그런데 우리의 일치는 세 가지 측면을 지니고 있습니다. 내적 일치, 외적 일치, 초월적 일치가 그것입니다.

내적 일치란 생명의 일치입니다. 우리 모두가 빠짐없이 함께 하느님 사랑을 행동으로 실천해 나갈 때, 우리는 생명의 일치를 살아가는 것입니다. 외적 일치란 사람들 사이의 일치입니다. 이는 교회의 기초가 되는 일치입니다. 그리스도의 바람에 응답하면서 일치의 삶을 살아가는 이들의 공동체가 바로 교회이기 때문입니다. "그들이 모두 하나가 되게 해 주십시오. 아버지, 아버지께서 제 안에 계시고 제가 아버지 안에 있듯이, 그들도 우리 안에 있게 해 주십시오."(요한 17,21) 초월적 일치란 하느님과의 일치입니다. 요한 바오로 2세 교황께서는 1980년 4월 1일 개최된 대학생 대회에서 이렇게 말씀하셨습니다. "사람은 내적 일치의 시력을 잃어버렸을 때, 자기 자신을 잃어버리는 큰 위험이 뒤따르게 됩니다. 그렇게 되면 결국 불완전한 확신을 주는 세속적인 것들에 매달리면서 살아가게 되지요. 그러므로 우리는 하느님의 창조물로서 초자연적인 운명을 지닌 우리 자신의 놀라운 존재에 대해 묵상할 필요가 있습니다. … 우리가 주님이신 예수님과 아주 친밀한 관계를 회복하지 않는다면 … 우리는 교회 전체를 위해서 아주 작은 일밖에 할 수 없을 겁니다."

자비로 가득 찬 형제애

우리는 악한 것을 찾으려는 유혹에 빠지곤 합니다. 그리고 그것에 현혹되면 즐거움을 느낍니다. 이것이 바로 우리의 약한 면입니다. 이렇게 약한 우리가 그리스도 공동체에서 살아가려면 두 가지 기본적인 도구가 필요합니다. 단언컨대 수도 공동체를 위해서도 이 도구들이 반드시 필요할 것입니다. 두 가지 도구란 바로 돋보기와 프리즘 쌍안경입니다. 프리즘 쌍안경을 한 번이라도 보셨는지요? 이 렌즈는 멀리 있는 것을 잘 보게 만들어 줍니다. 모든 공동체의 각 방마다 돋보기와 프리즘 쌍안경이 하나씩은 꼭 있어야 한다고 저는 생각합니다. 특히 여자 수도회의 장상 수녀님들에게 아주 중요한 메시지입니다. 혹시 내년 주님 공현 대축일에 공동체 수녀님들에게 무슨 선물을 해야 할지 고민이라면, 이 두 가지는 아주 좋은 선물이 될 것입니다. 돋보기는 다른 수녀님들의 장점을 확대해서 바라보게 만들어 줍니다. 그리고 프리즘 쌍안경은 작은 쪽이 아닌 큰 쪽 렌즈로 봐야 합니다. 그렇게 거꾸로 바라보면 다른 수녀님들의 단점을 멀리 보이게 만들어서 결국 찾기 힘들게 해 줄 것입니다. 프리즘 쌍안경을 거꾸로 바라보면 모든 사물이 아주 작게 보이고 결국에는 알아보지 못하게 됩니다. 다른 사람의 단점들을 그렇게 작게 만들어서 찾지 못하게 해야 한다는 겁니다. 누군가 다른 사람한테서 단점을 발견하게 된다면 어떻게 해야 할까요? 즉시 프리즘 쌍안경을 집어 들고 거꾸로 바라보아야 합니다! 그러면 그토록 나쁘게 보이던 단점이 작게 변하면서 결국 사라져 버릴 겁니다. 그다음에 보이는 것이 그 사람의 진짜 모습입니다. 반대로 누군가 다른 사람에게서 장점을 발견했다면 돋보기로 그 장점을 더 크게 보아야 합니다. 이런 관점으로 세상을 바라보면 모든 것이 변화할 것입니다. 사실 외부에서 벌어지는 모든 일들은 내면에서 시작됩니다. 그러므로 우리의 내면을 잘 바라봐야 하는데 보통은 그렇게 살지 않지요.

사실 이 모든 것은 매우 단순합니다. 그저 우리가 사랑과 자비의 마음으로 살아가면 모든 일이 잘될 것입니다. 구체적으로 어떻게 살아야 할까요? 이에 대해서는 「가톨릭 교회 교리서」를 찾아보면 됩니다. 만일 어떤 사람이 풀기 어려운 의심에 빠져 있다거나, 가톨릭 교리 중 어떤 부분에 의심이 생겨서 도움이 필요하다면 어떻게 해야 할까요? 예컨대 마리아의 육신과 영혼이 모두 함께 하늘로 들려 올라갔다는 성모 승천 교리에 의문을 가지고 있다면 「가톨릭 교회 교리서」를 찾아보면 됩니다. 그러지 않으면 이상한 학설이나 생각에 현혹될 수 있기 때문입니다. 한 중국인 박사의 주장입니다만, 성모 승천 교리가 인도의 「비슈누 푸라나Vishnu Purana」라는 책에서 종교적 영향을 받았다는 말도 안 되는 주장도 있습니다. 아무튼 의심나는 것이 있으면 즉시 「가톨릭 교회 교리서」를 펼치십시오. 이 책은 대부분의 사람들이 잘 이해할 수 있도록 쉽게 쓰여서 신앙생활에 너무도 유익합니다. 신학자들이 주장하는 어려운 이론이나 전문적인 신학 용어들을 평신도들이 모두 이해할 순 없기 때문이지요.

그리 오래된 이야기는 아니지만, 어떤 교수의 논문 발표회를 방문한 적이 있습니다. 그런데 논문에 대해 어떤 평가도 할 수 없었습니다. 그분의 발표 내용을 전혀 이해할 수 없었기 때문입니다. 발표의 첫 단어부터 마지막 단어까지 통째로 이해할 수가 없었습니다. 그 자리에 있던 다른 교수들도 마찬가지였을 거라고 생각합니다. 그런데 교수님들 중 그 누구도 그분의 발표에 대해 평가하지 않았습니다. 그 자리에는 세 부류의 교수들이 있었기 때문입니다. 멍청하거나, 더 멍청하거나, 가장 멍청하거나. 아무튼 그 교수의 논문 발표가 끝나고 저는 그분께 다가갔습니다. 교수님은 제게 자기 논문이 어떠냐고 물었습니다. 그 질문에 저는 솔직히 이렇게 대답했습니다. "좋지도 않았고 나쁘지도 않았습니다. 교수님! 도대체 무슨 말씀을 하시는 건지 전혀 이해를 못했어요." 그러자 그 교수님은 아주 흐뭇한 표정으로 저에게 이렇게 대답했습니다. "아, 그렇다면 제 의도대로 되었군요! 이해하기 힘든 논문을 발표하는 것이 제 의

도거든요!" 제가 다시 물었습니다. "네? 도대체 왜요? 무엇을 위해서요?" 그러자 그 교수님은 이렇게 고백했습니다. "남들이 이해하기 힘든 논문을 써야 남들이 나를 비판하지 않을 테니까요." 하지만 결국 그날부터 교수님의 논문은 끊임없이 비판을 받았습니다.

아무튼 「가톨릭 교회 교리서」의 좋은 점은 누구나 쉽게 이해할 수 있다는 겁니다. 예컨대 "사랑과 자비를 살아간다."는 표현을 보다 잘 이해하기 위해 지금부터 이 책에서 '자선 활동'에 관해 설명한 부분을 인용해 보겠습니다. 「가톨릭 교회 교리서」 2447항에서 이렇게 설명합니다. "자선 활동은 물질적으로나 육체적으로나, 또는 영신적으로 궁핍한 이웃을 돕는 사랑의 행위이다." 어떤 활동이라고요? 우리가 살면서 할 수 있는 모든 활동이 바로 자선 활동입니다. 우리의 생명으로 거의 모든 종류의 자선 활동을 실천할 수 있다는 것입니다. 교회 안에서 아주 이상한 일들이 벌어졌다는 얘기를 들은 적이 있으실 겁니다. 대부분 새빨간 거짓말인 경우가 많습니다. 누군가 당신에게 "혹시 그거 알아요? 지금부터 가톨릭 교회 교리가 근본적으로 완전히 바뀌게 된데요."라고 말한다면, 당연히 가짜 뉴스입니다. 가톨릭 교회의 근본적인 교리는 변함없는 진리이기 때문입니다. 그렇다면 자선 활동에 대해 구체적으로 알아볼까요?

우선 배우지 못한 사람을 가르치는 것입니다. 무엇을 가르쳐야 할까요? 모든 것을 가르쳐야 합니다! 무언가를 하는 방법을 가르치고 진리를 가르쳐야 합니다. 그리고 남녀노소 모두를 가르쳐야 합니다. 그다음은 조언하기입니다. 조언이 필요한 사람에게는 조언을 해 줘야 합니다. 비난하거나 비판하는 것이 아니라, 다정한 말로 신중한 분별력을 가지고 "만일 제가 그 입장이라면… 저는 이렇게 했을 것 같네요."라고 친절하게 조언해 줘야 합니다. 그리고 실수가 있을 때 교정해 주기입니다. 큰 사랑의 마음을 담아 항상 상대방의 얼굴을 바라보면서 해야 합니다. 다음으로 슬픔에 빠져 있거나 어려움을 겪고 있는 사람에게 위로해 주기입니다. 먼저 그 사람에게 다가갑니다. 그리고 최선을 다해 돕기 위해 노력하면서 그를 위로합니다. 그 사람이 위로를 통해 용기를 얻을 수 있도록 격려해 줍니다. 이때 우리는 온 정성을 다해야 합니다. 또한 그에게 필요하고 유익한 치유의 말을 해 주기 위해서는 초자연적인 비전을 가지고 있어야 합니다. 침묵과 현존으로 누군가와 함께하기 위해서는 초자연적인 비전이 필요합니다.

다음은 용서하기입니다. 요한 크리소스토모 성인은 이렇게 말씀하셨습니다. "누군가를 용서한다는 것은 우리를 하느님과 더 닮게 만들어 주는 행위입니다." 요한 바오로 2세 교황도 르완다에서 벌어지는 후투족과 투치족의 전쟁을 종식시킬 가능성이 있다면, 그것은 서로 용서하는 것뿐이라고 말씀하셨습니다. 무너진 사회를 재건하는 열쇠는 바로 용서입니다. 상처받은 마음을 치유하는 열쇠 또한 용서입니다. 그러므로 우리는 용서할 준비가 되어 있어야 합니다. 그리고 우리가 잘못한 사람들과 하느님께 고해성사로 용서를 구해야 합니다.

또 다른 자선 활동은 다른 사람의 결점이나 흠을 참는 고통입니다. 결점이나 흠이 하나도 없는 사람이 과연 있을까요? 단 한 번이라도 사랑으로 참아야 한다고 생각하지 않은 사람이 있을까요? 오직 나만이 다른 사람의 결점을 참아 주고 있는 걸까요? 사실 제 주변 사람들도 저의 결점 때문에 많은 고통을 받았음에도 불구하고 인내하면서 저를 용서해 주었습니다. 또한 그들은 저를 위로해 주었고 저에게 조언해 주었으며 저를 가르쳐 주었습니다. 이 사실을 깨달아야 합니다. 이는 저뿐만 아니라 우리 모두에게 적용되는 사실입니다. 심지어 많은 성인들에게도 예외 없이 적용되는 사실입니다. 물론 원죄 없이 잉태되신 성모님만 빼고요! 「가톨릭 교회 교리서」에도 당연히 이러한 부분이 수록되어 있습니다. 우리가 다른 사람의 결점을 참아 줘야 할 때 기억해야 할 것이 있습니다. '모든 사람은 다 결점이 있기에 나도 결점이 있는 것이다. 그러므로 다른 사람들도 나의 결점들을 참아 주고 있다.' 이는 참으로 소중하고 훌륭한 깨우침입니다. 도저히 참을 수 없이 제멋대로 살아가는 사람에게도 진정성 있는 미소를 보여 준다면, 언젠가는 다른 사람들도 그만큼 자비로운 모습으로 당신을 대해 줄 것입니다. 그리고 이웃의 결점을 참아 주기 위해 받았던 고통은, 그리스도께서 당신을 구속하시기 위해 받으셨던 고통에 합쳐지게 됩니다. 그리하여 당신의 그 고통은 참으로 위대하시고 선하신 그리스도의 자비의 업적과 하나가 되는 것입니다. 이는 모든 사람에게 적용되는 법칙입니다. 그러한 고통은 하늘나라에 합당한 사람이 되기 위한 고통이고, 하늘나라에 재물을 쌓게 되는 고통이기 때문입니다.

자비의 마음으로 자선을 베푸는 것 역시 마찬가지입니다. 모든 자선 사업은 하늘나라를 위한 것이요, 하늘나라에 재물을 쌓는 것입니다. 언젠가는 우리가 가야 할 하늘나라에 나의 계좌를 가지게 되는 겁니다. 여러분이 하늘나라에 가면 이런 질문을 받게 될 겁니다. "가장 최근에 하늘나라 계좌에 입금한 때가 언제인가요?" 그런데 혹시 8살 때 입금했던 것이 하늘나라 계좌의 마지막 입금이었다면 참으로 부끄러운 일이 아니겠습니까? 그러므로 우리는 매일 하늘나라 계좌에 입금하면서 살아야 합니다. 그런데 영적인 자선 못지않게 육체적인 자선도 아주 중요합니다. 굶주리는 사람들에게 먹을 것을 주고, 목마른 사람들에게 마실 것을 주며, 헐벗은 사람들에게 입을 옷과 머물 집을 마련해 줘야 합니다. 이웃을 도울 때는 필요한 물품을 어떻게 하면 지혜롭게 나눌 수 있을지 주의를 기울여야 합니다. 그리고 이건 너무도 중요한 것인데요, 병든 사람들을 찾아가야 합니다. 누구든지 개인적인 차원에서 이웃을 위해 무언가를 했을 때는 그것이 제아무리 사소한 일이라 해도 이웃을 도와준 것입니다. 이웃을 위해 어떤 식으로든 봉사한 것이기에 모두 하늘나라에 재물을 쌓는 일이 됩니다. 환자들과 수감된 이들을 방문하고, 죽은 이들과 그 가족을 위로하며 장례식에 참석하는 것조차도 하늘나라의 보물이 될 것입니다. 이 모든 것들이 내가 지상에서 쌓아 올린 하늘나라 계좌에 입금되어 하늘나라의 재물이 될 것이기 때문입니다.

가난한 이들에게 자선을 베풀어야 한다는 사실을 절대로 잊지 마십시오! 자비로우신 하느님께서 이 일을 하라고 우리에게 시간과 물건의 소유를 허락하셨기 때문입니다. 우리가 가진 모든 것은 다른 사람들을 돕기 위한 것입니다. 지금 내가 필요 이상의 것들을 소유하고 있다면, 그것은 다른 사람의 것을 빼앗아 갖고 있는 셈입니다. 오순절 성령 강림의 날에 받았던 그 은총으로 우리를 변화시켜 달라고 성령께 간절히 기도해야겠습니다. 무엇보다 우리를 하나로 일치시켜 달라고 성령께 간절히 기도해야겠습니다. 하지만 우리의 힘만으로는 절대 참된 형제애와 일치의 삶을 구체적으로 실현해 나갈 수 없기에, 성령의 도우심을 간절히 청해야겠습니다. 이를 위해서 우리의 어머니이신 동정녀 마리아께 또한 전구를 청해야겠습니다.

9. 복음을 선포하기 위해 황홀경 안에서 살아가기

루카가 전한 거룩한 복음(10,1-9)입니다.

그 뒤에 주님께서는 다른 제자 일흔두 명을 지명하시어, 몸소 가시려는 모든 고을과 고장으로 당신에 앞서 둘씩 보내시며, 그들에게 말씀하셨다. "수확할 것은 많은데 일꾼은 적다. 그러니 수확할 밭의 주인님께 일꾼들을 보내 주십사고 청하여라. 가거라. 나는 이제 양들을 이리 떼 가운데로 보내는 것처럼 너희를 보낸다. 돈주머니도 여행 보따리도 신발도 지니지 말고, 길에서 아무에게도 인사하지 마라. 어떤 집에 들어가거든 먼저 '이 집에 평화를 빕니다.' 하고 말하여라. 그 집에 평화를 받을 사람이 있으면 너희의 평화가 그 사람 위에 머무르고, 그렇지 않으면 너희에게 되돌아올 것이다. 같은 집에 머무르면서 주는 것을 먹고 마셔라. 일꾼이 품삯을 받는 것은 당연하다. 이 집 저 집으로 옮겨 다니지 마라. 어떤 고을에 들어가든지 너희를 받아들이면 차려 주는 음식을 먹어라. 그곳 병자들을 고쳐 주며, '하느님의 나라가 여러분에게 가까이 왔습니다.' 하고 말하여라."

"온 세상으로 가서 복음을 전하여라."라는 예수님의 말씀은 단순한 제안이나 추천이 아닙니다. 명령입니다. 하지만 감미로운 명령입니다. 주님께서는 똑같은 사명을 우리에게도 주시면서 복음이 온 세상으로 펴져 나갈 수 있도록 하라고 요구하십니다. 그리스도께서 참으로 이 세상에 현존하고 계심을 사람들에게 보여 주라고 우리에게 명령하시는 겁니다. 주님의 말씀 앞에서 저는 스스로를 돌아보게 됩니다. 얼마나 자주 자기 안에만 갇혀 살았는지, 나와 내가 가진 것들만 걱정하면서 살고 있지는 않은지, 교회가 살아가야 할 복음화의 절실한 필요성 앞에서 내 마음을 닫은 채 살고 있는 것은 아닌지 깊이 반성하게 됩니다. 우리는 모든 이에게 모든 것이 되어야 할 의무를 바오로 사도 안에서 발견합니다(1코린 9,22 참조). 우리는 사람들과 함께 웃고 울어야 합니다. 사람들의 불안과 초조함까지도 공감하면서 살아야 합니다. 이것이 바로 이기심으로부터 벗어나는 길입니다. 베네딕토 16세 교황님은 회칙 「하느님은 사랑이십니다」에서 사랑은 황홀경을 요구한다고 말씀하십니다. "사랑은 참으로 '황홀경'입니다. 도취 순간의 황홀경이 아니라, 자기만을 찾는 닫힌 자아에서 끊임없이 벗어나 자기를 줌으로써 자아를 해방시키고, 그리하여 진정한 자아를 발견하고, 참으로 하느님을 발견하는 여정인 황홀경입니다."(6항) 사랑의 황홀경은 이기적인 자아로부터의 탈출이고 나만의 장소로부터의 탈출인 겁니다. 사랑이 자기 자신 안에만 갇혀 있다든지, 오직 자기 자신만을—혹은 혈육이나 집처럼 자기와 관련된 것만을—사랑한다면 이건 아주 심각한 문제입니다. 하느님의 사랑은 삼위일체의 사랑이기에 늘 흘러넘치는 사랑입니다. 그러므로 지극히 거룩하신 삼위일체의 사랑은 '자기 자신으로부터 탈출'하는 사랑입니다. 그러기에 우리 역시 자기 자신으로부터 해방되고 탈출해야만 합니다. 그래야만 사랑의 황홀경 안에서 살아갈 수 있는 겁니다.

지금부터의 질문은 스스로에게 던지는 질문입니다. '어떻게 해야 제가 온 세상으로 나아가 복음을 선포할 수 있을까요?' 치릴로 성인과 메토디오 성인은 그런 삶을 사셨습니다. 하지만 저는 어떨까요? 수도회는 복음화의 심장인 동시에 교회의 기둥입니다. 기도가 모든 활동의 근본이기 때문입니다. 기도가 모든 사도적 활동의 토대라는 겁니다. 그런데 사도적 활동은 자애로운 활동이어야 합니다. 참된 기도는 자기 자신만을 찾는 것이 아닙니다. 참된 기도는 어떤 성취를 위한 것도 아닙니다. 참된 기도는 내가 좋은 사람이라는 인정을 받기 위한 것도 아닙니다. 선교사가 되기 위해서는 활동과 함께 자신을 내어 주는 희생의 삶을 살아야 합니다. 그런데 봉쇄 수도원의 수도자가 선교사들의 수호성인이 되었다는 사실은 참

많은 사람들을 놀라게 했습니다. 여기서 깨달음이 생겨납니다. 우리가 한 번도 가 본 적이 없는 곳이라도, 뿐만 아니라 세상 끝까지라도 복음의 빛이 퍼져 나갈 수 있는 방법이 존재한다는 겁니다. 바로 성인들의 통공이라는 방법입니다. 열매를 꼭 우리 눈으로 봐야만 그 열매가 존재하는 것은 아닙니다. 열매가 열릴 것이라는 믿음이 필요할 뿐입니다. 우리는 모두 자기 자신 안에 갇혀서 살아갈 위험을 늘 가지고 있습니다. 우리의 시야 저 너머에 있는 세상을 바라보지 못하게 될 위험을 항상 가지고 있는 겁니다. 결국 서로 사랑해야 합니다. 그러기 위해서는 자기 자신으로부터 탈출해야 합니다. 그리고 사랑의 황홀경 안에서 살아가야 합니다. 복음 전파를 위해서 우리의 기도와 베풂과 희생으로 온전히 하나가 되어 세상으로 나아가야 합니다. 그런 의미에서 치릴로 성인과 메토디오 성인을 합치시키는 일은 아주 의미 있고 중요한 일입니다. 메토디오 성인은 주교였고 치릴로 성인은 수도자였습니다. 두 분은 교회의 삶의 아이콘이라고 할 수 있는 기도와 활동을 통합한 삶을 사셨던 분들입니다. 세상이라는 전쟁터에서 '활동'으로 선두에서 싸우는 사람들은 영적 전쟁터에서 '기도'로 선두에 있는 사람들의 도움이 필요합니다. '활동'하는 사람에게는 기도가 필요 없다거나, '기도'하는 사람에게는 '활동'이 필요 없다는 얘기가 아닙니다. 누구나 자신만의 사명이 있습니다. 중세에는 수도원들이 침묵의 현존 안에서, 또한 그 고요 안에서 신앙을 전파하는 역할을 했습니다. 하지만 지금 유럽 교회에서는 수도원이 무너지고 말았습니다. 현대를 사는 우리는 신앙의 위기를 겪고 있습니다. 이러한 신앙의 위기는 수도원의 근본적인 쇄신을 통해서 극복해 나가야 합니다. 아주 특별한 방식의 새로운 복음화가 성령의 힘으로 모든 수도회에서 시작하여 전 교회로 확대되어 나갈 수 있도록 특히 주님께 간절히 기도해야겠습니다. 우리는 자신으로부터 탈출하여 교회의 선교 활동에 온전히 자신을 내어 드리며 살아야 합니다. 그리하여 사랑의 황홀경 안에서 살아갈 수 있도록 하느님께서 직접 우리를 이끌어 주시기를 간절히 기도해야겠습니다.

10. 성인들의 통공

"저는 주님의 종입니다. 말씀하신 대로 저에게 이루어지기를 바랍니다."(루카 1,38)

우리는 매일 기도 중에 하느님의 음성을 들으면서 성령으로 가득 차 그분께 온전히 자신을 내어 드리며 살아가고 있습니다. 참으로 그렇게 살아가고 있습니다. 그러기에 하느님의 말씀은 살아 있고, 힘이 있으며, 변화시키고, 새롭게 만들어 준다는 사실을 우리는 모두 확신하고 있습니다. 기적이 일어납니다. 이것이 바로 참된 기쁨입니다. 기적은 실제로 존재합니다. 그런데 가장 큰 기적은 바로 평범한 일상에서 벌어집니다. 용서, 그것이 바로 기적입니다. 당신에게 해를 끼치는 사람을 사랑해야 한다고 요구하는 현행법은 없습니다. 그러므로 원수까지도 용서하는 것, 이것이 바로 기적입니다. 가령 다른 이들이 보다 쉬운 것을 선택할 수 있도록 정작 본인은 다소 어려운 것을 선택하는 것, 이 또한 기적인 것입니다. 이런 기적들이 일상에서 소소하게 벌어진다면 너무도 아름다운 일입니다. 어떤 이들은 다른 것들 안에서 기적을 찾습니다. 하지만 주님은 당신 안에서 기적들이 일어나기를 간절히 바라십니다. 매일 아침, 주님께서는 내 안에서 큰 기적들이 일어나기를 바라십니다. 그러나 정작 우리는 너무도 걱정이 많습니다. 오늘 하루 오직 주님께만 충실하면서 살아가면 되는 겁니다. 우리에게 가장 중요한 문제는 이런 문제이기 때문입니다.

우리 모두 인연의 줄을 맵시다

피정의 첫 번째 묵상 주제는 '성인들의 통공'입니다. 강론 중에 미리 언급했습니다만, '성인들의 통공'이라는 주제는 아주 중요합니다. 우리는 서로가 서로를 돕습니다. 교회도 마찬가지입니다. 온 교회의 기도로 말미암아 우리는 실질적으로 많은 도움을 받고 있습니다. 단지 이 세상에 세워진 교회의 기도로만 도움을 받고 있는 것이 아닙니다. 승리자들의 천상 교회, 즉 하늘나라의 모든 성인들의 기도를 통해서 큰 도움을 받고 있습니다. 모든 성인들은 참으로 살아 계십니다. 단순히 기억 속의 존재들이 아닙니다. 해골로 존재하는 분들이 절대로 아니라는 말씀입니다. 모든 성인들은 지금 하늘나라에 실제로 살아 계시고 우리 가운데 현존하고 계십니다. 그분들은 기도로 우리를 도와주십니다. 즉, 천상의 성인들은 기도와 삶의 모범으로 우리를 실질적으로 도와주고 계시다는 겁니다. 그러므로 성인들을 바라보고 성인들과 함께 살아가면서 성인으로서 살아가는 것, 그것이 우리에겐 참으로 중요한 일입니다. 천상의 성인들께서 우리를 위해 전구해 주고 계실 뿐만 아니라 실질적으로 우리를 도와주고 계심을 알아야만 합니다.

유럽 교회의 복음화가 계속될 수 있도록 치릴로 성인과 메토디오 성인께 우리가 함께 기도를 청했습니다. 두 분께 기도를 청하는 우리의 모습을 신앙 없이 바라본다면 미쳤다고 할지도 모릅니다. 1,100년 전에 이미 돌아가신 분들에게 현재 유럽의 복음화를 도와달라고 청하는 것은 믿지 않는 사람들에게는 허황된 것처럼 보일 겁니다. 하지만 우리는 신앙을 가지고 있습니다. 그러기에 두 분의 성인들이 지금 하늘나라에 살아 계실 뿐만 아니라, 더 나아가 우리의 삶에 실질적으로 영향을 주시는 분들이라고 우리는 확신하고 있습니다. 누군가 이런 사실에 의심이 든다면 바로「가톨릭 교회 교리서」를 찾아보십시오. '성인들의 통공'이라는 교리는 중요한 교리입니다! 천상의 성인들께 전구를 청하고 그분들께 맡기는 일은 참으로 중요한 일입니다! 토마스 아퀴나스 성인은 이렇게 말씀하셨습니다. "우리의 육체에서 각 지체가 다른 지체들의 유익을 위해 활동하는 것과 같이, 교회라는 영적인 육체 안에서도 똑같은 일이 벌어지고 있다. 모든 그리스도인은 한 몸을 이룬다. 그래서 각자 다른 이들과 교류하는 것이고, 그 때문에 한 사람의 선업이 다른 이들에게도 영향을 끼치게 되는 것이다." 다시 말해 우리는 서로 연결되어 있습니다.

저는 산의 포로가 되어 살아갑니다. 산에 오르는 것을 너무도 좋아합니다. 어릴 적부터 시간이 날 때마다 산에 갔습니다. 학창 시절에 몇 년 동안 학교를 못 다닌 적이 있는데, 빈둥거리다 못해 시작한 활동이 등산이었습니다. 그러다가 암벽 등반을 좋아하게 되었습니다. 안데스산맥과 알프스에도 갔는데 암벽 등반으로 정상까지 올랐습니다. 골치 아픈 문제가 생기면 저는 어디론가 훌쩍 떠나곤 합니다. 그래서 오랫동안 스위스에서 지내기도 했습니다. 지금도 기회만 생기면 이삼일 정도 무작정 떠나서 어느 산이든 정상까지 오르곤 합니다. 얼마 전에도 피레네산맥과 안데스산맥에 갔다가 고도 5,000미터쯤 되는 정상까지 올랐습니다. 산 정상의 경치는 너무도 아름다웠습니다. 정말이지 환상적이었습니다.

암벽 등반을 할 때 로프를 감아 매면 놀라운 상황이 벌어집니다. 아직도 특별하게 남아 있는 기억이 있습니다. 몽블랑 정상의 바로 옆 봉우리를 오르고 있을 때였습니다. 암벽 등반용 로프를 감아 매고 빙하의 갈라진 틈 사이를 통과했습니다. 빙하 사이의 깊디깊은 낭떠러지로 떨어질 수도 있는 상황이었습니다. 그 광경을 한번 상상해 보세요. 여러분도 아찔함을 느끼실 겁니다. 만약 로프를 매고 있지 않다면 같이 온 동료가 괜찮은지 확인하려고 뒤돌아보다가 순식간에 낭떠러지로 떨어져 버릴 수 있습니다. 나보다 속도가 빠른 동료를 따라가지 못할 수도 있고요. 하지만 그렇게 위험한 상황에서도 로프를 감아 매고 있다면 상황은 완전히 바뀝니다. 절대로 그런 일은 일어날 수가 없습니다. 서로의 페이스에 맞춰 똑같은 리듬으로 가야 하기 때문입니다. 암벽 등반을 할 때는 첫 번째 주자의 페이스에 다른 사람들이 맞춰 가야 합니다. 첫 주자가 조금 빠르게 오르면 뒤따르는 사람들도 페이스에 맞춰서 빠르게 오릅니다. 반대로 첫 주자가 느리게 가면 다른 이들도 모두 천천히 올라가야만 합니다. 등반 중에는 항상 로프가 팽팽하게 당겨진 상태로 올라가야 하기 때문이지요. 다시 말해서 어떤 이가 로프를 감아 매고만 있다면 절대 혼자가 아닙니다. 다른 이들과 함께 맞춰 가면 되는 겁니다. 특히 오르막길에서는 상황이 더 까다롭습니다. 더 위험하기에 안전에 신경을 많이 써야 합니다. 볼트나 나사, 카라비너 등을 계속 점검하고 재정비하면서 올라가야 합니다. 장비를 잘 점검하는 것은 안전을 확보하기 위한 것입니다. 첫 주자는 떨어질 위험이 있기 때문에 절대로 뛰어서는 안 됩니다. 로프로 서로 묶여 있기 때문입니다. 한 명이 떨어지면 다른 사람도 떨어질 수 있습니다. 그러면 한 명만 죽는 게 아니라 두 명 모두 죽게 됩니다. 하지만 아무리 위험한 상황이라 해도 한 명이 안전을 확보하고 있으면 두 명 모두 살게 됩니다. 이 모습은 바로 그리스도인들의 생명의 모습과도 같습니다. 우리는 하나로 일치되어 있기 때문입니다. 그러므로 그리스도인들은 서로 도우면서 살아가야 하는 겁니다. 지금 이 피정이 진행 중인 여러분들의 수도 공동체도, 교구 공동체나 보편교회도 모두 마찬가지입니다. 천상의 성인들! 그분들이 참으로 우리를 돕고 계십니다. 그러니 우리도 돌아가신 분들을 돕고 그분들의 유익을 위해서 기도해야 합니다. 연옥이 존재하기 때문입니다. 성인들의 통공은 그리스도인들의 삶을 또 다른 영역으로 확장시켜 주고 있습니다. 우리는 모두 하나가 되어야 합니다. 우리는 서로 모든 면에서 로프로 묶여 있습니다. 서로가 연결되어 있는 겁니다. 모두가 하나로 연결되어 있습니다! 이 얼마나 소중한 사실입니까!

하지만 여기서 진짜 중요한 사실은 '누가 먼저 로프를 감아 맬 것인가?'에 있습니다. 보통은 스스로 올라갈 수 있는 사람이 가장 먼저 로프를 매야 합니다. 이렇게 첫 번째 역할을 하는 사람에게 어려움이 더 많습니다. 그래서 첫 번째가 나중에는 힘이 빠질 수 있습니다. 마지막 주자는 다른 사람들이 모두 안전하게 통과할 때까지 계속 버티고 있어야 합니다. 그러므로 가장 겸손한 사람이 마지막 주자가 되어야 합니다. 다른 사람들이 통과하는 동안 끝까지 머물면서 지키고 있어야 하기 때문입니다. 누군가가 실수를 범해서 바닥으로 떨어질 위험이 생기면 바로 로프를 팽팽하게 당겨야 합니다. 이와 같이 다른 이들의 안전과 생명을 책임지고 있는 사람이 바로 마지막 주자입니다. 그래서 암벽 등반을 할 때 순서를 바꿔가며 오르기도 합니다. 지친 사람을 위해서 순서를 바꾸는 겁니다. 그리하여 어려운 코스를 지날 때는 가장 힘이 많이 남아 있는 사람이 마지막 주자가 됩니다. 초보자나 지친 사람은 앞장을 세우기도 하고요. 교회 안에서도 마찬가지입니다. 우리는 스스로 항상 약하고 혼자라고 생각합니다. 그러나 절대 그렇지 않습니다! 누군가가 뒤에서 당신을 위해 기도하며 지지하고 있습니다. 암벽 등반을 할 때 로프를 감아 매는 순서처럼 인생에서도 마지막 위치가 가장 중요합니다. 그리고 마지막까지 우리의 안정을 위해 지탱해 주고 계신 분은 바로 우리 주 예수 그리스도이십니다. 그러기에 우리는 참으로 안전합니다. 평화로운 마음으로 아무것도 걱정하지 않아도 되는 겁니다. 더구나 어머니이신 성모님께서 그리스도와 함께 계십니다. 동정녀께서는 결코 단순한 기억 속의 인물이 아닙니다. 우리의 어머니이신 성모님은 인생에서 참으로 중요한 분입니다.

수태 고지

이 시간에는 그리스도인의 삶에서 매우 중요한 부분 중 하나인 수태 고지에 관한 말씀(루카 1,26)을 묵상해 보면 좋겠습니다. 감동적이고 경이로운 말씀들입니다. 수태 고지는 그리스도인의 사명과 성소가 무엇인지를 우리에게 알려 줍니다. "여섯째 달"(루카 1,26)이라는 말은 세례자 요한의 잉태 이후 여섯 달이 지났음을 의미합니다. 여섯째 달에 가브리엘 천사가 하느님에 의해 파견됩니다. 이처럼 우리의 삶에서 늘 주도권을 지니신 분은 바로 하느님입니다. 이 주도권으로 매일 우리를 놀라게 하시는 분도 바로 하느님입니다. "하느님께서는 가브리엘 천사를 갈릴래아 지방 나자렛이라는 고을로 보내시어, 다윗 집안의 요셉이라는 사람과 약혼한 처녀를 찾아가게 하셨다. 그 처녀의 이름은 마리아였다. 천사가 마리아의 집으로 들어가 말하였다. '은총이 가득한 이여, 기뻐하여라. 주님께서 너와 함께 계시다(Χαῖρε, κεχαριτωμένη).'"(루카 1,26-28) 천사가 처음으로 했던 말은 "기뻐하여라."입니다. 하느님께 사랑을 받고 있기 때문입니다. 이 말씀이 우리의 삶에서도 매 순간 벌어집니다. 즉, 하느님께서 우리에게도 천사를 보내시어 선포하시는 첫 번째 말씀입니다. "기뻐하여라. 하느님께서 너를 사랑하신단다." 하느님께서는 삶의 성공뿐만 아니라 십자가나 병마와 같은 삶의 모순에서도 함께 나타나십니다. 하지만 방식이야 어떻든 하느님께서 우리에게 나타나실 때마다 선행하는 말씀의 내용이 바로 '카이레Χαῖρε', 즉 "기뻐하여라."라는 말씀입니다. 또한 천사는 마리아께 이런 말을 하십니다. '은총이 가득한 이여κεχαριτωμένη.' 이는 "성령께서 당신을 붙잡으셨습니다."라는 뜻입니다. 이것이 바로 우리 인생의 목적입니다. "은총이 가득한 삶"이란 하느님과 친밀한 일치를 이루는 삶을 의미합니다. 마리아로부터 시작된 이 일이 바로 우리 인생의 목적입니다. 이미 마리아께서는 은총이 가득하셨습니다. 우리 역시 은총으로 가득 찬 삶을 살아가기 위해서 성령께 도우심을 청하며 성령으로 가득 찬 삶을 살아야 합니다.

"주님께서 함께 계십니다." 이 말보다 더 경이롭고 위대하며 아름다운 말은 있을 수가 없습니다. 참으로 하느님께서 당신과 함께 계십니다. 우리 각자에게도 이미 주님께서 이 말씀을 해 주셨습니다. "내가 세상 끝 날까지 언제나 너희와 함께 있겠다."(마태 28,20)라고 말씀하시지 않았습니까! 참으로 그렇습니다. 주님께서 우리와 함께 계십니다. 그곳이 바로 성체성사입니다. 그곳이 바로 교회입니다. 그리고 우리의 형제자매들을 통해 주님께서는 우리와 함께 계십니다. 또한 은총을 통해 주님께서는 우리의 영혼 안에 계십니다. 이런 방식들 중에서도 가장 특별하고 우월한 방식으로 주님께서는 성체성사 안에서 실제로 우리와 함께 계십니다. 그리스도께서 전례 안에서 현존하시는 방식에 대해서는 「전례 헌장」 7항에 잘 나타나 있습니다. 주님께서는 당신의 말씀을 통해서도 우리와 함께 계십니다. "두 사람이나 세 사람이라도 내 이름으로 모인 곳에는 나도 함께 있기 때문이다."(마태 18,20)라고 하셨으니 틀림없이 주님께서는 저와 함께 계십니다. 바로 지금 여기에 그리스도께서 현존하십니다. 그리스도께서는 교회 안에서 다양한 방식으로 현존하십니다. 형제자매들 안에서, 성직자들 안에서, 교회의 성사들 안에서… 수태 고지에서 천사가 "주님께서 당신과 함께 계십니다."라고 마리아에게 말씀하십니다. 동시에 우리에게도 똑같이 말씀하십니다. "주님께서 당신과 함께 계십니다." 절대로 이 사실을 잊지 마십시오.

"이 말에 마리아는 몹시 놀랐다. 그리고 이 인사말이 무슨 뜻인가 하고 곰곰이 생각하였다."(루카 1,29) 하느님께서 우리에게 말씀을 건네시지만, 우리가 그 의미를 늘 알아들을 수 있는 것은 아닙니다. 혹여 알아들을 수 있을 것 같다 하더라도 우리는 이렇게 질문해야 합니다. "어떤 뜻으로 하신 말씀일까?" 하느님께서 일하시도록 우리는 내맡겨 드려야만 합니다. 사람들이 이런 식으로 말하는 것을 여러분도 자주 들었을 겁니다. "만일 이것을 미리 알았더라면 이런 일이 벌어지지 않았을 텐데…." 그러나 우리가 모든 것을 다 알아야 할 필요는 없습니다. 하느님께 우리가 드릴 수 있는 순명은 바로 이것입니다. "예! 주님, 당신 뜻대로 이루어지소서." "주님께서 원하시는 그대로 이루어 주소서. 주님! 당신께서 원하시는 대로 이루어지소서." 이는 주님의 말씀을 우리가 온전히 이해할 수 없다는 뜻이기도 합니다. 딱 한 가지 확실한 것은 하느님께서는 절대로 실수하시지 않는다는 것뿐입니다. "천사가 다시 마리아에게 말하였다. '두려워하지 마라, 마리아야. 너는 하느님의 총애를 받았다.'"(루카 1,30) 천사는 두려워하지 말라고 말씀하십니다. 가끔씩 하느님의 말씀은 우리에게 두려움으로 다가오기 때문입니다. 하지만 하느님의 은총을 받았으니 두려워하지 말라고 하십니다. 불완전하기 짝이 없는 우리의 힘만을 계속 고집한다면 두려움은 사라지지 않을 것입니다.

"'보라, 이제 네가 잉태하여 아들을 낳을 터이니 그 이름을 예수라 하여라. 그분께서는 큰 인물이 되시고 지극히 높으신 분의 아드님이라 불리실 것이다. 주 하느님께서 그분의 조상 다윗의 왕좌를 그분께 주시어, 그분께서 야곱 집안을 영원히 다스리시리니 그분의 나라는 끝이 없을 것이다.' 마리아가 천사에게, '저는 남자를 알지 못하는데, 어떻게 그런 일이 있을 수 있겠습니까?' 하고 말하자, 천사가 마리아에게 대답하였다. '성령께서 너에게 내려오시고 지극히 높으신 분의 힘이 너를 덮을 것이다. 그러므로 태어날 아기는 거룩하신 분, 하느님의 아드님이라고 불릴 것이다.'"(루카 1,31-35) 하느님께서는 갑자기 우리에게 요구하실 수도 있고, 제안하실 수도 있으며, 어떤 사명이나 상황을 보내실 수도 있습니다. "어떻게 그런 일이 있을 수 있겠습니까?"(루카 1,34)라는 의문이 들 정도의 상황이 벌어질 수도 있습니다. 하지만 이럴 때도 우리를 지탱해 주는 것이 있습니다. 바로 하느님의 약속과 은총입니다. 오직 이것입니다! 오로지 이것뿐입니다! 마리아께서는 하느님의 말씀을 귀담아들으셨습니다. 그리고 하느님의 약속과 은총을 온전히 신뢰하셨습니다. 자신의 힘에 의지하지 않고 하느님의 힘에 온전한 신뢰를 드렸습니다. 그뿐이었습니다. 이런 식으로 주님의 힘만을 온전히 신뢰할 때, 우리 역시 인내하며 지속해 나갈 수가 있는 겁니다. 오직 이 방법뿐입니다! 개인적으로나, 공동체적으로나, 교회적으로나 주님께만 온전히 신뢰를 드릴 때 지속해 나갈 수 있습니다. 오직 하느님께만 의지하고 신뢰해야 합니다.

천사는 이어서 너무도 아름다운 말씀을 하십니다. "네 친척 엘리사벳을 보아라."(루카 1,36) 다시 말해 이런 일들이 벌어질 가능성을 보여 주는 표징들이 우리 주변에도 분명히 있다는 겁니다. 이미 그렇게 살아가는 사람들이 분명히 있습니다! 바로 성인들입니다. 어쩌면 우리 자신이 될 수도 있습니다. 주님께서는 우리에게 다음과 같이 물으실 겁니다. "너는 이 성인의 모범을 보았느냐? 너는 반 투안의 삶을 보았느냐?" 그러므로 성인들의 모범적인 삶은 우리에게 너무도 중요한 것입니다. 당연히 저에게도 아주 중요합니다.

왜 아니겠습니까? 하느님께는 불가능한 일이 없기 때문입니다(루카 1,37 참조). 너무도 경이로운 사실입니다. 우리는 보통 "안 될 거야."라고 하지만 하느님께는 불가능한 일이 없습니다. 그러므로 내 인생에서도 불가능한 일은 하나도 없는 겁니다. 하느님의 은총이 나와 함께하기 때문이고, 하느님의 은총은 전능하기 때문입니다. 마리아께서는 이 상황에서 어떻게 대처하셨습니까? "저에게 생각할 시간을 주십시오." 혹은 "내일 다시 오십시오."라고 답하지 않으셨습니다. 마리아께서는 "저에게 이루어지기를 바랍니다."(루카 1,38)라고 말씀하셨습니다. 이 얼마나 아름답고 놀라운 말씀입니까! 그러자 천사는 마리아를 떠나갔습니다. 수태 고지에 관한 이 성경 말씀은 참으로 심오합니다. 말씀 하나하나가 모두 그리스도인의 삶과 성소에 대한 요약이라고 볼 수 있기 때문입니다. 먼저 우리의 구원에 대한 내용으로 시작합니다. 우리는 모두 예수 그리스도로부터 구원을 받았습니다. 그런데 이 구원은 마리아의 신뢰로부터 시작되었습니다. 바로 여기에 우리 자신의 성소와 관련된 유비Analogy가 있습니다. 결국 이런 일들이 우리의 일상에서 벌어지고 있다는 겁니다. 주님께서는 매일 우리에게 이렇게 말씀하십니다. "보아라! 기뻐하여라. 내가 너와 함께 있기 때문이고 내가 너에게 이 모든 것을 다 줄 것이며 성령께서 너를 도와주실 것이기 때문에 기뻐하여라." 그렇다면 이 말씀에 우리는 어떻게 대답해야 합니까? "그대로 제게 이루어지소서."라고 대답하면 됩니다. 모든 상황에서 우리는 하느님께 "예, 그대로 제게 이루어지소서."라고 말씀드리면 되는 겁니다. 일상의 구체적인 순간과 상황과 사건 안에서 우리는 하느님께 "그대로 제게 이루어지소서."라고 말씀드려야 합니다. 나를 힘들고 어렵게 만드는 고통들 앞에서도 마찬가지입니다.

그러므로 가장 위대한 기적은 우리의 내면에서 벌어집니다. 하느님께서는 우리의 내면에서 기적들이 벌어지기를 바라십니다. 하느님의 은총을 노래합시다. 그분은 보다 중요하고 아름다운 것들을 우리의 내면에 심어 놓으셨습니다. 저는 가끔 행복이란 외부의 것들을 변화시키는 데서 온다고 믿습니다. 하지만 가장 심오한 아름다움은 언제나 우리의 내면에 있습니다. 그래서 진짜 아름다움을 발견하는 일은 참으로 어렵습니다. "숨어 있는 아름다움을 발견하는 일이 눈에 쉽게 보이는 아름다움보다 훨씬 가치 있고 고귀한 일"이라고 헤라클레이토스는 말했습니다. 참된 아름다움은 매우 심오하고, 숨어 있으며, 우리의 내면에 머물러 있습니다. 하느님께서 우리 안에 살아 계시기 때문입니다. 이것이 바로 숨겨진 아름다움입니다. 저는 성모님과 함께 있기 위하여 그분께 우리 자신을 봉헌하자고 말씀드린 바 있습니다. 하느님의 말씀이 우리의 내면으로 들어와서 위대한 기적이 우리 안에서 일어날 수 있도록 주님께 협력하는 삶을 살아야 합니다. 그러기 위해서 성모님께 전구를 청해야 합니다. 성인들의 통공을 통하여 우리는 성모님과 늘 함께하고 있습니다. 우리가 위험에 떨어지는 순간에도 성인들의 통공이라는 로프로 성모님과 우리가 묶여 있기에 우리는 안전합니다. 성모님께서는 우리가 떨어지지 않도록 단단히 로프를 잡고 계시는 마지막 주자로서 든든하신 우리의 어머니이십니다. 고통과 시련 중에도 우리가 절망에 떨어지지 않도록 우리를 꼭 붙잡고 계신 분입니다. 그러므로 우리에게 어떤 시련이 다가온다 해도 성모님과 연결된 로프를 놓지 않고 꽉 붙잡고 있기만 하면 됩니다. 하지만 그 전에 이는 절대 은유적인 표현이 아니라 실제로 벌어지고 있는 사실임을 굳게 믿고 확신해야 합니다. 참으로 우리의 어머니이신 성모 마리아께서 우리를 도와주고 계십니다. 그러므로 성모님께서 거룩한 부르심을 받으셨던 수태 고지의 장면 속으로 우리도 들어가야겠습니다. 그리하면 수태 고지의 말씀들 안에서 우리에게 주어지는 성소의 빛을 발견하게 될 것입니다.

11. 하느님의 사랑 관상하기

하느님의 말씀은 우리가 참으로 하느님의 사랑과 만날 수 있도록 이끌어 줍니다. 우리가 이렇게 만난 이유도 하느님의 말씀에 온 정성으로 귀를 기울이기 위해서입니다. 이제 마지막 영신 수련 피정 강의를 앞두고 있습니다. 그런데 이런 생각을 할 위험이 항상 있습니다. '영신 수련 피정 마지막 날인데 나에게 아직 아무 일도 일어나지 않았네. 에이, 모르겠다! 나한테 영신 수련은 이미 끝난 거나 마찬가지야. 침대에서 잠이나 자야겠어.' 크나큰 착각이요, 오류입니다. 주님께서는 우리가 예상치도 못한 때에 갑작스럽게 오실 것이기 때문입니다. 그러므로 항상 우리는 준비하고 있어야 합니다. 준비 없이 살아가면 안 된다는 겁니다. 주님께서는 언제든지 갑자기 나타나실 수 있습니다.

하늘나라를 향한 결정적 첫발

이번에 묵상할 주제는 아주 중요합니다. 대개 이냐시오 영신 수련의 마지막 날에 묵상하는 주제이기도 합니다. 이냐시오 성인은 이 묵상을 가리켜 '사랑을 얻기 위한 관상'이라고 불렀습니다. 이 묵상을 통해 주님께 특별히 청해야 할 것은 두 가지입니다. 하나는 그리스도의 사랑을 관상하는 것입니다. 그리스도의 사랑은 우리를 사로잡는 특성을 가지고 있습니다. 또 그리스도의 사랑은 우리를 변화시킵니다. 하느님의 사랑에 대한 관상은 변화시키는 힘을 가지고 있기 때문입니다. 아무리 단단히 굳은 심장이라 해도 살아 움직이게 만드는 힘을 지니고 있습니다. 또한 하느님의 사랑은 우리가 품고 있는 이기심과 죄악으로 가득 찬 마음을 녹여 버립니다. 두 번째로 우리는 하느님의 사랑이 계신 그곳으로 들어갈 수 있기를 청해야겠습니다. 그러려면 우리 삶의 방향을 바꾸어야 합니다. 어쩌면 우리는 지금까지 하느님의 사랑을 위한 걱정보다는 세상에 대한 걱정으로 더 가득 찬 삶을 살아왔는지도 모릅니다. 그렇게 살면 안 됩니다. 하느님의 사랑으로 살아야 하고, 하느님의 사랑을 위하여 살아가야 합니다. 이와 관련된 자료들을 피정 중간중간에 읽어 드리도록 하겠습니다.

하늘나라와 지옥의 차이는 아주 사소합니다. 이 차이를 설명하기 위해서 예화 하나를 들어 보겠습니다. 요한 바오로 1세 교황께서 은유적인 표현으로 말씀해 주셨던 이야기입니다. 이미 아는 분도 있겠지만, 저를 사랑하는 마음으로 마치 처음 듣는 것처럼 해 주시면 감사하겠습니다. 요한 바오로 1세 교황께서 착좌하신 지 며칠 안 되어 어린이들에게 직접 교리를 가르치고 계셨습니다. 교리 교육 주제는 하늘나라와 지옥에 관한 것이었습니다. 교황님은 지옥을 가리켜 엄청나게 맛있는 음식들로 그득한 식탁이 있는 곳이라고 설명하십니다. 식욕을 자극하는 맛있는 음식들이 빼곡히 식탁에 놓여 있다는 겁니다. 그런데 지옥의 식탁에는 치명적인 문제가 하나 있습니다. 이 맛있는 음식들을 직접 입에 집어넣기에는 수저와 포크가 너무 크다는 것입니다. 결국 지옥이란 곳은 눈앞에 맛있는 음식이 있어도 스스로 먹을 수가 없는 곳입니다. 그래서 지옥에 떨어진 이들은 모두 절망에 빠졌습니다. 그런데 하늘나라에서도 똑같은 식탁에 똑같은 음식들이 차려져 있습니다. 수저와 포크의 크기도 똑같습니다. 지옥과 다른 점은 딱 하나입니다. 하늘나라에서는 사람들이 눈앞의 음식을 자기가 먹으려 하지 않고, 다른 사람에게 먹여 준다는 겁니다. 그래서 하늘나라는 사랑과 내어 줌의 왕국이고 지옥은 이기심의 왕국입니다. 지옥에 있는 사람들은 모두 자기 자신만을 바라봅니다. 하지만 하늘나라에서는 모든 사람들이 이웃을 바라봅니다. 이것이 바로 하늘나라와 지옥의 차이점입니다. 그러므로 우리는 순식간에 하늘나라에서 지옥으로 떨어질 수도 있습니다. 접시나 포크, 수저나 사람을 바꿀 필요는 없습니다. 전혀요! 나의 생각과 행동만 바꾸면 됩니다. 지금 나는 이웃을 위하여 자신을 내어 주면서 살고 있습니까? 아니면 오직 나만 생각하면서 살아가고 있습니까? 이제 하늘나라를 향한 결정적 첫발을 내디딜 수 있도록 주님께 간절히 기도드리시기 바랍니다. 우리는 여전히 이 세상에서 살아가고 있습니다. 하늘나라에 빨리 가겠다고 무리할 필요까지는 없겠지만, 언제든지 주님께서 원하시는 때에 하늘나라로 갈 수 있도록 준비는 늘 하고 있어야 합니다! 언젠가는 그날이 반드시 올 테니까요. 이 묵상 주제와 관련해서 죽음에 대해 말해야 할지 잘 모르겠습니다만, 확실한 사실 하나는 이 세상에서 살아가면서도 하늘나라의 삶을 앞당겨서 살 수 있다는 것입니다.

그리스도의 사랑 관상하기

첫 번째로 해야 할 일은 그리스도의 사랑을 관상하는 것입니다. 하느님께서 어떻게 나를 사랑하시는지에 대해 아는 것은 너무도 근사한 일입니다. 참으로 감동적인 일입니다! 이 사실을 알게 된 사람은 변화합니다. 나를 향한 하느님의 그 사랑 때문에 삶이 변합니다. 그렇다면 그리스도의 사랑에 대해서 관상하는 방법이 뭐가 있을까요? 우리에 대한 그리스도의 사랑이 어떠한지에 대해 가장 아름답게 묘사한 성경 구절이 있습니다. 그리스도의 사랑을 관상하는 데 결정적인 열쇠가 되는 부분입니다. 보통 그런 관점에서 읽지 않는 이 성경 구절을 통해 그리스도의 사랑을 관상해 보겠습니다. "사랑은 참고 기다립니다. 사랑은 친절합니다."(1코린 13,4) 여기서 말하는 사랑은 바로 그리스도의 사랑을 의미합니다. 그리스도께서는 참고 기다리시고 친절하십니다. "사랑은 시기하지 않고 뽐내지 않으며 교만하지 않습니다. 사랑은 무례하지 않고 자기 이익을 추구하지 않으며 성을 내지 않고 앙심을 품지 않습니다. 사랑은 불의에 기뻐하지 않고 진실을 두고 함께 기뻐합니다. 사랑은 모든 것을 덮어 주고 모든 것을 믿으며 모든 것을 바라고 모든 것을 견디어 냅니다. 사랑은 언제까지나 스러지지 않습니다."(1코린 13,4-8) 이것이 바로 그리스도의 사랑입니다. 더불어 그리스도의 사랑에 우리 또한 참여하도록 초대하고 있는 사랑입니다. 그리스도께서는 우리를 참고 기다리시는 분입니다. 또한 나를 참고 기다리시는 분입니다. 그리스도께서는 우리에게, 나에게 친절하십니다. 무례하지 않으시고 자기 이익을 추구하지 않으시며 앙심을 품지도 않으십니다. 그리스도께서는 불의에 기뻐하지 않으시고 진실을 두고 함께 기뻐하십니다. 그리스도의 사랑은 모든 것을 덮어 주고 모든 것을 믿으며 모든 것을 바라고 모든 것을 견디어 냅니다. 그리스도의 사랑은 언제까지나 스러지지 않습니다. 이것이 바로 하느님의 사랑입니다. 이렇게 그리스도의 사랑이 어떠한지에 대해 읽는 것이 오늘 우리의 묵상을 위한 첫 번째 포인트입니다. 우리를 향한 그리스도의 사랑이 도대체 어떤 사랑인지에 대해 바오로 사도가 설명한 이 성경 말씀을 묵상하십시오. 바로 나를 사랑하시는 하느님에 대한 이야기이기 때문입니다. 어떤 사람이 이런 사랑을 따라 살아간다면 어떤 상황에서도 내적인 평화를 누릴 수 있게 될 것입니다. 하느님의 사랑을 살아가게 될 때 비로소 자신이 하느님으로부터 사랑받고 있다는 사실을 제대로 알게 되기 때문입니다.

첫 번째 증언 : 병으로부터 그리고 희망으로부터

그리스도의 사랑에 대한 아름답고 짤막한 증언을 읽어 드리고자 합니다. 제가 아는 분이 직접 쓰신 글입니다. 이 증언은 여러분이 그리스도의 사랑을 관상하는 데 특별한 도움을 줄 것입니다. 하느님께서 우리의 삶으로 들어오실 때 우리가 품었던 사악하고 잘못된 것을 모두 어떻게 물리치시는지 잘 보여 주는 증언입니다. 그리스도의 사랑을 관상하게 하는 귀중한 증언이지요. 공식적으로 출판된 적이 없는 이 글은 가톨릭 사제인 글쓴이가 친한 이들에게 실제로 보냈던 편지글입니다.

우선 제 소개부터 하겠습니다. 제 이름은 '헤수스'입니다. 나이는 32살이고, 스페인 사람이며, 가톨릭 사제입니다. 1996년에 볼리비아에서 선교 사제로 사목했습니다. 휴가를 받아 스페인에서 쉬고 있다가 병원에서 건강 검진을 받았는데 직장암이라고 하더군요.' 암 세포가 간까지 전이되어 여러 차례 수술을 받아야 했습니다. 결국 제 간의 4분의 1을 제거하는 수술까지 했습니다. 그 외에도 크고 작은 수술들을 여러 차례 받았습니다. 물론 방사선 치료도 받았고요. 요즘은 항암화학요법 치료를 받고 있습니다. 계속된 수술과 오랜 항암 치료로 인해 제 몸은 망가져 버렸고 상태도 악화되었습니다. 그래서 저는 더 이상 여행을 다닐 수가 없습니다. 집 밖을 나서는 것 자체가 힘든 경우도 많습니다. 그래도 괜찮습니다. 갈수록 아픈 날들이 많아지는 것에 비하면 이런 어려움 정도는 받아들일 수 있습니다. 병세가 갑자기 악화될 때도 종종 있어서, 다음 날 아침 제 몸이 과연 어떻게 될지 예측할 수 없는 상태입니다. 그런데 신비스러운 게 하나 있습니다. 참으로 고통이야말로 신비입니다. 고통은 오직 신앙으로만 명백히 밝혀질 수 있는 신비입니다. 제가 볼리비아에서 지냈던 시간은 정말이지 환상적이었습니다. 어렸을 때부터 늘 저는 선교사로 살고 싶었습니다. 주님께서는 저의 소망을 들어주셨지요. 볼리비아에서 보낸 시간은 제가 사제로서 새로 태어나게 해 주는 시간이었습니다. 사실 저는 부르주아처럼 살아왔습니다. 나 자신 외에는 어떤 것도 걱정하지 않고 살아왔습니다. 거룩함도 없이, 주님과의 친밀함도 없이, 하느님의 말씀에 대한 사랑도 없이, 지속적인 기도 생활도 없이 그렇게 살아왔습니다.

미사 전례에도 무관심했습니다. 사목자로서 제가 돌봐야 할 사람들에 대해서도 무관심했습니다. 그 누구를 위해서도 죽을 능력이 전혀 없는 사람이었습니다 (정말 아름다운 표현입니다. 이 말을 뒤집으면 '우리는 누군가를 위해 죽을 능력이 있다.'가 됩니다. 곧 "자신만을 위해 사는 것은 가치가 없다. 그렇게 이기적으로 사는 것은 무능하고 가치 없는 삶이다."라는 뜻입니다). 그런데 신자들 앞에서는 마치 '열심히 일하는 사람', '많은 일을 완벽하게 하려고 노력하는 사람', '좋은 본당 신부', '겸손한 사람'으로 보이곤 했습니다. 하지만 이것은 거짓말이었습니다. 새빨간 거짓말이었습니다. 저는 이기주의자였고 교만한 인간이었습니다(이 표현은 과장되었습니다. 다음에 나오겠지만 항암 치료의 후유증 같습니다). 나 자신을 위한 일 외에는 관심이 없었고 내 것만 찾으면서 살았습니다. 그저 마을의 본당 신부로서 눈에 보이는 일을 했을 뿐이지, 정작 주님의 양들에게 복음을 전하는 일에는 관심도 없었습니다. 돈에도 탐욕스러웠습니다. 제가 볼리비아를 떠나기 전에 마지막으로 했던 일은 일반 중고등학교에서 수업을 했는데, 그 일을 했던 진짜 이유는 월급을 받았기 때문입니다. 사실 제 월급봉투를 더 두툼하게 만들기 위해 했던 일이었습니다. 사제로서 가장 큰 위험은 바로 돈입니다. 어떤 그리스도인이나 마찬가지겠지만 "사실 돈을 사랑하는 것이 모든 악의 뿌리입니다."(1티모 6,10) 내적으로도 고통이 많았습니다. 사람들은 저를 '슈퍼 신부'로 부르곤 했습니다. '슈퍼맨' 같은 신부라는 뜻이었지요. 하지만 저는 결코 '슈퍼 신부'가 아니었습니다. 그건 제 능력을 넘어선 호칭이었을 뿐입니다. 결국 저는 겸손의 길을 벗어나 교만의 길을 걸었던 셈입니다.

잠을 제대로 잘 수 없게 되면서 과거에 저지른 저의 죄악들을 너무도 뚜렷이 보게 됩니다. 복음화를 위해 봉사하지 않았던 제 과거를 바라보곤 합니다. 만일 제가 복음화를 위해서 걸림돌이 되고 있다면, 혹시라도 제가 다른 선교사들에게 골칫덩어리 같은 존재라면 볼리비아를 떠날 수 있게 해 달라고 주님께 기도드리곤 했습니다. 제가 어떻게 그런 기도를 했을까요. 결국 주님께서는 제가 온 마음으로 청했던 그 기도를 들어주셨습니다. 볼리비아에서 선교사로서 지내면서 하느님의 아들이 된다는 것과 하느님의 아들로서 살아가는 것이 무엇인지에 대해서 실제로 보았습니다. 하느님께서는 준비하고 계십니다. 항상 준비하고 계십니다! 선교 생활을 하면서 그리고 투병 생활을 하면서 실제로 직접 확인할 수 있었습니다. 하느님께서는 항상 준비하고 계십니다. 하느님께서는 절대로 의지할 곳 없는 사람을 홀로 내버려 두지 않으십니다.

고통의 체험은 신비입니다. 한번은 수술 후에 모르핀 주사로 통증을 완화시키고 있는데, 제가 깨어나 버렸습니다. 그때 제 앞에 있던 십자가를 바라보았습니다. 십자가의 예수 그리스도를 바라보면서 그분께 이렇게 말씀드렸습니다. "주님! 우리가 똑같네요. 상처로 살이 찢어져서 열린 몸이 뼛속까지 고통스럽기만 합니다. 이 지독한 고통 앞에 홀로 있으면서 버림받은 기분으로 십자가 안에 있는 우리의 모습이 똑같네요. 주님!" 이토록 비참한 제 모습을 바라보면서 저는 부정하고 반항했습니다. 이런 상황을 도저히 이해하고 받아들일 수가 없었습니다. 하느님께서 저를 버리신 거라고, 저를 사랑하시지 않는 거라고 생각했습니다. 그런데 아버지 하느님께서 하늘로부터 예수 그리스도에 대해 말씀하셨던 것이 갑자기 떠올랐습니다. "이는 내 사랑하는 아들이다!" 그런데 제 앞에 하느님께 사랑받는 그 아드님이 십자가 위에 못 박혀 계셨던 겁니다. 나와 똑같이 고통스러운 상황에 계신 그분을 제가 만난 겁니다. 그러기에 저 역시 하느님의 사랑받는 아들, 그것도 아주 특별한 사랑을 받는 아들인 겁니다. 그 순간 나를 향한 반항과 저항이 갑자기 멈추었습니다. 그리고 쉴 수 있었습니다.

더불어 참된 하느님의 사랑을 보았습니다. 인간의 이성은 고통의 의미를 결코 발견하지 못합니다. 그것은 논리적이지 않기 때문입니다. 이유를 찾을 수 없기 때문입니다. 고통이 훔쳐간 평화를 되찾아 인간이 그 안으로 다시 들어갈 수 있는 유일한 방법은 십자가에 못 박히신 그분을 바라보는 것뿐입니다. 고통과 고뇌로 말미암아 인간은 이성과 의지를 상실해 버리고 마니까요.

요즘 들어 제 병은 더 악화되어 갑니다. 간과 뼈에 더 많은 종양들이 생겼습니다. 암이 더 많이 전이되었다는 뜻입니다. 항암 치료를 계속하고 있습니다만, 암의 전이를 막는 데는 역부족입니다. 의사들은 이제 1년 이상 살기는 힘들 것 같다고 말합니다. 병의 진행 속도로 봐서는 길어야 2년이라고 하네요. 상황은 좋지 않지만 복음화를 위해 무슨 일이라도 할 수 있는 힘을 달라고 하느님께 간절히 기도드리고 있습니다. 지금 제가 맡고 있는 특별한 직무는 없습니다. 부모님 댁에 머물고 있을 뿐입니다. 저를 돌봐주시는 부모님과 마지막까지 함께 있고 싶으니까요. 지금 제 모습은 마치 티베리아스 호숫가에 좌초되어 버려진 배와 같습니다. 더 이상 고기를 잡으러 나갈 수 없기 때문입니다. 하지만 저는 여전히 희망을 가지고 있습니다. 비록 버려졌지만 언젠가는 그리스도께서 그 배에 오르시어 군중을 향해 복음을 선포하실 거라는 희망으로 살아갑니다. 이것이 바로 저의 사명입니다. 비록 버려진 배이지만 예수 그리스도의 설교대로 살아가는 것, 이것이 바로 지금 저의 사명입니다.

돌아오는 대림절이 제게는 아주 특별하게 느껴집니다. 주님께서 신랑을 기다리면서 더 잘 준비하라고 제게 주신 시간이기에 아주 큰 선물로 느껴집니다. 기름을 채운 아홉 개의 등불을 가지고 있습니다. 이제 그것들을 가지고 혼인 잔치에 들어갈 준비가 되어 있습니다. 고통속에서 혹독한 믿음의 싸움을 하도록 나의 지체들을 강하게 만들어 주시는 예수 그리스도라는 기름은 참으로 특별한 선물입니다. 저와 함께 계시는 그리스도께서는 저의 고통스러운 삶의 역사를 마침내 광명의 빛으로 환하게 밝혀 주실 것이기 때문입니다. 하늘나라에 들어갈 수 있는 보증금과 같은 성령을 제가 소유하고 있음을 확신하고 있습니다. 죽음의 날과 그 시간은 아무도 모릅니다. 이는 너무도 확실한 사실입니다. 그러므로 희망을 살아가야 합니다. 2000년 대희년을 준비하기 위해서 올해에도 희망을 살아가는 것보다 더 좋은 방법은 없습니다. 그리고 이 희망에 대해서 전 교회가 묵상하게 될 것입니다.

이 사제는 2000년 대희년이 시작된 지 얼마 되지 않아 귀천하셨습니다. 그분은 1998년에 자신이 암에 걸렸다는 사실을 알게 되었습니다. 저를 포함해서 그 신부님을 아는 많은 사람들이 그분의 훌륭한 인품과 삶에 존경심을 가지고 있습니다. 늘 유쾌하고 친절했던 이 젊은 신부님은 사제로서 너무도 멋진 삶을 살고 계셨습니다. 그러다 갑작스럽게 인생이 전복된 셈입니다. 하지만 암으로 말미암아 그리스도를 진정으로 사랑하게 되었고, 그리스도를 실제로 선포하는 사람으로 완전히 변해 버렸습니다. 존재 저 깊은 곳에서

부터 그리스도의 사랑을 깨우친 분입니다. 자신이 가질 수 있는 유일한 것은 바로 그리스도의 사랑임을 깨우치셨습니다. 그리스도의 사랑을 이론화할 수 없다는 것을 깨닫는 일은 매우 중요합니다. 그리스도의 사랑은 이론이 될 수 없습니다. 그분께서 우리를 참으로 사랑한다는 사실을 삶에서 직접 깨우쳐야 하는 겁니다. 그리스도의 사랑을 관상하려는 우리에게 이 사실을 아는 것은 매우 중요하다고 볼 수 있습니다. 우리가 어떤 상태에 있든지, 어디에 있든지, 그리고 우리에게 무슨 일이 벌어지든지 간에 그리스도의 사랑은 우리를 무심하게 지나치는 법이 없습니다. 그리스도의 사랑은 모든 것을 변화시킬 능력을 가진 사랑이기 때문입니다. 그리스도의 사랑은 모든 것을 변화시키는 사랑입니다!

두 번째 증언 : 에페소 교회에 말하는 천사

이제 요한 묵시록을 여러분에게 읽어 드리고자 합니다. 제 개인적으로는 요한 묵시록을 가끔 읽는 것이 큰 도움이 됩니다. 자, 이 성경 구절이 우리를 어떻게 이끌어 갈지 들어 보도록 하겠습니다. 천사가 에페소 교회에 말하는 내용입니다. "오른손에 일곱 별을 쥐고 일곱 황금 등잔대 사이를 거니는 이가 이렇게 말한다. 나는 네가 한 일과 너의 노고와 인내를 알고, 또 네가 악한 자들을 용납하지 못한다는 것을 안다. 사도가 아니면서 사도라고 자칭하는 자들을 시험하여 너는 그들이 거짓말쟁이임을 밝혀냈다. 너는 인내심이 있어서, 내 이름 때문에 어려움을 겪으면서도 지치는 일이 없었다. 그러나 너에게 나무랄 것이 있다. 너는 처음에 지녔던 사랑을 저버린 것이다."(묵시 2,1-4) 그분이 마음 아파하는 것은 첫사랑의 활력을 잃어버렸다는 것입니다. 수녀님들의 경우에는 이 수도원에 첫발을 디뎠던 날입니다. 제 경우에는 신학교에 첫발을 디뎠던 날이겠지요. 심오한 미풍이 불던 그날은 그리스도의 심오한 사랑이 우리를 삼켜 버린 날이었습니다. 그리스도의 사랑을 위해서라면 세상 그 어떤 일도 다 할 수 있을 것만 같던 날이었습니다. 그런데 주님께서 우리에게 물으십니다. "너는 그날의 첫사랑을 왜 잊어버리고 있느냐?" 인생에서는 주님께 품었던 우리의 첫사랑이 다른 경험들과 섞여 잊히는 일이 너무 자주 일어납니다. 그래서는 안 됩니다. 우리의 인생이 어떤 불순물도 없이 오직 사랑으로 채워지기 위해, 우리 영혼의 심연까지도 정화시켜 달라고 성령께 간절히 기도드려야겠습니다. 참된 사랑은 항상 십자가에 못 박힙니다. 참된 사랑은 항상 십자가를 통과해야만 합니다. 항상 그렇습니다! 예외가 없습니다.

세 번째 증언 : 오직 사랑만이 승리합니다

루치아 베트루세Lucía Vetruse라는 수녀님의 삶에 대해 여러분이 알고 계시는지 모르겠습니다. 그 수녀님이 쓴 편지를 읽어 드리고자 합니다. 참 아름다운 편지입니다. 결국 어떻게 사랑만이 승리하게 되는지에 대해서 보여 주는 편지입니다. 오직 사랑만이 승리합니다. 오직 사랑만이! 살면서 이런저런 종류의 승리를 할 수 있습니다. 하지만 그 승리라는 것이 사랑과 함께, 사랑을 통하여, 그리고 하느님의 사랑 안에 머물며 그 사랑을 살아가면서 거둔 승리가 아니라면 참된 승리가 아닙니다. 그저 악의 세력에 의해 파괴된 것일 수 있습니다. 반면에 비록 파괴된 것처럼 보일지라도, 모든 것이 끝나 버린 것 같고, 강변에 버려진 배처럼 느껴진다 할지라도 인생에 사랑이 있다면, 그것으로 우리는 참된 승리를 거둔 겁니다. 그리스도께서 우리 안에서 이기신 겁니다. 이것은 분명한 사실입니다. 복음의 언어는 우리가 습관적으로 사용하는 언어와는 너무도 다릅니다. 너무도 경이롭습니다.

저의 이름은 루치아 베트루세입니다. 세르비아 군인들에게 성폭행을 당한 세 수녀들 중 하나입니다. 타티아나Tatiana 수녀님과 센드리아 Sendria 수녀님, 그리고 저에게 벌어졌던 일에 대해 적고자 합니다. 하지만 상세하게 말씀드리지 못하는 점에 대해서는 양해를 구합니다. 청빈, 순명, 정결이라는 세 가지 서약을 하며 하느님께 온전히 저를 봉헌했던 그 순간에 저는 제 의지마저도 봉헌했습니다. 하지만 하느님 외에는 누구에게도 그 일에 대해 다시 말한 적이 없습니다. 지금이 저에게는 너무도 힘들고 가혹한 시간입니다.

루치아 수녀님은 앞으로 자신이 어떻게 살아가야 할지 상의하기 위해 수도회 총장 수녀님께 이 편지를 쓰셨던 겁니다.

저의 이야기는 단지 여성으로서 고통 받는 굴욕적인 일부분만이 아닙니다. 저의 성소와 존재 전체를 망가트린, 결코 돌이킬 수 없는 잔인한 공격만도 아닙니다. 무엇보다도 이 사건을 저의 거룩하신 신랑인 하느님께서 허락하신, 그분의 신비로운 뜻의 일부분으로 받아들여야만 하는 어려움이 제 얘기의 진짜 주제입니다. 베르나노스Bernanos의 「가르멜회 수녀들의 대화Diálogos de carmelitas」라는 책을 며칠 동안 읽은 적이 있습니다. 그리고 순교자로서 자발적으로 죽는 일이 제게도 일어날 수 있도록 주님께 간절히 기도드렸습니다. 주님께서는 저의 기도를 들어주셨습니다. 하지만 그 방법은 제가 바랐던 것과 너무도 다른 방식이었습니다. 저는 지금 내적으로 매우 혹독하게 괴로운 어둔 밤을 만났습니다. 세르비아 군인들은 제 삶의 계획을 산산이 박살 내 버렸습니다. 수도자로서의 삶이 저의 전부라고 생각해 왔고 그 외에는 어떤 것도 상상할 수 없었습니다. 하지만 그들로 말미암아 제 인생은 너무도 갑작스럽게 전혀 다른 길로 가야만 했습니다. 사실 어디로 가야 할지 아직도 모르겠습니다. 그러나 새로운 길을 찾아야 하고 그 길로 가야만 하겠지요. 이 편지를 총장 수녀님께 보내는 이유는 위로를 받기 위함이 아니라 제가 하느님께 감사를 드릴 수 있도록 수녀님께 도움을 청하기 위해서입니다. 전쟁으로 모욕을 당한 저의 동포들과 제가 연대를 이루고, 제가 원한 것은 아니지만 제 안의 모성애를 받아들이며, 주님께 진심으로 감사드릴 수 있도록 저를 위해서 기도해 주시기를 간절히 청합니다. 제가 받은 굴욕은 저의 동포들이 받았던 수많은 굴욕들에 더해졌습니다. 하지만 익

명의 강간범들이 저지른 죄에 대한 속죄를 위하여 저의 굴욕을 희생으로 봉헌합니다. 그리고 여전히 적대적인 두 민족의 화해와 평화를 위해 저의 수치스러운 이 고통을 받아들이면서 자애로우신 하느님께 온전히 내맡겨 드립니다. 어쩌면 너무도 불합리하게 보일지 모르겠지만, 고통을 통해 제가 받은 은총들을 수녀님과 나누는 것에 놀라지 마시길 빕니다.

도시를 공포에 빠뜨린 그 침입자들에게 살해당한 저의 두 친형제들 때문에 저는 지난 몇 달 동안 눈물로 지냈습니다. 저를 더 이상 고통스럽게 만드는 것은 없을 거라고 생각했습니다. 그 어떤 고통도 이보다 클 수는 없을 거라고 여겼습니다. 굶주림으로 바싹 말라 절망에 빠진 사람들이 도움을 청하기 위해 수도원 앞에서 매일 우리를 부르곤 했습니다. 지난주에는 18세의 한 청년이 저에게 이런 말을 했습니다. "군인들이 들어갈 수 없는 곳에서 살아가는 수녀님은 진짜 복 받은 분입니다. 수녀님은 아직 진짜 굴욕이 뭔지 제대로 모르실 겁니다." 저는 이 말에 대해 곰곰이 생각했습니다. 사실 동포들이 당하고 있는 고통을 제 눈으로 목격했습니다만, 그들의 고통을 함께하지 않고 거기서 제외되어 있다는 사실이 저를 너무도 부끄럽게 만들었습니다. 그러나 지금은 저 역시 그들 중 하나가 되었습니다. 육신이 산산조각 나고 영혼을 강탈당한 저는 굴욕을 당한 제 동포들, 그 수많은 여인들 가운데 하나가 되었습니다. 주님께서는 '수치스러움'이라는 신비를 제게 허락해 주셨습니다. 악의 세력의 밑바닥까지 이해할 수 있는 특권도 제게 주셨습니다. 오늘부터는 저의 가난한 마음에서 터져 나올 위로의 말들과 용기를 주는 말들을 상처 받은 사람들이 진정으로 믿어 줄 겁니다. 저의 이야기가 곧 그들의 이야기가 되었기 때문입니다. 그리고 믿음으로 부양되고 있는 저의 영적 포기의 삶은 앞으로 그들을 섬길 것이기 때문입니다. 저의 삶이 어떤 표양이 되지는 못한다 해도, 적어도 사람들에게 윤리적인 선택을 하도록 도움을 주리라 믿습니다.

총장 수녀님, 모든 것이 지나갔지만 지금 저에게는 모든 것이 새롭게 시작되고 있기도 합니다. 전화 통화 중에, 총장 수녀님께서 저에게 주신 위로의 말씀들에 진심으로 감사드립니다. 평생 감사드리며 살 겁니다. 그때 총장 수녀님께서 저에게 한 가지 질문을 하셨습니다. "수녀님의 배 속에 있는 생명을 어떻게 하실 건가요?" 제 목소리는 떨고 있었습니다. 저도 느낄 수 있을 만큼. 사실 제가 해야 하는 선택에 대해서 도저히 묵상할 수가 없었기 때문이 아니라, 저의 최종적인 결정과 계획으로 총장 수녀님께서 당황하지 않기를 바랐기 때문에 즉시 대답할 수가 없었습니다. 하지만 이제는 결정을 내렸습니다. 제가 어머니라면, 아기는 다른 사람이 아닌 저의 아기이기 때문입니다. 제가 원한 삶이 아니니 다른 사람에게 아기를 맡길 수도 있겠습니다만, 아기는 어머니의 사랑을 받을 권리가 있습니다. 나무에서 뿌리를 뽑아 버려서는 안 되기 때문입니다. 땅에 떨어진 씨앗은 그 땅에서 자라날 필요가 있습니다. 그러나 수도자로서의 제 삶도 계속 이어 가겠습니다. 물론 다른 방식으로 이어 갈 겁니다. 수도원에 아무것도 요청하지 않을 겁니다. 이미 저에게 모든 것을 주셨기 때문입니다. 동료 수녀님들께서 보여 주신 형제애적인 사랑과 관심에 진심으로 감사드립니다. 분별없는 요청으로 저를 괴롭게 만들지 않으려고 노력해 주신 수녀님들의 배려에 참으로 감사드립니다.

제 아이와 함께 수도원을 떠나겠습니다. 아직 어디로 가야 할지는 모르겠습니다. 하지만 아무런 사전 준비 없이 저의 가장 큰 기쁨을 부숴 버리신 하느님께서 당신의 뜻을 이루기 위해 제가 가야 할 길을 친히 인도해 주시리라 믿습니다. 저는 가난하게 살아갈 겁니다. 낡은 앞치마를 다시 두를 겁니다. 여인들이 매일 노동을 위해 신어야만 하는 나막신을 신을 겁니다. 저의 어머니와 함께 큰 숲속 소나무의 송진을 채취하면서 살아갈 겁니다. 하지만 그런 가운데서도 조국을 파괴하고 있는 증오의 사슬을 부수기 위해서 제가 할 수 있는 모든 일을 다 할 겁니다. 제 배 속에 있는 아이에게는 오직 사랑만을 가르치며 살아갈 겁니다. 폭력으로 인해 태어나게 된 저의 아이가 제 곁에서 그 증인이 되어 줄 겁니다. 사람을 진정으로 영예롭고 위대하게 만들어 주는 유일한 것은 바로 용서하는 사람이 되는 것이라는 사실을 말입니다.

이 얼마나 고귀하고 아름다운 증언입니까! 실화이며, 고작 몇 년 전에 벌어졌던 사건이고, 지금도 이분은 살아 계십니다. 극단적으로 다른 두 선택지 중에 반드시 어느 하나를 택해야만 하는 상황에 내몰리는 사람들이 분명히 있습니다. 오직 두 가지 선택만이 있습니다. 중간이라는 것은 없습니다. 사랑하거나 증오하거나, 하늘나라 아니면 지옥, 이 둘 중에 하나를 선택해야 합니다. 논리적으로는 하늘나라에 들어가는 일이 불가능하게 보일 때가 있습니다. 하늘나라는 사랑하고 용서하며 또 용서해야만 하는 것을 의미하는 곳이기 때문입니다. 반면에 지옥은 더 단순하게 보입니다. 불쾌감을 느끼면 그냥 증오하면 됩니다. 하지만 하느님께서 우리의 마음과 영혼에 심어 주신 것은 '사랑을 향한 간절한 갈망'입니다. 이것은 너무도 분명한 사실입니다. 피정을 통해 이미 묵상했고 강의를 통해 말씀드렸듯이, 복음화는 이런 식으로 우리를 재촉하고 있습니다. 이 세상에 그리스도의 현존을 보여 주고 그리스도를 선포하도록 우리를 재촉하고 있는 겁니다. 그 외의 다른 걱정들은 교회 앞에 내놓아서는 안 될 쓸데없는 걱정일 뿐입니다. 복음화 이외의 다른 걱정들은 가짜입니다. 그러므로 여전히 그리스도를 모른 채 죽어 가고 있는 세상 사람들에게 복음을 전해야 합니다. 우리는 결코 복음화를 외면하는 일을 받아들여서는 안 됩니다. 지금까지 말씀드린 여러 사례들처럼, 이렇게 구체적인 사람들의 아름다운 삶의 증언들은 우리에게 너무도 유익합니다. 그 외에도 다른 여러 사람들의 아름다운 삶의 본보기들을 떠올려 볼 수 있을 겁니다. 하지만 그들이라고 해서 특별한 사람들은 아니었습니다. 우리와 완전히 똑같은 사람들이었습니다. 우리가 처한 지금의 상황들이 그들의 상황보다 더 어렵다고 저는 생각하지 않습니다. 어쩌면 그럴 수도 있겠습니다만, 적어도 이 피정에서 여러분이 들었던 이야기들처럼 그렇게 극단적으로 어렵지는 않을 겁니다. 주님께서 우리 모두를 하늘나라에서 기다리고 계시다는 것만큼 극명하게 확실한 사실도 없습니다. 하늘나라에서 주님께서 우리를 기다리고 계십니다! 하지만 지금 여기서도 예수님은 우리를 기다리고 계십니다. 이 세상이 사랑의 왕국이 될 수 있도록 우리를 재촉하십니다. 이것은 저 자신을 위해서 말하는 겁니다만, 사실 이 세상에서는 여전히 우리가 위험 속에서 달리고 있다는 느낌을 받습니다. 자기 자신만을 지나치게 걱정하면서 살아가게 되는 위험을 항상 가지고 있으니까요.

네 번째 증언 : 하느님만이 유일한 보물이십니다

이제 마지막 증언에 대해서 말씀드리고자 합니다. 이 편지는 현재 전쟁 중인 콩고에 계시는 한 수녀님이 제게 보내 주신 겁니다. 그 수녀님을 만나기 위해 저도 콩고에 간 적이 있습니다. 수녀님이 계신 곳은 아주 큰 강이 흐르는 지역인데 분쟁 구역이기도 합니다. 콩고를 처음 방문하고 돌아온 지 얼마 되지 않아, 수녀님이 이 편지를 보내 주셨습니다. 수녀님이 계신 공동체에서 한 분이 군인들에게 살해당했습니다. 그래서 후임자로 다른 수녀님이 오셨는데, 그분마저 살해당했습니다. 제 기억에 따르면, 수녀님이 처음으로 계셨던 콩고의 어느 마을을 떠나기 위해 송별 미사가 거행되던 날, 다른 수녀님이 살해당하는 비극이 벌어지고 말았습니다. 그런데 바로 그 공동체로 수녀님이 발령을 받으신 겁니다. 그래서 수녀님께 이런 말씀을 드렸습니다. "수녀님, 제가 무엇을 해 드리면 좋을까요? 강복을 해 드릴까요? 아니면 마지막 도유를 해 드릴까요?" 그때 벌어진 사건은 처참한 재앙같이 느껴졌습니다. 수녀님께는 마지막까지 감사를 드렸습니다만, 수녀님을 위험한 곳으로 보낸 그 공동체에는 감사할 수가 없었습니다. 뭐, 어쩌겠습니까? 사람에게 늘 좋은 일만 생길 수는 없는 거니까요. 지금부터 읽어 드릴 수녀님의 편지에서 다소 개인적인 내용들은 삭제했습니다.

사랑하는 파블로 신부님

요즘 제 근황에 대해 아시는 바가 없을 것 같아서 연락드렸습니다. 이 나라에서는 여전히 잘 되어 가는 일이 하나도 없습니다. 최근에 그들로부터 전쟁과 죽음에 대한 압력과 협박을 받으며 제 안의 평화가 깨져 버리고 말았습니다. 하지만 믿음만 있으면 그 누구도 제게서 평화를 빼앗아 갈 수 없을 것입니다. 마드리드에서 지낼 때는 제 곁을 지나다니는 파리들이 자주 기도를 방해했는데, 이곳 콩고에서는 제 곁을 지나다니는 총알들이 오히려 저의 기도를 도와주고 있습니다. 마드리드에서 지낼 때에는 아이들이 저를 녹초가 되게 만들었지만, 여기서는 아이들이 학살당하는 것을 보지 않기 위해 녹초가 되려고 노력합니다. 마드리드에서 지낼 때는 휴식을 취하기 위해 독방에서 혼자 머무르려 했지만, 콩고에서는 아이들과 온 가족들이 학살당하지 않도록 하느님께 기도드리면서 그들과 함께 머무르려고 합니다. 전에는 하루 동안 어떻게든 더 많은 활동을 하는 것이 바로 저의 기도 생활이었습니다만, 이곳 콩고에서 비로소 참된 기도 생활이 무엇인지 발견하기 시작했습니다. 기도 생활이란 삶의 영혼입니다. 기도 없이는 그 무엇도 할 수 없기 때문입니다. 절대로 할 수가 없습니다. 이곳에서 아이들과 함께 살아가면서 제게 가장 필요한 양식은 바로 기도입니다. 그래서 열심히 기도하고 있습니다. 신부님께서도 부디 저를 위해서 기도해 주십시오. 만일 신부님이 저를 위해 무언가를 이곳까지 보내 주실 수 있다면, 다른 무엇보다도 기도를 간절히 청합니다. 제가 기도 생활을 포기하지 않도록 기도해 주시기를 간청합니다.

그제 우리 집 앞길에서 홀로 울고 있는 한 소녀를 만났습니다. 부모로부터 버림받은 소녀였습니다. 하지만 그녀의 부모는 어린 딸의 목숨이 걱정되었던 겁니다. 자기들 집에 계속 머무는 것보다 차라리 우리 수도원에 맡기는 편이 딸에게 더 안전하다는 것을 알았을 테니까요. 앞으로 그 아이의 부모를 절대로 다시 만날 수 없다는 사실을 저는 알고 있습니다. 우리 수도원이 이렇게 버림받은 아이들을 위한 고아원이라는 사실을 그들이 몰랐을 리 없습니다. 사람들이 우리 수도원을 '하느님의 가정(Hogar de Dios)'이라고 부르기 때문입니다! 우리 수도원이 버림받은 어린이들을 돌볼 수 있다는 사실이 저에게는 너무도 큰 기쁨입니다. 우리 수도원은 하느님의 사랑이 다스리는 곳이기 때문입니다. 저 자신에 대해서는 걱정할 시간조차 없이 이곳에서 바쁘게 살아가는 것이 제게 너무도 큰 기쁨을 줍니다. 하느님께서 저를 이미 차지하고 계시다는 사실을 알고 있기 때문입니다. 지금 저는 하느님의 이름으로 다른 사람에 대한 걱정들을 마치 제 걱정인 것처럼 여기면서 그들만을 위해 살아가고 있습니다. 하지만 여기서 살고 있는 모든 사람들이 극단적으로 위험한 상황에 몰리고 있음을 알려 드립니다. 이곳에서 지금 벌어지는 죽음에도, 총알에도, 그리고 이 비참한 상황들에도 저는 좀체 익숙해질 수가 없습니다. 그럼에도 불구하고 이곳에서 발견한 진리가 하나 있다면, 오직 하느님 그분만이 유일한 보물이시라는 사실입니다. 저는 이 진리를 제 입으로 계속 고백하며 살아가고 있습니다. 참으로 하느님만이 유일한 보물이시기 때문입니다. 그리고 신부님의 축복에 너무도 감사드립니다. 마지막 도유도 참으로 감사드립니다!

다른 사람들이 쓴 이야기들을 읽고 난 후에는 우리도 우리의 이야기를 써야 한다고 저는 생각합니다. 어쩌면 자기만의 이야기를 적은 후에 이렇게 말하는 사람도 있을지 모르겠습니다. "아! 드디어 다 적었다! 이 글을 다른 사람에게 보여 줘야겠어. 이제 나도 유명해지겠지." 지극히 평범한 모습이라고 생각합니다. 아무튼 세상을 위해서 바로 우리 자신이 신앙의 증거자가 되어야 합니다. 우리 자신이 신앙을 증언해야 합니다! 사랑이 존재하지 않을 것만 같은 곳에서 사랑을 끄집어내어 살아가는 것보다 더 초자연적인 일은 없습니다. 그러므로 이러한 일을 삶으로 실천해 나가야 합니다. 굳이 아주 먼 곳까지 찾아가서 이런 일을 할 필요는 없습니다. 모든 그리스도인들은 이러한 일을 하도록 부르심 받은 사람들입니다. 이러한 일을 바로 지금 여기에서 실천하라고 주님께 부르심 받은 사람들이 바로 우리입니다. 아주 단순해 보이는 이런 일들이 바로 진짜 기적입니다. 엄청나게 위대한 기적입니다. 이런 일을 하는 것이 바로 주님께서 우리에게 요구하시는 일을 하고 있는 겁니다! 결국 주님께서는 이런 일을 하라고 우리를 그리스도인으로 부르신 겁니다. 우리 자신이 바로 하느님 사랑의 진짜 기적들이기 때문입니다. 지금 개인적인 환경이나 전 세계적인 상황이 너무도 나쁘고 어렵기만 합니다. 어쩌면 앞으로 더 나빠지거나 어려워질지도 모릅니다. 그럼에도 불구하고 우리는 하느님 사랑의 기적이 되어야 합니다. 우리에게는 항상 희망이 있기 때문입니다. 자꾸만 상황이 더 악화되어 갈지라도 우리는 희망을 가지고 살아야 합니다. 어쩌면 더 악화되는 것이 더 멋진 일이 될 수도 있습니다. 갈수록 악화되어 가는 상황들 속에서 오히려 우리는 하느님의 사랑을 더 쉽게 발견할 수 있기 때문입니다. 그러므로 그 누구도 절망에 빠져서는 안 됩니다. 우리는 보다 더 가톨릭적인 상황들을 찾아가야 합니다. 큰 재난 가운데서도, 카오스와 같은 대혼돈 속에서도 하느님의 은총이 분명히 존재하기 때문입니다. 그리고 하느님의 은총은 악한 상황들을 변화시킵니다. 정말입니다. 참으로 그렇습니다! 무엇보다도 이게 사실임을 사람들에게 보여 줘야 합니다. 이게 진짜라는 것을 사람들에게 드러내야 합니다. 또한 우리의 죄악들에도 불구하고 선물처럼 주어지는 하느님의 은총에 대해 말해 줘야 합니다. 비록 우리가 할 수 있는 일이 전혀 없는 상황이라 하더라도 언제나 성사들의 은총과 함께하시는 하느님에 대해 말하는 일은 너무도 중요합니다. '사랑의 비'이신 하느님께 우리가 다다를 수 있도록 성모 마리아께 전구를 청해야겠습니다. '사랑의 비'가 우리에게 흘러넘쳐서, 우리 모두 하느님 사랑의 고유한 기적을 행할 수 있도록 성모님께 간절히 기도해야겠습니다.

에필로그

파블로 도밍게스 신부의 죽음

"나는 부활이요 생명이다. 나를 믿는 사람은 죽더라도 살고, 또 살아서 나를 믿는 모든 사람은 영원히 죽지 않을 것이다. 너는 이것을 믿느냐?"(요한 11,25-26) "그리스도를 통하여 그리스도 안에서 고통과 죽음의 수수께끼가 밝혀지며, 그분의 복음을 떠나면 우리는 그 수수께끼에 짓눌려 버린다."(「사목 헌장」 22항) 믿음이란 사치품이 아니라 하느님의 커다란 선물입니다. 믿음은 마치 강력한 빛처럼 인간 생명의 신비와 죽음의 신비를 비춰 줍니다. 우리의 역사 안에서 믿음이 하느님의 선물이라는 사실을 확증해 주는 삶을 오늘 이 순간 살아가도록 우리는 초대받고 있습니다. 눈물을 머금은 눈으로 라자로의 무덤 앞에 계셨던 예수님께 우리는 다음과 같이 말씀드려야겠습니다. "예, 주님! 저는 주님께서 이 세상에 오시기로 되

어 있는 메시아이시며 하느님의 아드님이심을 믿습니다."(요한 11,27)

타라소나 신학교가 파블로 신부님의 죽음을 슬퍼하는 많은 이들을 품어 안는 곳이 되었습니다. 파블로 신부님은 산 다마소 신학교의 가장 중요한 분들 중 한 분으로 학장이셨습니다. 신부님은 공적인 관계에서 해야 하는 모든 일을 흠 없이 처리하셨습니다. 또한 사랑하는 파블로 신부님과 만났던 모든 사람들은 그분의 진심 어린 마음과 우정을 한결같이 증언해 주고 있습니다.

신부님은 영신 수련 피정을 지도하기 위해 타라소나 신학교에서 10㎞ 정도 떨어진 나바라주의 툴레브라스라는 곳에 있는 시토회 수도원으로 가셨습니다. 떠나시기 전날, 저는 신부님을 포함해서 신학교 교수님들과 신학생들을 저녁 식사에 초대했습니다. 우리는 매우 즐거운 시간을 보냈습니다. 새로 지은 건축물을 둘러본 다음, 식사를 마치고 디저트를 끝낸 뒤에 다 함께 신학교의 정원을 걸었습니다. 올해 몬카요산은 눈으로 뒤덮여 있어서 그야말로 절경이었습니다. 우리와 헤어지면서 파블로 신부님은 이런 말을 했습니다. "몬카요산 정상에 오르기 전에는 도저히 마드리드로 돌아올 수 없을 것 같습니다."

산을 향한 신부님의 특별한 사랑을 저뿐만 아니라 그분의 친구들은 모두 잘 알고 있습니다. 결국 신부님의 생명을 앗아가 버렸지만요. 신부님은 어려서부터 친구들과 크고 작은 수많은 산의 정상에 올랐습니다. 등산이란 산을 좋아하는 사람들 사이에서는 경외심을 느끼게 해 주는 스포츠입니다. 등반한다는 것은 산 위로 올라가는 것입니다. 올라가면서 하느님과 만나는 것입니다. 하느님께서 우리에게 선물로 주신 피조물들의 형언할 수 없이 아름다운 파노라마를 바라보면서 하느님과 만나는 시간이 바로 등산입니다. 등산하는 사람들은 혼자서 산을 오르면 안 된다는 사실을 다 알고 있습니다. 그래서 파블로 신부님도 수도원에서 영신 수련 피정 지도를 마친 후에 마드리드의 친구들에게 함께 몬카요산에 오르자고 제안했습니다. 하지만 신부님이 속해 있는 산악회의 친구들 중에서 날짜와 시간이 맞은 유일한 사람은 '사라Sara'라는 젊은 의사뿐이었습니다. 보통 신부님은 산악회의 다른 사람들과 산을 오르곤 했는데, 그날은 그녀 혼자뿐이었습니다.

사라는 주일 아침 일찍 마드리드에서 기차를 타고 그곳에 도착해서 파블로 신부님과 함께 산을 오르기 시작했습니다. 그리고 2월 15일 주일 오후 2시경에 몬카요산 정상에 올랐습니다. 바로 그곳에서 가족들과 친구들과 전화 통화를 하면서 산 정상에 있다는 행복한 소식을 알렸습니다. 등반한 지 4시간 만에 정상에 오른 그 행복과 기쁨은 사람이라면 누구나 느끼는 감정일 겁니다.

산 정상에서는 세상을 아주 다른 방식으로 바라볼 수 있게 됩니다. 산을 오르는 사람들은 이 사실을 잘 알고 있습니다. 항상 평지만 바라보는 사람들은 자신의 비참함을 딛고 올라갈 수 있는 능력을 절대 알 수 없을 겁니다. 아무리 얘기해 줘도 절대 이해하지 못할 것입니다. 등산가가 산 정상에 오르면 하느님과 아주 가까이 있다는 사실을 느끼게 됩니다. 파블로 신부님은 산 정상에 올라 미사를 봉헌하곤 했습니다. 사제의 손을 통해서 조화롭고 아름다운 피조물들을 창조주에게 우주의 봉헌물로 봉헌하는 행위를 한 것입니다.

전문가들에 따르면 산을 내려가는 일이 올라가는 일보다 훨씬 어렵다고 합니다. 신부님도 산을 내려가던 중 실수로 얼음에서 미끄러지는 바람에 그만 산 가우디오소San Gaudioso라 불리는 낭떠러지에서 떨어지고 말았습니다. 결국 큰 바위에 부딪혔고, 죽음은 순식간이었습니다. 그 시간이 바로 주일 오후 3시였다고 합니다. 파블로 신부님은 암벽 등반의 초보자는 분명 아니었습니다. 그 산보다 훨씬 더 크고 높으며 위험한 산들을 수없이 오르내리면서 수많은 어려움을 극복한 끝에 등반에 성공했던 암벽 등반의 전문가였습니다. 그런데 파블로 신부님의 죽음은 너무도 순식간에 그리고 갑작스럽게 우리에게 다가왔습니다.

이런 비극적인 사건 앞에서 경찰은 우리에게 귀중한 봉사를 해 주셨습니다. 파블로 신부님과 사라가 돌아오지 않고 있는 상황에서 불안함과 초조함으로 밤새 떨고 있던 가족들을 위하여 주일 저녁부터 수색 작업을 벌여 주셨습니다. 파블로 신부님의 자동차는 몬카요산에 있는 성모 성지의 버스 정류장 주차장에 있었습니다. 하지만 파블로 신부님과 사라는 영영 돌아오지 않았습니다. 월요일 아침에 산악 경비대의 구조대가 사라진 두 명의 등산객을 구조하기 위해 최신 장비를 갖추고 우에스카Huesca에 있는 본부에서 출동했습니다. 그렇게 모든 장비를 동원한 끝에 결국 2월 16일 월요일

정오에 두 사람의 시신을 찾았습니다. 그리고 사라고사에서 온 법의학자들의 시신 확인 절차를 거친 후에야 마드리드로 두 분을 모실 수 있었습니다. 그날 오후 3시에 경찰 헬기가 도착했고, 두 분의 시신을 수습해서 타라소나 신학교로 향했습니다. 그곳에서 유족들이 시신을 확인했습니다.

파블로 신부님의 약력을 보면 참으로 많은 사람들에게 선행을 하면서 살아오셨음을 확인할 수 있습니다. 타라소나의 원죄 없으신 성모님 신학교는 마치 파블로 신부님의 죽음의 장소처럼 여겨집니다. 십자가에서 돌아가신 당신 아드님의 시신을 껴안으시면서 참으로 큰 고통을 겪으신 성모 마리아의 모성의 그 품처럼 신학교의 품 안에 파블로 신부님의 시신이 모셔졌습니다. 그리고 그분을 포함한 두 등산객의 시신은 이제 곧 묘지로 옮겨질 것입니다.

몬카요산에 올랐던 파블로 신부님이 이제는 타라소나 신학교 안에서 하느님과 결정적인 만남을 이루었습니다. 많은 사람들에게 갖가지 방법으로 예수님을 보여 주기 위해 모든 것을 다 바친 사목자로서, 예수님을 온전히 신뢰하며 살아온 파블로 신부님이 마침내 당신을 영원한 생명으로 불러 주신 하느님과 결정적으로 만나게 된 것입니다. 이 세상에서 파블로 신부님에게 수많은 재능을 주신 하느님께서 틀림없이 하늘나라에서도 그분을 위한 원대한 계획이 있을 거라고 굳게 믿기에, 하늘나라에서 파블로 신부님과 다시 만날 큰 희망을 품고 살아갈 것입니다. 파블로 신부님의 소식은 마드리드의 산 다마소 신학교에 계신 루코Rouco 추기경님을 비롯해서 신부님의 수많은 친구들을 슬프게 만들었습니다. 그리고 오늘 우리는 그의 죽음 앞에서 다 함께 울고 있습니다. 이제 파블로 신부님을 향한 하느님의 섭리는 최종적으로 다 이루어졌습니다. 선물과 같았던 파블로 신부님의 아름다운 삶을 우리에게 보여 주신 하느님께 감사드릴 뿐입니다. 우리가 파블로 신부님을 알게 되고 함께 우정을 나누었던 그 시간을 통해서, 그리고 그분의 아름다운 삶의 모범들을 통해서 우리는 참으로 많은 축복을 받았습니다. 하느님의 섭리 안에서 파블로 신부님은 지금도 우리를 도와주고 계십니다. 우리는 파블로 신부님이 여전히 살아 계시고 지금도 아주 가까이 계시다는 것을 느낄 수 있습니다.

파블로 신부님이 하늘나라에 계신 것처럼 우리도 언젠가는 주님께서 주시는 영원한 생명을 얻을 것입니다. 그러기에 파블로 신부님과 다시 만나서 위로받게 될 그날을 희망합니다. 그날이 오면 주님께서 이렇게 물으실 겁니다. "너는 믿느냐?" 그 물음에 우리는 이렇게 답해야 할 것입니다. "예, 주님! 저는 주님께서 이 세상에 오시기로 되어 있는 메시아시며 하느님의 아드님이심을 믿습니다."(요한 11,27) 오직 예수 그리스도 안에서 죽음의 신비가 밝혀집니다. 예수님께서 부활하심으로써 죽음을 이기셨기 때문입니다. 그리고 절대로 끝나지 않을 생명의 문이 우리 모두에게 열리게 될 것입니다. 그러기에 파블로 신부님의 죽음은 우리에게 풍요로운 은총을 가져다줄 것입니다. 신부님의 죽음이 산 다마소 신학교에, 그리고 그분을 통해서 큰 축복을 받았던 수많은 사람들에게 풍요로운 은총을 가져다주리라는 것을 우리는 굳게 믿습니다. 하느님께서는 항상 우리와 함께 계시면서 우리를 도와주십니다. 주님, 절대로 오류가 없으신 주님의 그 섭리 안에 우리를 받아 주소서. 아멘.

2009년 2월 17일
타라소나의 주교 데메트리오 페르난데스 Demetrio Fernández

장례 미사 강론

"아버지, 저에게 주신 이들도 제가 있는 곳에 저와 함께 있게 되기를 바랍니다."(요한 17,24)

주님 안에서 사랑하는 형제자매 여러분, 다음의 성경 말씀을 함께 읽어 봅시다. "아버지, 아버지께서 저에게 주신 이들도 제가 있는 곳에 저와 함께 있게 되기를 바랍니다. 세상 창조 이전부터 아버지께서 저를 사랑하시어 저에게 주신 영광을 그들도 보게 되기를 바랍니다."(요한 17,24) 주님께서 당신의 죽음을 얼마 안 남기고 하셨던 이 위로의 말씀은 죽음의 심오한 신비를 밝혀 주었습니다. 그리고 이 말씀은 사랑하는 파블로 신부님의 죽음으로 여전히 고통 중에 있는 우리에게도 큰 위로를 가져다줍니다. 너무도 순식간에 파블로 신부님을 잃어버린 우리는 여전히 망연자실한 상태입니다. 하지만 우리는 신부님의 부모님과 형제자매들과 함께 두 눈을 들어 올려 하늘을 바라보기 위하여 이 자리에 모였습니다. 최후의 만찬 때 예수 그리스도께서 말씀하셨던 내용들을 듣는 것이 우리에게 유일한 위안을 가져다줄 것입니다. 왜냐하면 그리스도 안에서 심오한 죽음의 신비가 밝혀지기 때문입니다. 예수님께서는 당신의 영광을 바라보았던 당신의 사람들과 늘 함께 계셨습니다. 그러기에 예수님은 당신의 두 눈으로 하늘을 바라보면서 당신의 바람과 간절한 뜻을 모아 아버지 하느님께 당신의 사람들을 위해 기도드리신 겁니다. 그렇다면 누가 그분의 사람들입니까? 그분은 어디에 계십니까? 또한 무엇이 그분의 영광입니까?

누가 그분의 사람들입니까?

최후의 만찬 일화에 따르면, 십자가 죽음을 앞두고 예수님께서는 당신과 가장 친밀했던 사도들을 모아 위로해 주려고 하셨습니다. 사도들은 주님으로부터 특별한 사랑을 받았던 사람들입니다. 예수님은 밤새 기도하신 후에, 그들의 이름을 하나하나 당신의 입술로 친히 부르시며, 영원하신 아버지 하느님의 선택으로서 그들을 사도로 뽑으셨습니다. 그들은 예수님과 함께 있으면서 복음을 전파하기 위해 파견되었습니다. 그리고 갖가지 종류의 악으로 말미암아 슬픔에 빠진 모든 사람들을 위로해 주기 위하여 하느님의 부르심을 받았던 사람들입니다. 예수님과 함께 기쁨과 어려움을 나눴던 사도들은 새로운 계약의 사제직이 제정되던 최후의 만찬 때 예수님 곁에 있었습니다. 그리하여 그리스도의 바람에 따라서 매번 자신들의 마음을 쇄신시키고 자아를 포기하며 사제직을 받아들였던 사람들입니다. 단언컨대 그들은 참된 사제들이었습니다. 저 역시 사제로서 사도들과 신비롭게 일치를 이루고 있기에 감히 말씀드릴 수가 있습니다. "저도 역시나 사제였던 그들 안에 있습니다." 그리스도께서는 그토록 사랑하셨던 사도들이 당신에게서 떨어져 나가기를 원치 않으시고 당신과 함께 머물기를 바라셨기에, 지금 사도들은 하늘나라에서 영원히 예수님과 함께 살고 있습니다. 오늘 독서에서 바오로 사도께서 말씀하셨듯이, 우리를 위해 돌아가신 그리스도의 구속으로 우리는 모두 그분의 소유가 되었습니다. 우리는 그리스도의 것입니다. 우리는 살든지 죽든지 주님의 것입니다(로마 14,8 참조). 그러므로 우리는 살아도 주님을 위하여 살고 죽어도 주님을 위하여 죽습니다. 더 이상 우리는 자기 자신이나 자신만의 이익을 위하여 살지 않고 오직 그리스도를 위하여 살아갑니다. 죽음의 그 순간, 영원히 그리스도와 함께 있기 위해 우리는 그분을 위하여 죽을 것입니다. 이것이 바로 참된 사랑을 하는 사람들의 운명입니다. 그리스도를 위하여 죽을 뿐만 아니라, 우리는 그분의 몸인 교회를 위하여 죽습니다. 주님께서 우리를 부르실 그 소중한 순간에 우리는 그분과 함께 죽습니다. 죽음의 그 순간이 바로 사제들에게는 형제들을 위하여 자신의 생명을 내놓는 특권의 순간입니다.

파블로 신부님의 모습처럼 하느님께 뽑힌 사람들은 헤아릴 수 없는 사랑과 함께 영원으로 부르심을 받은 이들로서 그리스도의 다음 말씀이 적용됩니다. "아버지, 아버지께서 저에게 주신 이들도 제가 있는 곳에 저와 함께 있게 되기를 바랍니다."(요한 17,24) 파블로 신부님은 당신의 삶과 사랑, 에너지와 지력을 모두 쏟아 교회를 위해 할 수 있는 모든 일을 하고 수고를 다하도록 주님께 부르심을 받았습니다. 특히 학문과 가르침을 통해서, 그리고 젊은이들을 향한 봉헌의 삶과 그들과의 영적 면담 등을 통해서 온전히 자신을 내어 놓았던 파블로 신부님은 스승인 예수님을 닮는 삶을 우리에게 보여 주셨고, 그리스도의 아름다운 향기를 이곳에 남겨 두셨습니다. 파블로 신부님의 짧았던 인생에 관해서 지혜서는 이렇게 말합니다. "의인은 때 이르게 죽더라도 안식을 얻는다. 영예로운 나이는 장수로 결정되지 않고… 주님께서는 그 영혼이 마음에 들어 그를 악의 한가운데에서 서둘러 데려가셨다."(지혜 4,7-8.14) 인간의 생명과 시간에 대해 유다인들의 개념으로 볼 때도 의인이 요절하는 것을 이해하기는 어렵습니다. 하지만 오랜 세월을 살았다고 해서 꼭 성숙한 사람이 되는 것도 아니요, 완덕에 이르는 것도 아닙니다. 인생에서 참으로 중요한 것은 하느님의 마음에 들어 그분께 사랑받는 사람이 되는 것입니다. 그러므로 현명하고 지혜로운 영혼이 정의로움을 가지고 하느님 안에서 살았지만 너무도 이른 죽음을 당했다면, 그 안에서도 역시 우리를 창조하신 하느님의 사랑이 드러납니다. 우리를 이 세상에서 꺼내시어 그리스도의 얼굴을 관상하면서 하느님과 영원히 함께할 수 있도록 하는 것, 그것이 바로 의인들이 요절하는 이유이기 때문입니다. 그래서 예로니모 성인은 이렇게 말씀하셨습니다. "그렇습니다. 우리는 죽은 사람을 위해 울 수 있습니다. 하지만 오직 지옥에 떨어진 영혼을 위해서만 우십시오. … 우리가 이 세상을 떠나가는 날에는 천사들의 군대가 우리와 함께 있을 것이며, 그리스도께서 친히 우리를 마중 나와 주실 것입니다. 그러니 우리는 오히려 이 세상에서 오래 사는 것을 더욱 슬퍼해야만 합니다."

파블로 신부님도 역시나 죽음에 대해서 이런 식으로 이해하고 있었습니다. 관상 수도회에 계신 어느 수녀님에게 보낸 편지에서 파블로 신부님은 지혜로운 눈으로 죽음을 바라보며 이렇게 적었습니다. "주님 안에서 형제로서 이 감사 편지를 보냅니다. 그런데 모든 사람에게 가까이 있는 거룩함으로의 마지막 부르심에 대한 언급 없이 이 편지를 끝내고 싶지가 않습니다. 곧 죽음에 대해서 말씀드리고자 합니다. 죽음이란 신랑이신 그리스도와의 너무도 사랑스러운 만남이요, 그분과의 영원한 포옹입니다. 영원으로부터 계신 아버지 하느님만이 아시는 죽음의 그날과 그 시간이 우리 각자에게 주어져 있습니다. 그러기에 저 자신에게 묻습니다. 하느님과 만나게 되는 죽음의 날을 환희 어린 마음으로 간절히 바라고 열망하며 경외심으로 기다리고 있어야 하지 않겠느냐고요. 죽음 너머에서 우리를 기다리는 그 위대한 선물들로 인해 우리는 너무도 깜짝 놀랄 것이기 때문입니다. 우리의 삶을 축성해 주는 사건이 바로 죽음 저 너머에서 우리를 기다리고 있기 때문입니다. 결정적이요 마지막인 죽음의 순간에 가지게 될 그 마음과 시선으로 지금 이 순간의 우리의 삶을 바라보면서 살아갈 수 있게 해 달라고 성령께 저는 간절히 청하고 있습니다. 죽음의 순간에 중요한 것이 바로 지금 이 순간에 진정으로 중요한 것입니다. 죽음의 순간에 중요하지 않은 것은 지금 이 순간에도 중요하지 않습니다. 그러기에 결정적으로 중요한 것은 오직 하나뿐입니다. 오직 그리스도 그분만이 중요합니다. 오직 그리스도의 사랑만이 중요합니다. 여러분들이 혼란과 당혹감에 휩싸일 때 이것을 꼭 기억하십시오. 오직 그리스도와 그분의 사랑만이 중요합니다. 그러면 거짓 사랑이라는 가면들을 쓰고 있는 악마의 세력들이 결코 우리를 유혹할 수 없을 것입니다. 오직 그리스도와 그분의 사랑만이 우리에게 생명을 주실 것입니다."

그리스도께서는 어디에 계십니까?

목마른 사슴이 시냇물을 찾아 헤매듯(시편 42,2 참조) 그리스도의 사랑을 애타게 찾아 헤매는 영적 갈증을 가지고 인생을 살아가야 합니다. 그러기에 우리는 다음과 같은 두 번째 질문을 해야 합니다. "그리스도께서는 어디에 계십니까?" 우리는 이 질문에 대한 답을 아주 잘 알고 있습니다. 그리스도께서는 아버지 하느님 바로 옆에서 아버지 하느님의 품 안에서 영원히 행복하게 살고 계십니다. 그곳에서 오셨다가 그곳으로 다시 돌아가셨습니다. 아버지 하느님의 품 안이 바로 모든 생명과 진리와 선과 미의 근원이요 원천입니다. 그런데 그리스도께서는 우리가 당신 곁에 있기를 바라십니다. 사람은 하느님으로부터 창조된 존재이기에 하느님 안에서 쉬기 전까지는 불안감 속에서 살아갈 수밖에 없습니다. 요한 복음사가의 모든 복음 내용은 하느님께로 가는 여정에 대하여 적혀 있습니다. 요한 복음서의 머리글에서부터 이미 이렇게 말합니다. 그리스도께서는 우리에게 생명을 가져다주셨고, 베드로에게 "마지막까지 나를 따르라."라고 하신 후, 지금은 하느님과 함께 계시다고 말입니다. "나를 따르라."는 예수님의 말씀은 '여행하는 인간(Homo viator)'이라는 차원에서 비롯된 것입니다. 왜냐하면 우리는 부활하신 예수님의 발자취를 따라 그 영광의 빛을 향하여 걸어가면서 여전히 이 세상을 여행 중이기 때문입니다. 부활의 지평선과 함께 그리스도께서는 당신이 걸으신 길의 흔적을 우리에게 남겨 놓으셨습니다. 형제자매 여러분, 그리스도께서는 당신의 영원하신 사랑으로 하늘나라에 우리를 위한 자리를 마련하시면서 아버지 하느님 안에 계십니다. 하늘나라에서 그리스도께서는 우리의 구원을 위한 일을 멈추지 않고 계십니다. 죽음의 문턱을 건너면서도 오직 주님만 의지하고 신뢰하는 모든 사람들을 위하여 여전히 일하고 계십니다. 그리스도의 부활하신 손으로 우리에게 무너지지 않을 영원한 집을 지어 주시기 위해 지금도 일하고 계십니다. 이제 우리의 희망은 그리스도께서 당신의 사제인 파블로 신부를 당신의 손으로 친히 하늘나라에 데려가시는 것입니다. 이미 세상 창조 이전부터 그를 사랑하셨던 하느님 아버지께서 계시는 바로 그곳으로 파블로 신부님을 친히 데려가 주시기를 간절히 청합니다. 이것은 바로 죽음을 통해서 그토록 이루고자 하셨던 예수님의 간절한 바람이기도 합니다. "아버지, 아버지께서 저에게 주신 이들도 제가 있는 곳에 저와 함께 있게 되기를 바랍니다. 세상 창조 이전부터 아버지께서 저를 사랑하시어 저에게 주신 영광을 그들도 보게 되기를 바랍니다."(요한 17,24)

그분의 영광은 어떤 것입니까?

그분의 영광은 우리가 상상조차 할 수 없고 감히 묘사할 수조차 없습니다. 이 세상에서 아직까지 하느님을 본 사람은 아무도 없다고 성경은 말하고 있습니다. 참으로 하느님의 영광은 놀랍기 그지없습니다. 시에나의 카타리나 성녀는 황홀경에 빠져 은총 안에서 어떤 영혼의 아름다움을 관상했을 때 그 즉시 죽을 것만 같았다고 했습니다. 그 아름다움은 하느님의 영광의 빛에서 나오는 광채였을 뿐입니다. 왜냐하면 그리스도께서는 "하느님 영광의 광채"(히브 1,3)로서 이 세상에 계시는 동안에도 하느님의 영광의 일부분을 관상할 수 있도록 우리에게 허락하셨기 때문입니다. 만일 예수님 시대의 사람들이 그분께 매료되었다면, 그것은 바로 그분의 기적들에서 흘러나온 예수님의 거룩하심으로 말미암은 것입니다. 그야말로 전율과 감탄으로 가득 차서 예수님께 매료되었을 겁니다. 예수님의 말씀에 대한 권위에 사로잡혀서 사람들의 후손들 가운데 가장 아름다우셨던 그분에게 완전히 현혹되어 버린 것입니다. 만일 그분께서 말 한마디로 나병 환자를 치유하셨고, 단 한 번의 손길로 하혈하는 여인을 낫게 하셨으며, 사마리아 여인에게 영원히 목마르지 않을 물을 주실 수 있는 분이라면, 십자가의 고통 가운데 계실 때 그분의 오른쪽에 있는 죄인이 믿음을 고백하는 것만으로도 그에게 천국을 얻게 해 주신 분이라면, 죄인들이었던 자캐오와 마리아 막달레나를 감동시키셨다면, 오직 당신의 눈빛만으로 베드로를 울게 하신 분이라면, 만일 예수님이 자신의 이름을 불러 주셨을 때 그분과 영원히 살기를 바라면서 마리아 막달레나가 예수님을 포옹하려고 했다면, 만일 토마스가 불신으로 가득했던 자신의 손으로 영광스럽게 부활하신 예수님의 몸을 만져 보고 그 불신의 손가락을 예수님의 상처 안으로 집어넣도록 그분께서 허락하시자 그분 앞에 쓰러지면서 "나의 주님, 나의 하느님!"이라고 고백했다면, 부활의 힘과 함께하는 그리스도의 육신에 충만했던 그 영광으로 도대체 불가능한 일이 무엇이란 말입니까? 예수님의 영광은 하느님 아버지께 가장 사랑받는 아들로서 가지는 영광입니다. 그리고 하느님 아버지와 함께 가지고 있는 영광입니다. 그리스도께서는 우리의 육신까지도 그 영광에 참여할 수 있도록 허락해 주셨습니다. 형제자매 여러분, 이미 그리스도 안에서 계시되었습니다만, 결코 시들지 않을 살아 계신 하느님의 아름다우신 얼굴을 영원히 뵈오며, 우리도 역시 그 불멸의 빛으로 가득 차서 놀라우신 그리스도의 영광에 이르게 되는 순간으로 들어가는 출입구 역할을 하는 것이 바로 죽음입니다. 그래서 사도 바오로께서는 그리스도와 함께 있기 위하여 그토록 죽기를 열망하셨습니다. 틀림없이 그 편이 사도 바오로에게는 훨씬 더 좋았을 겁니다. 그런 차원에서 예수의 성녀 데레사가 기도 중에 하느님 사랑의 창에 심장이 찔리는 듯한 고통스러운 신비체험을 하면서 "고통 혹은 죽음"이라고 외친 이유에 대해서도 어느 정도는 이해할 수 있을 것 같습니다. 고통이 데레사 성녀로 하여금 그리스도를 더 닮아 가도록 만들어 주었다면, 죽음은 데레사 성녀로 하여금 신랑이신 예수님과 결정적으로 만나도록 해 줄 것이기 때문입니다. 죽음의 순간은 예수님과 영원한 포옹을 하며 최종적으로 축성되어 거룩함으로 들어가는 마지막 문이 성녀에게 열리게 될 순간이기 때문입니다. 우리 모두를 그토록 놀라게 만들었던 파블로 신부님의 죽음의 의미를 이제 비로소 우리는 이해하게 됩니다. 예수님께서 당신의 마지막 뜻이자 소망처럼 표현하셨던 사랑의 영원한 섭리가 파블로 신부님의 죽음을 통하여 실현된 것입니다. 당신을 사랑하는 사람들을 향한 예수님의 사랑에서 나온 다음 말씀이 실현되었습니다. "아버지, 아버지께서 저에게 주신 이들도 제가 있는 곳에 저와 함께 있게 되기를 바랍니다. 세상 창조 이전부터 아버지께서 저를 사랑하시어 저에게 주신 영광을 그들도 보게 되기를 바랍니다."(요한 17,24) 이것은 바로 사랑의 영광입니다. 참으로 그렇습니다. 영원한 사랑의 영광은 그리스도에 의해서 구원받은 모든 사람들이 누리게 될 생명을 설명하고 있습니다. 이 사랑은 하느님께로부터 창조되어 그리스도께 구속받은 우리를 향한 하느님의 사랑입니다. 그리고 지금 이 순간 영원한 생명을 향해 항해하고 여행하는 이들과 함께하는 사랑입니다. 우리가 죽음의 문턱을 지나고 있을 때도 우리를 부르시는 하느님의 사랑입니다. 이 사랑은 우리와 영원히 함께 머무시는 하느님의 사랑입니다. 왜냐하면 하느님께서는 사랑이시기 때문입니다. 사랑하는 파블로 신부님의 생명과 사도직과 죽음까지도 유일하시고 영원하신 하느님의 사랑에 온전히 맡겨 드립니다. 그리고 한없이 아름다우시고 우리의 어머니이신 성모 마리아의 품 안에 파블로 신부를 맡겨 드립니다. 십자가에서 밑으로 내려진 당신 아드님의 몸을 사랑으로 감싸 안으셨던 예수님의 어머님의 그 품 안에 파블로 신부님을 또한 맡겨 드립니다. 더불어 성모님께서 영광스럽게 되신 당신의 아드님을 보기 전까지 마음속에 간직하고 계셨던 부활이라는 희망의 덕을 파블로 신부님의 부모님과 형제들과 가족들과 친구들에게도 주시어 그들을 위로해 주시기를 청합니다. 산 이들과 죽은 이들의 주님 앞에서 성모님의 강력한 전구가 파블로 신부와 함께하기를 간절히 기도드립니다. 아멘.

2009년 2월 18일 알무데나Almudena 대성당에서
마드리드 대교구장 루코 발레라Antonio María Rouco Valera 추기경

가족 안에서 파블로 도밍게스 신부의 삶

파블로 신부님과 관련된 작은 기억 하나하나가 지금 우리 가족에게는 생각지도 못했던 너무나 소중한 선물입니다. 파블로 신부님이 여전히 우리 가운데 있다고 느껴집니다. 그래서 파블로 신부님의 사진들과 말들이 우리의 마음과 기억 속에 꼭 간직해야만 하는 보물처럼 여겨집니다.

작년 성탄 전야에 우리는 부모님 댁에 함께 모여서 아주 특별한 시간을 보냈습니다. 왜 그랬는지 모르겠지만, 모두들 서로에게 아주 특별한 성탄절이었다고 지금까지도 이야기합니다. 하지만 매년 그렇게 모여서 아기 예수님의 탄생을 축하한 것은 분명히 아니었습니다. 솔직히 그런 모임을 한 지가 오래되었습니다.

작년 성탄 모임은 하나의 대가족 모임이었습니다. 부모님들, 형제들, 며느리들, 사위들, 조카들, 삼촌들이 모인 평범한 가족 모임이었습니다. 그 다정했던 순간들을 영원히 기억하기 위해서 찍어 둔 사진들을 여전히 보관하고 있습니다.

파블로 신부님도 그 모임에 함께했습니다. 그분의 유쾌한 성격과 얼굴을 떠나지 않는 미소가 우리의 만남을 더 기쁘게 만들어 주었습니다. 그런데 레르마의 수녀님들께 보냈던 파블로 신부님의 편지가 이토록 중요하고 결정적인 편지가 되리라고는 그 누구도 상상하지 못했습니다. 많은 분들이 아시다시피, 파블로 신부님의 장례 미사 강론 중에 루코 추기경님께서 그 편지의 일부분을 인용하셔서 우리를 감동시켰습니다. 파블로 신부님은 그 편지를 통해 죽음의 본질에 대해 얘기하면서 부활하신 주님의 현존 없이는 살아 있는 모든 것이 부질없다고 우리에게 가르쳐 주었습니다.

우리는 이제 더 이상 파블로 신부님을 보지 못합니다. 형제애로 우리를 포옹하면서 맞아 주실 파블로 신부님이 이미 올라가 계신 천상의 정상에서 다시 만날 그날을 기다려야만 합니다.

영신 수련 피정과 암벽 등반을 가시기 전에 파블로 신부님은 며칠 동안 가족들과 시간을 가졌습니다. 조카들과 함께 박물관에 갈 계획을 세우고, 그들 중 한 명이 아파서 병원에 데려가기도 했지요. 자신에게 주어진 사제직과 신학교의 교수로서 해야 하는 학문적인 업무들처럼 훨씬 더 중요해 보이는 일들을 마치 별것 아닌 것처럼 만드는 소박하지만 위대한 일들이었습니다.

파블로 신부님의 마지막은 그가 어떤 사람인지를 결정적으로 보여 줍니다. 사제품을 받을 때 자신에게 주어진 사목자로서의 사명에 마지막까지 헌신하셨고, 주어진 임무에 충실하며 열정적으로 사셨습니다. 오래 전부터 파블로 신부님은 영원한 생명을 위하여 세상 안에서 하느님의 사제가 되라는 부르심을 느끼고 있었습니다. 미소를 지으면서 윙크를 하시던 신부님의 눈이 여전히 우리를 바라보고 있는 것 같습니다. 신부님의 죽음 앞에서 "주님, 언제까지, 도대체 언제까지?"라고 말하며 하염없이 눈물을 흘리던 순간들이 있습니다. 파블로 신부님이 성모님의 품 안에서 하느님 아버지와 함께 일치를 이루고 있다는 확신을 체험하면서 기뻐하던 순간도 있었습니다. 파블로 신부님이 몬카요산에서 돌아가셨다는 황망한 소식을 접한 이후로 여전히 부모님과 형제들은 침통함 속에서 살아가고 있는 것도 사실입니다.

파블로 신부님을 묘지에 모시기 바로 전날, 저희는 놀라운 광경을 목격했습니다. 무엇보다도 가족들이 겪고 있던 인간적인 고통을 이겨 낼 수 있도록 도와주신 지인들로부터 엄청나게 감동적인 위로와 격려를 받았습니다. 그분들의 격려와 사랑은 여전히 고통으로 짓눌려 있고 눈물로 얼룩진 우리의 얼굴을 마치 주님께서 친히 애정으로 살포시 만져 주시는 느낌이었습니다.

몬카요산에서 파블로 신부님의 시신과 함께 내려온 얼음은 우리로 하여금 눈물을 흘리게 하면서도 우리 모두를 깨끗하게 정화시켜 주었습니다. 우리를 회개시켜 주면서도 좀 더 아름다운 사람이 되도록 소망하고 열망하도록 만들어 주었습니다. 하느님 아버지께서 어려운 시기임에도 우리에게 쏟아 주셨던 은총의 열매가 바로 회개였음은 틀림없는 사실입니다. 이 회개의 은총은 신부님의 부재로 아직까지도 고아처럼 느끼는 많은 이들에게도 틀림없이 은총의 열매가 된다고 생각합니다.

"오, 에케크라테스Equécrates여! 우리가 단언컨대 당신은 진정한 사내였소. 아, 이렇게 우리의 진정한 친구의 마지막을 맞이하는구나! 이 시대에 가장 현명하고 의로운 사람의 마지막을 이렇게 맞이하는구나." 플라톤은 「파이돈Phaidon」에서 스승 소크라테스의 죽음에 대해 이렇게 말했습니다. 이 구절은 파블로 신부님이 철학 수업뿐만 아니라 여러 곳에서 자주 인용했던 텍스트입니다.

소크라테스의 제자들과 달리, 우리는 죽음으로 모든 것이 끝나지 않으며 죽음을 통하여 영원한 생명이 시작된다는 것을 분명히 알고 있습니다. 사제로서 파블로 신부님은 항상 모든 이들을 위해 시간을 사용했습니다. 신학교 교수로서 파블로 신부님은 학생들로 하여금 진정한 로고스를 알 수 있도록 빛을 비추어 주었습니다. 강연자로서 파블로 신부님은 깊이 있고 심오한 말들로 청중의 마음을 사로잡았습니다. 형제로서 파블로 신부님은 언제나 그 어떤 가족의 일에도 항상 도움을 줄 준비가 되어 있었습니다. 지금 이 시간 하늘나라에서도 역시나 파블로 신부님은 모든 이들을 위해서 헌신하고 계실 것입니다. 분명히 그렇습니다. 이것이 바로 우리의 희망입니다.

작년 성탄절이 끝난 후에 파블로 신부님은 한 달 반 동안 아주 의미 있고 인상적인 일에 헌신했습니다. 콜롬비아의 발렌시아 Valencia에 있는 수도회들을 방문한 다음, '신학적 유비'라는 논문을 완성했습니다. 여전히 논문 지도와 평가의 시간이 남아 있지만, 3월 말에 로마에서 가족들을 초대한 가운데 논문 디펜스를 하려고 했습니다. 하지만 우리는 결국 그 최종 결과물을 알무데나 대성당에서 거행되었던 장엄한 그의 장례 미사에서 보았습니다.

2월 15일 주일이 왔고, 주님께서는 당신의 딸인 사라 자매와 함께 신부님을 하늘나라로 데려가셨습니다. 드디어 파블로 신부는 영원한 안식과 행복을 성취해 낸 겁니다.

파블로 신부는 참으로 강렬한 열정으로 사제직을 살았습니다. 그분의 강렬했던 사제로서의 열정을 툴레브라스의 수도원에서 이루어졌던 영신 수련의 묵상들을 통해서 확인할 수가 있습니다. 그리고 그 피정의 내용들이 이렇게 책으로 나올 수 있게 되어 우리 가족은 너무도 큰 위로와 기쁨을 느끼고 있습니다. 이렇게 파블로 신부는 우리 가족에게 가장 큰 유산을 남기고 떠났습니다. 기쁘게 자신을 온전히 맡기는 신앙과 그가 가졌던 눈부신 희망의 덕과 그리스도와 교회를 향한 끝없는 그의 사랑이라는 유산을 우리 가족에게 남겼습니다.

우리는 하느님 아버지의 현존 안에서 파블로 신부와 다시 만나 포옹하게 될 날을 여전히 기다려야만 합니다. 하지만 주님의 집을 향해 순례 중인 우리를 파블로 신부가 하늘에서 돌봐 주고 있다는 사실을 우리는 잘 알고 있습니다. 파블로 신부와 우리는 마치 로프로 연결되어 암벽 등반을 함께하는 사람들처럼 그렇게 여전히 연결되어 있습니다. 그러므로 성부와 성자와 성령 삼위일체 하느님을 관상하게 될 천상, 그 정상까지 올라가 언젠가는 우리 모두 함께 만나게 될 것입니다.

틀림없이 그렇게 될 것입니다. 아멘.

호세 마누엘José Manuel, 후안 미겔Juan Miguel, 필라르Pilar,
마수Masu, 인마Inma, 하비에르Javier

옮긴이의 글

저는 파블로 신부님의 이 책에 큰 빚을 진 사람입니다.
아주 심각한 빚쟁이입니다.
제 신앙과 사제직이 흔들릴 때
파블로 신부님의 이 책이 저를 붙잡아 주었기 때문입니다.

신부님의 마지막 피정이 제 신앙을 성숙시켜 주었고,
사제직을 쇄신시켜 주었습니다.
그래서 저는 이 책에 아주 큰 빚을 진 사람이었습니다.

하지만 제 어학 실력이 부족하였기에
10년 넘도록 이 책이 번역되기만을 기다리고 기다리다가
결국 제 빚을 청산하는 마음으로
감히 신부님의 마지막 피정을 한글로 옮겼지만
부족하기 짝이 없었습니다.

하지만 천상에 계신 파블로 신부님께서
이 책에서 말씀하신 성인들의 통공 교리를
실제로 번역하는 과정에서 체험하게 되었습니다.

부족한 제 번역을 읽을 만한 글로 만들어 주신
성바오로출판사의 수사님들과 편집부에 진심으로 감사드립니다.

비록 제 부족함으로 말미암아
고통스럽고 참으로 큰 인내가 필요한 시간들이었지만,
이 책을 읽으시고 눈물을 흘리셨다는 편집장 신부님의 말씀에
그 모든 것에 보상을 받으며 기쁨의 눈물을 흘릴 수 있었습니다.

강기남 요셉 신부